ASAHI SENSHO 朝日選書 984

人事の三国志

変革期の人脈・人材登用・立身出世

渡邉義浩

朝日新聞出版

目次

第二章 国のしくみ 45

第三章　時代を変革する――曹魏　97

第四章　伝統を受け継ぐ——蜀漢　147

第五章　地域と生きる――孫呉　221

写真　著者提供
図版　師田吉郎
校正　仙石知子
若杉穂高
株式会社ぷれす

【凡例】

※本文、ならびに図版中の人物名や地名に関しては、一般書としての読みやすさを重視し、一部を除き俗字も許容した。

※本文、とくに引用文において、文脈上わかりにくい箇所は（　　）として適宜補った。また、「　　」は、著者による説明である。

※引用文中の太字は、著者の指摘による重要箇所。

人事の三国志

変革期の人脈・人材登用・立身出世

渡邉義浩

はじめに

中国と関わりを持ったことのある人が抱く共通の感覚、それは中国における人脈の重要性である。日本でも人脈は重要であるが、中国のそれには遠く及ばない。たとえば、旅先のホテルの風呂でお湯が出ない。中国では、よくあったことである。部屋を替えてもらうためには、語学力に加え、卓越した交渉力と忍耐力が必要となる。すべてに欠けるわたしは、だいたい諦めてしまう。そのとき、フロントに知り合いがいれば、にこやかに部屋を替えてくれる。

中国の人々は、人脈をとても大切にする。一度会って話をした人のことは、ほぼ忘れることはない。わたしには、そんな芸当はできない。このため、いつも、○○でお会いしましたよね、と一方的に覚えられていることが多い。恥ずかしい限りである。初対面の場合には、知っている人を互いに挙げあう。これによって、その人の人的ネットワークを知り、対応を定めていこうとするのである。少し話をしただけなのに、わたしのことをよく知っている中国の人に会うたびに、中国の人々が複雑で重要な人的ネットワークの中で暮らしてきた歴史の長さを感じる。

わたしが研究の対象とする三国時代も、複雑な人間関係が、政治・社会・思想・文学などあらゆる事象を考える際の基本に置かれる。これまで書いてきた本の中に、しばしば人間関係の図を入れたのは、それが分からなければ、三国時代の動きを把握できないためである。

人間関係は、中国の基本である。そこで、本書では、型通りに三国時代を叙述することを止めて、六つに分類した人脈のつくり方から話を始め（第一章）、人脈が発揮される主たる場所である国家の官僚制度の仕組みを示す（第二章）。そののち、人脈が三国それぞれでどのように展開したのかを考えることにより、人脈と人事を中心としながら、三国時代における君主と臣下のせめぎあいを描くことにした（第三〜六章）。その際、魏では革新、蜀では伝統、呉では地域、晉では制度化に叙述の重点を置いた。

本書は、制度を叙述した晉の第六章をはじめとして、難解な部分が多い。歴史の神は細部に宿るという。細部を省略すると制度の叙述はとくに不正確になる。そうした難解な原稿が、少しでも読みやすくなっているとすれば、それは何度も原稿に目を通し、難解な部分を指摘してくれた、朝日新聞出版編集部の高橋和記さんのおかげである。校正を手伝ってくれた仙石知子さんとあわせて、記して感謝を捧げたい。

人間関係に翻弄される現代日本の方々に、三国時代の英雄たちも、複雑な人間関係の中を生き抜き功成り名を遂げてきたことが伝われば幸いである。

第一章

人脈のつくり方

襄陽の古隆中
諸葛亮の人脈は、この襄陽を中心に築かれた。

1. 情義

英雄の結合

三国志の英雄と言えば、関羽《かんう》・張飛《ちょうひ》などの豪傑が、主君劉備《りゅうび》のために、命を賭けて戦う姿が思い描かれる。ではなぜ、かれらは主君のために命を投げ出すのであろうか。小説『三国志演義』〔毛宗崗《もうそうこう》批評『三国志演義』、以下『演義』と略称〕において、劉備・関羽・張飛が結んだとされる「桃園結義《とうえんけつぎ》（桃園の誓い）」から、その理由を探っていこう。

> われら劉備・関羽・張飛は、姓は異なるとはいえ、ここに**兄弟の契り**《ちぎ》を結んだ以上、力を合わせ心を一つにし、苦しきを救い、危うきを助け、上は国に報《むく》い、下は民を安《やす》んぜん。同年同月同日に生まれなかったことは是非《ぜひ》ないとしても、同年同月同日に死なんことを願う。
>
> 毛宗崗批評『三国志演義』第一回　祭天地桃園結義〔やや意訳した。以下同〕

三人の中心にあるものは、兄弟の契りである、と『演義』はいう。義兄弟となった三人は、

このの ち乱世を戦い抜いていく。ただ、同年同月同日に死ぬことはできなかった。三人の中で関羽が、当時同盟関係にあったはずの孫権《そんけん》の裏切りにより、先に命を落としたのである。劉備は、関羽を殺した孫権に戦いを挑む。夷陵《いりょう》の戦いである。その準備の最中、張飛も部下に暗殺され、犯人は孫権のもとに亡命する。悲しみ、怒る劉備は、戦術を誤り、孫権の臣下陸遜《りくそん》に敗退して、白帝城《はくていじょう》でその生涯を閉じた。それでも劉備は、自らの生涯に満足していたのではないか。関羽・張飛と共に戦いをはじめ、関羽、そして関羽の仇討ちの前に殺された張飛のために、戦って死んでいく。戦いに明け暮れた劉備の生涯を閉じるに相応《ふさわ》しい死にざまと言えよう。

これに対して、史書の『三国志』を著した陳寿《ちんじゅ》は、三人の関係を義兄弟とは記さない。『三国志』は、関羽・張飛と劉備との関係を、「寝るときには牀《しょう》［大きな寝台］を共にし、恩愛は兄弟のようであった」と表現している。あくまでも、君臣関係の中に三人を位置づけたい陳寿は、その「恩愛」が「兄弟のよう」であった、と兄弟を恩愛の修辞とするのである。それでも、劉備と趙雲《ちょううん》との間にも、「牀を共にして眠った」という、関・張と同質の関係を伝える記録が残る。かれらを典型とするように、劉備が諸葛亮を迎える以前から従っていた臣下と劉備との間には、「義兄弟《ぎきょうだい》」という表現を可能にするほど強力な「情義」による結びつきを見ることができる。英雄たちは、君主と「情義」で結びつくことにより、命を賭けて戦いを続けてきたのである。

情義と仁徳

劉備は、前漢《ぜんかん》の景帝《けいてい》の子中山靖王劉勝《ちゅうざんせいおうりゅうしょう》の後裔であったと伝わる。しかし、漢の一族と称するものの、劉備は、草鞋《わらじ》を編み、蓆《むしろ》を売って暮らす社会の下層部の出身であった。家柄も経済力も無かった劉備は、関羽《かんう》・張飛《ちょうひ》・趙雲などを率い、その卓越した武力により台頭していく。集団の核となるべき一族・郎党、すなわち、後に述べる人脈形成法である「地縁・血縁」や「門生《もんせい》・故吏《こり》」により結びつく者たちを持たなかった劉備は、生来のカリスマ性を発揮しながら、関羽や張飛たちと情義によって固く結びつき、かれらの忠誠心を元手に乱世を生き抜いていった。

しかも劉備は、理想としたであろう前漢《ぜんかん》の建国者である劉邦《りゅうほう》とは異なり、また『演義』が創造した優しき聖人君子《せいじんくんし》像とも異なり、戦下手《いくさべた》ではなかった。劉備個人の戦闘能力が高く、戦術的にも優れていたからこそ、劉備は、公孫瓚《こうそんさん》→呂布《りょふ》→陶謙《とうけん》→曹操《そうそう》→袁紹《えんしょう》→劉表《りゅうひょう》と、群雄の間を傭兵隊長として渡り歩くことができた。もちろん、それぞれの群雄に迎えられるにあたって、劉備のカリスマ性が発揮されたことは言うまでもない。中国では、こうした誰にでも受け入れられる者の属性を「徳《とく》」と表現する。『論語《ろんご》』では、「北極星のように、中心に居るだけで他の星を自分に向かわせる」と表現される「徳」を劉備は持っていた。

このため『演義』に描かれる劉備は、情義と仁徳の人になった。荊州《けいしゅう》に南下した曹操に追

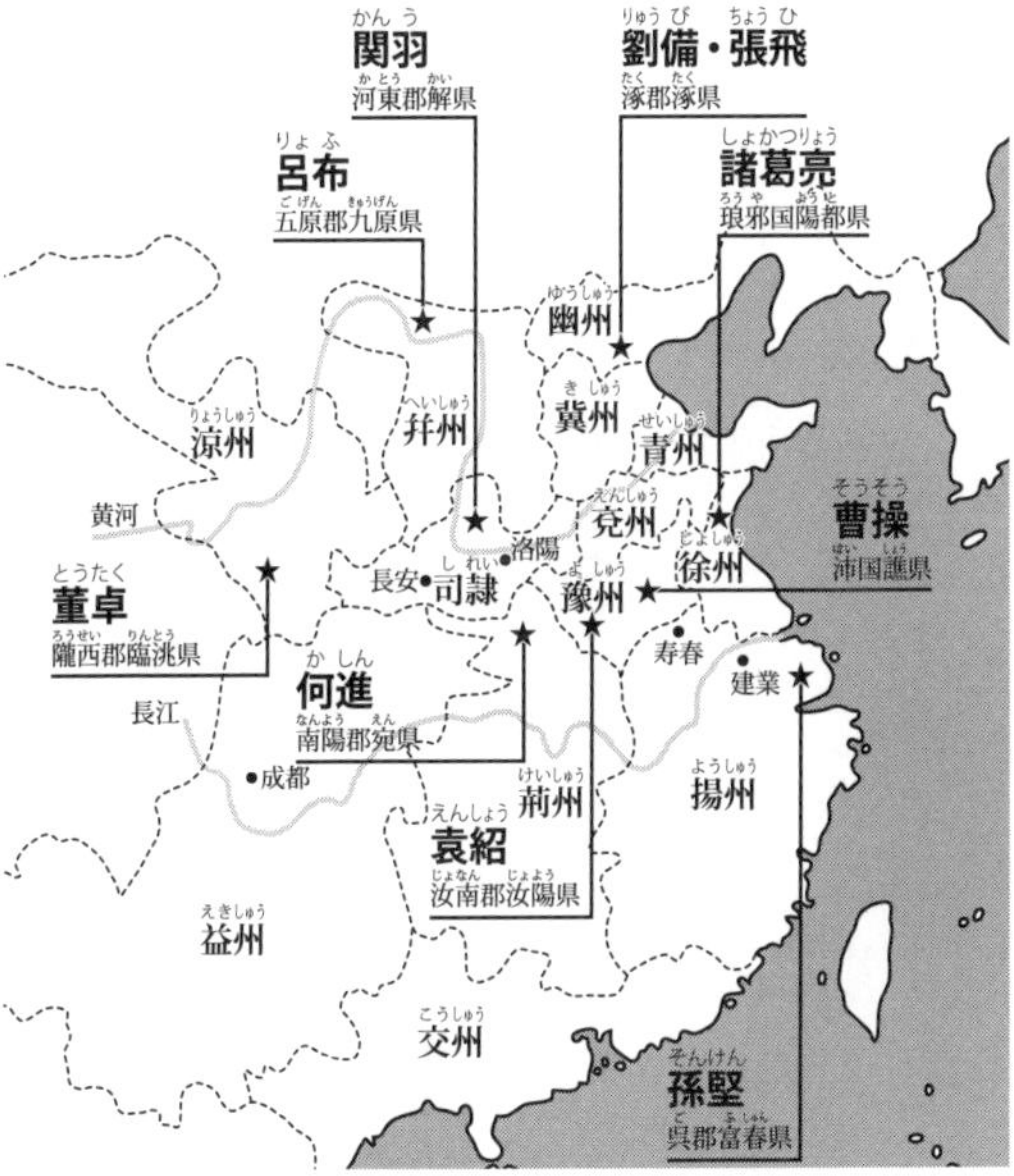

後漢時代の州と英雄たちの出身地

われて樊城《はんじょう》から逃れる折のこと。劉備を慕う新野《しんや》・樊城の民は、年寄りを助け、幼な子の手を引き、船が足りないのに続々と川を渡り、劉備に従った。しかし、困難な旅程である。両岸で哀号が絶えない様子を見た劉備は、涙止まらず、「民たちのこの難儀も、みなわたし一人のため。ああ申し訳ない」と言うなり、いきなり漢水《かんすい》の流れに身を投げようとする。

『三国志』には、ここまでの記述はないが、劉備が足手まといとなる民を引き連れて敗走したことは事実である。結果として趙雲《ちょううん》が救いに戻ったものの、乱戦のなか行方不明となった妻と子を助けよと命じなかったことも史実である。民も臣下も妻子と離ればなれになる中で、自分の妻子だけを救うことなど命じない。これが、徒手空拳《としゅくうけん》から叩《たた》き上げ、一国の主《あるじ》にまで上り詰めた劉備の「徳」の根本であった。こうして劉備は、多くの臣下と情義によって結びついたのである。

忠誠心の由来

劉備が学問を同郷の盧植《ろしょく》に学んだ際、同門の年長者として「兄事」した公孫瓚《こうそんさん》の集団にも、情義による結合関係を見ることができる。その際に注目すべきは、公孫瓚が、劉備とは異なり、支配地域内の名士《めいし》〔後漢《ごかん》末から三国にかけて指導者層となった、名声を存立基盤とする知識人たち〕を意図的に抑圧していたことである。

公孫瓚は、その理由を次のように述べている。

公孫瓚は（幽州《ゆうしゅう》の）内政と外交を掌握すると、**高官の子弟で才能のある者**を必ず抑圧して困窮させた。ある人がその理由を尋ねた。（公孫瓚は）答えて、「いま高官の家の子弟や立派な人を取り立てこれを富貴にしても、みな自分がそうした職に就くことは当然だとして、人に感謝しないからである」と言った。

『三国志』巻八 公孫瓚伝注引『英雄記』

公孫瓚は、「高官の家の子弟や立派な人」〔こうした人たちが名士《めいし》〕を高位に任命しても、名士はそれを自分の社会的権威により得られた当然の結果であると思い、公孫瓚に感謝して忠誠心を抱くことはない、と考えていた。そこで公孫瓚は、占師の劉緯臺《りゅういだい》・絹商人の李移子《りいし》・商人の楽何当《がくかとう》を重用し、かれらと「兄弟の誓い」を結んだ。「士農工商」という言葉が日本でも使われたように、名士の尊重する儒教は、商人を蔑視する。公孫瓚は、名士とは対極に位置する、商人など社会的に低位に置かれながらも力を持った者たちと、情義によって結びつき、兄弟の誓いとして現れるかれらの忠誠心を集団の核とした。

そして、商人の経済力を利用して、軍事力を強化する。普通の馬より値段の高い白馬で統一した騎兵集団である「白馬義従《はくばぎじゅう》」を編成し、これを切り札としたのである。これにより、公孫瓚は、群雄の中で最も勢力を持つ袁紹をしばしば破っている。

公孫瓚のこうした集団構成は、同じく君臣間に「兄弟のような情義」を持つ劉備のそれに似ている。劉備もまた、徐州で大商人の麋竺《びじく》の家と婚姻関係を結び、その財力に依拠して集団を維持した。ちなみに、麋竺がかつて仕え、劉備に徐州牧《じょしゅうぼく》を譲った陶謙《とうけん》も、公孫瓚と同様に名士を抑圧していた。劉備集団もまた、荊州《けいしゅう》で名士諸葛亮を迎えるまでは、名士を中核に置かない集団であった。たとえば、名士である陳羣《ちんぐん》〔荀彧の娘婿。のち曹操に仕える〕が、一時的に配下となっても随従はしなかった。

それまでの、礼に基づく「儒教国家《じゅきょうこっか》」が崩壊した後漢《ごかん》末、商人の力はこのように社会の表舞台に現れつつあった。

初期の劉備集団や公孫瓚政権は、商人を尊重することで、儒教を価値基準とする名士に対抗し、併せて経済力を手に入れた。両集団に見られる情義による結合は、儒教が国家の宗教となる後漢より以前に、高く評価されていたものであった。かれらが、名士の持つ文化とは異なる、商人の尊重や情義による結びつきを重視したことは、両者の出身階層が名士より低いこと、およびあと（→6．評価）で述べるように、名士が君主権力に対して自律性を持つことを理由とする。

劉備と公孫瓚はかつて机を並べて、後漢末を代表する名士の盧植《ろしょく》から儒教を学んでいた。二人の名士への対応を分けたものは、公孫瓚が当初は劉虞《りゅうぐ》、続いて袁紹《えんしょう》と、代表的な名士と対決したこと、一方、劉備が諸葛亮ら実践的に儒教を生かそうとする名士に出会ったことに求められよう。

公孫瓚は、後漢末を代表する名士勢力の袁紹に滅ぼされる。名士の社会的影響力が強大であったことを理解できよう。

2. 学閥

何のために学ぶのか

劉備と関羽・張飛が兵を挙げたのは、光和《こうわ》七（一八四）年、後漢《ごかん》に対して黄巾《こうきん》の乱が起こされたことによる。乱平定の戦略を定めた者は、北中郎将《ほくちゅうろうしょう》として鎮圧を命ぜられた盧植《ろしょく》であった。盧植は、鄭玄《じょうげん》・蔡邕《さいよう》と並ぶ、後漢末の三大儒者《じゅしゃ》である。学者が、軍を率いて反乱の平定に向かうことができたのは、劉備《りゅうび》・公孫瓚《こうそんさん》をはじめとする、武力に秀でた門生《もんせい》を持っていたためである。

門生とは、後漢末において唯一の学問であった儒教《じゅきょう》を修めるために、師が開く私塾に入門した者のことである。首都の洛陽《らくよう》には、太学《たいがく》という国立大学があった。本格的に学ぶためには、そして雅言《がげん》と呼ばれる標準語を身につけるためには、洛陽の太学に留学することが必要であった。ただし、何の基礎も持たずに、留学しても意味がない。このため、後漢末の知識人層は、「志学《しがく》」の年、すなわち十五歳になると、郡《ぐん》や県《けん》の地方官が設置することもある地方の学校や、盧植のような有名な学者の開く私塾に学ぶことが一般的であった。学問を修めると共に、人脈をつくるためである。

劉備は十五歳のときに、母親が遊学させ、一族の劉徳然《りゅうとくぜん》、遼西郡《りょうせいぐん》出身の公孫瓚と一緒に、前《さき》の九江太守《きゅうこうたいしゅ》で同じ涿郡《たくぐん》出身の盧植の**門生**となった。劉徳然の父である劉元起《りゅうげんき》は、いつも劉備に学資を与えて、子の劉徳然と同等の扱いをしていた。妻が、「それぞれ一家なのに、どうしていつもそのようにするのです」と尋ねると、劉元起は、「われらの一族の中にはこの子（劉備）がいる。ただものではないぞ」と答えた。公孫瓚は劉備と親友となった。公孫瓚が年上であったので、劉備は公孫瓚に兄事《けいじ》した。劉備はそれほど読書を喜ばず、闘犬や競馬といった賭け事、音楽、美しい衣服を好んだ。

『三国志』巻三十二　先主伝

のちに漢室の末裔《まつえい》を称するとはいえ、劉備は蓆《むしろ》を編み、草鞋《わらじ》を売って暮らしていた社会の下層部の出身である。盧植のもとに遊学するための費用は、伯父の劉元起に仰いでいた。伯父の答えの中で「ただものではない」と訳した言葉の原文は「非常人（常人に非《あら》ず）」である。これは、『三国志』を著した陳寿《ちんじゅ》が、曹操《そうそう》に対して評価した言葉である「常の人に非ず、世を超ゆるの傑《けつ》なり（非常之人、超世之傑）」とほぼ同じであり、陳寿の劉備に対する高い評価を見ることができる。常人であれば、盧植のもとでは読書〔経典の読解〕をしたはずである。ところが、劉備は公孫瓚を「あにき」と慕い、賭け事や音楽にのめり込み、自らの容姿に気を使っていたというのである。

劉備には、乱世において必要な人間関係が、純粋な学者との交流ではないことが見えていたのか。あるいは、自然とそうであるから、伯父は劉備を見込んだのか。口数が少なく、よく人に遜《へりくだ》り、喜怒哀楽を色に現《かたち》さない、と言われた劉備は、好んで天下の豪傑と交わり、若者たちは争って劉備に近づいた。それを見込んだ中山国《ちゅうざんこく》出身の大商人である張世平《ちょうせへい》と蘇双《そそう》は、黄巾の乱に際して、劉備に多くの財を与えた。劉備は、それを元手に人々を集め、一旗揚げる。劉備を兄と慕う関羽《かんう》と張飛《ちょうひ》が、挙兵に従ったことは、言うまでもない。

門生

黄巾の乱平定の軍略を立てた盧植の門生として、劉備は師のもとに駆けつけ、獅子奮迅の働きをし、乱を平定した盧植の推挙を受けて、大きな恩賞にありつけるはずであった。門生は、師とそのような関係を持つ。しかし、師の盧植が宦官の讒言《ざんげん》により失脚したため、劉備が特別な功績を挙げることはなかった。師の引き立てがなければ、装備に劣る義兵《ぎへい》を率いた劉備の功績は、それほどまでに大きくはない。黄巾の乱の後、劉備が得た職は、安喜県《あんきけん》の尉《い》〔警察署長〕に過ぎなかった。

これでは、集めた徒党を養ってはいけない。しかも、劉備は、郡の督郵《とくゆう》〔監察官〕が県に来たときに賄賂を渡さなかった。督郵は、報復として劉備と面会しない。劉備は、すぐさま宿泊先に押し入ると、督郵を二百回も杖で打ちすえ、官職を棄てて逃亡する。集められた徒党は、打ち捨てられた恨みを督郵に向けよう。『演義』では、督郵を打ったのは張飛の仕業とされるが、史実の劉備は、個人的にも強烈な武力を持っていた。劉備は、その後、傭兵として何度か戦ったが、結果的に頼った先は、公孫瓚のもとであった。盧植の学閥が生きたのである。

公孫瓚は、劉備を別部司馬《べつぶしば》［別働部隊長］として、青州刺史《せいしゅうしし》［刺史は州の監察官］の田楷《でんかい》と共に、冀州牧《きしゅうぼく》［州牧は州の支配者、刺史より強い権力を持つ］の袁紹《えんしょう》と戦わせた。たびたび戦功を挙げた劉備は、平原国《へいげんこく》の国相《こくしょう》となる。大出世である。国《こく》は、名目的に皇帝の子を国王に戴く、郡と同じレベルの行政単位であり、その行政長官を国相と呼ぶ。平時であれば、郡国は三十万前後の人口を擁する。こうして劉備は、ひとかどの群雄となった。

名士との人脈をもたらした学閥

平原相《へいげんしょう》［平原国の国相］となった劉備に助けを求めた者がある。黄巾の一派に攻められていた北海相《ほっかいしょう》の孔融《こうゆう》である。劉備は、「孔北海ほどの人が、天下に劉備のあることを知っておられたか」と喜ぶと、直ちに兵三千を派遣して孔融を救った。劉備が大きな兵力を手に入れていたことが分かる。

劉備が「孔北海ほどの人」と孔融を尊重するのは、孔融が、孔子の二十世孫で、その幼少時に、党人《とうじん》［後漢末、宦官に抵抗して禁錮された知識人。名士の源流］の指導者である李膺《りよう》に高く評価された、全国的な名士《めいし》であったことによる。それでは、なぜ、孔融は劉備ごときを知っていたのであろうか。

　これよりさき、孔融は、北海相になると、学校を建て、儒教を奨励していた。漢では、郷《きょう》挙里選《きょりせん》という官僚登用制度があり、郡守《ぐんしゅ》［太守。郡の行政長官］と国相は、孝廉科《こうれんか》と呼ばれる常《じょう》挙《きょ》［毎年の定例登用。孝廉のほか、州が属吏を推薦する「茂才《もさい》」も常挙］や、賢良科《けんりょう》・方正科《ほうせい》・直言《ちょくげん》科などがある制挙《せいきょ》［国家多難の際に行われる臨時登用］に、人材を推薦できる権限を持っていた。北海相として孔融は、賢良科に鄭玄《じょうげん》・彭璆《ほうきゅう》・邴原《へいげん》たちを推挙している。このうち、鄭玄は、漢、というよりは、南宋《なんそう》に朱子《しゅし》が出るまで、中国の儒者の頂点と尊敬されていた学者であり、後漢末までの儒教の経義を『周礼《しゅらい》』を中心に体系化した。鄭玄は、学問形成の過程において、当時最も評価の高かった馬融《ばゆう》の私塾に遊学している。外戚《がいせき》であった馬融は、驕り高ぶり、女性を背後に並べて学問を講義し、また直接門生に教える機会も少なかった。このため、鄭玄は馬融の高弟に学問を受けた。それが盧植であった。盧植と鄭玄とは、兄弟弟子なのである。

　孔融は、鄭玄を尊重して、その生まれ故郷である北海国高密県《こうみつけん》に「通徳門《つうとくもん》」という門を造り、その郷里を「鄭公郷《ていこうきょう》」と名付けている。鄭玄の兄弟子である盧植の門生に、「劉備のあること」を知っていたとしても不思議ではない。孔融と劉備は、学閥で結びついていたのである。のちに諸葛亮《しょかつりょう》は、劉備が鄭玄から恩赦の濫発《らんぱつ》を戒める教えを受けていた、と述べている。劉備は、諸葛亮に鄭玄から学んだ時のことを話していたのであろう。鄭玄は、このの ち袁紹より軍師《ぐんし》に招かれ、劉備も袁紹陣営に属したために、直接学んだ可能性もある。よしんば、会ったことがなかったとしても、鄭玄の言葉を人づてに聞くことが可能な学閥に、劉備は属していた。『演義』が、劉備から袁紹に救援を依頼する際に、鄭玄に手紙を書いてもらった、という虚構を入れているのは、それほど無理のない設定なのである。

また、『演義』は、黄巾を討つために挙兵した直後、宦官の讒言《ざんげん》により逮捕された盧植を劉備が救いに行く、という虚構を設けている。それも、あながち間違ってはいない。門生とは、師との間にそうした関係を持つものだからである。後漢では、師の死後、残された妻子の面倒を見ることはもとより、師が官を罷免されると、抗議のために辞任する門生もいた。なぜ、それほどまでに強烈な私的結合力を師と門生は持つのであろうか。

それは、劉備のような「非常人」ではない場合、門生は師の人脈により、つまり学閥により世に出る場合が多かったためである。師は、郷挙里選で推薦権を得る国相や郡守、さらには幕府を開くことができる三公《さんこう》［太尉《たいい》・司徒《しと》・司空《しくう》。行政の最高責任者］や将軍［四征《しせい》将軍以上。日本の征夷大将軍が開いた幕府は、これの一種］に就くと、積極的に門生を郷挙里選で推挙し、また自らの幕府に辟召《へきしょう》［部下として呼ぶこと→P91］した。こうした人事が行われた場合、門生は、さらに故吏《こり》という関係を持つことになる。

3. 故吏

袁氏の基盤

魏の基礎を築いた曹操《そうそう》の最大のライバルである袁紹《えんしょう》は、一族として大きな勢力基盤を持っていた。その巨大さは、後漢末に天下をほしいままにした董卓《とうたく》が、「ただ二袁児《にえんじ》［袁紹と袁術《えんじゅつ》］を殺せば、天下を取れる」（『後漢紀《ごかんき》』献帝紀《けんていき》）と述べた、袁紹と袁術を恐れる言葉に端的に表れている。董卓も恐れる袁氏の勢力を支えたものは、門生と故吏《こり》であった。故吏について袁紹を中心にみていこう。

董卓による皇帝の廃立に反対して朝廷を去った袁紹を殺そうとする董卓に、侍中《じちゅう》［皇帝近侍官の最高官］の周珌《しゅうひ》と城門校尉《じょうもんこうい》［洛陽の城門警備担当官］の伍瓊《ごけい》は、次のように袁紹をかばった。

（皇帝の）廃立は国の大事です。普通の人間の関わるものではございません。袁紹は物事の大本《おおもと》を理解せず、恐懼《きょうく》して出奔《しゅっぽん》したのです。異心を抱いているわけではありません。いま俄《にわか》にこれに懸賞をかければ、いきおい必ず変事をなすでしょう。袁氏は四代にわたって恩を施し、**門生・故吏**は天下に大勢おります。もし豪傑を味方につけ手勢を集め、英雄がこれを機に起《た》ちあがれば、山東《さんとう》は公《あなた》の保有ではなくなるでしょう。袁紹を赦《ゆる》して一郡守に任ずるに越したことはありません。袁紹は罪を免れたことを喜び、きっと憂いも無くなるでしょう。

『後漢書《ごかんじょ》』列伝六十四上　袁紹伝

董卓は、これに従って、袁紹を勃海太守《ぼっかいたいしゅ》とした。袁氏の門生・故吏が天下に大勢いることを恐れたのである。故吏とは、もとの部下のことである。三公や将軍など幕府を開いた者が、幕府の属官として辟召《へきしょう》した者は、たとえ他の官に転任しても、辟召してくれた者を故君《こくん》［もとの君］、自らを故吏《こり》［もとの部下］と位置づけ、故君に対して主従関係にも似た隷属性を持ち続ける。あるいは、郡守や国相に郷挙里選で推薦された者も、郡守や国相を故君、自らを故吏と位置づけた。もちろん、部下に辟召し、郷挙里選で推薦する者が、自らの門生である場合は多い。その場合、門生であり、故吏でもある、という二重の恩を受けることになる。隷属性は、さらに強まるのである。

四世三公

袁氏は、袁安《えんあん》、安の子の袁敞《えんしょう》、安の孫の袁湯《えんとう》、湯の子の袁逢《えんほう》・袁隗《えんかい》と四世にわたって五人の三公を輩出している。このため、「汝南《じょなん》の袁氏《えんし》」は、「四世三公《しせいさんこう》」と称される。あるいは、同じく「四世三公」の「弘農《こうのう》の楊氏《ようし》」［弘農郡を本籍地とする楊氏］と分けるため、四代にわたって五人の「公」を出したことにちなんで、「四世五公」ともいう。

このうち、四人目の三公となった袁逢が、袁紹〔庶出《しょしゅつ》〈妾腹〉の兄〕と袁術〔嫡出《ちゃくしゅつ》〈正妻の子〉の弟〕の父である（袁紹は養子として袁成の後を嗣《つ》いだ）。したがって、「二袁」のころには、多くの故吏が袁氏を故君と仰いでいた。

また、袁氏は「孟氏易《もうしえき》」〔前漢の孟喜《もうき》が始めた『周易《しゅうえき》』の学派〕を「家学《かがく》」として、代々門生に教授していた。したがって、四代にわたって形成した門生・故吏の多さは、董卓が恐れるに足りるだけのものがあった。門生も故吏も、師や故君の危機には、命を懸けてこれを守ることが美徳であり、出世の手段でもあった。門生・故吏の報恩は、高く評価され、それを成し遂げたものは、三公府《さんこうふ》〔三公が開く幕府〕などから辟召を受けることも多かった。このため、袁紹も袁

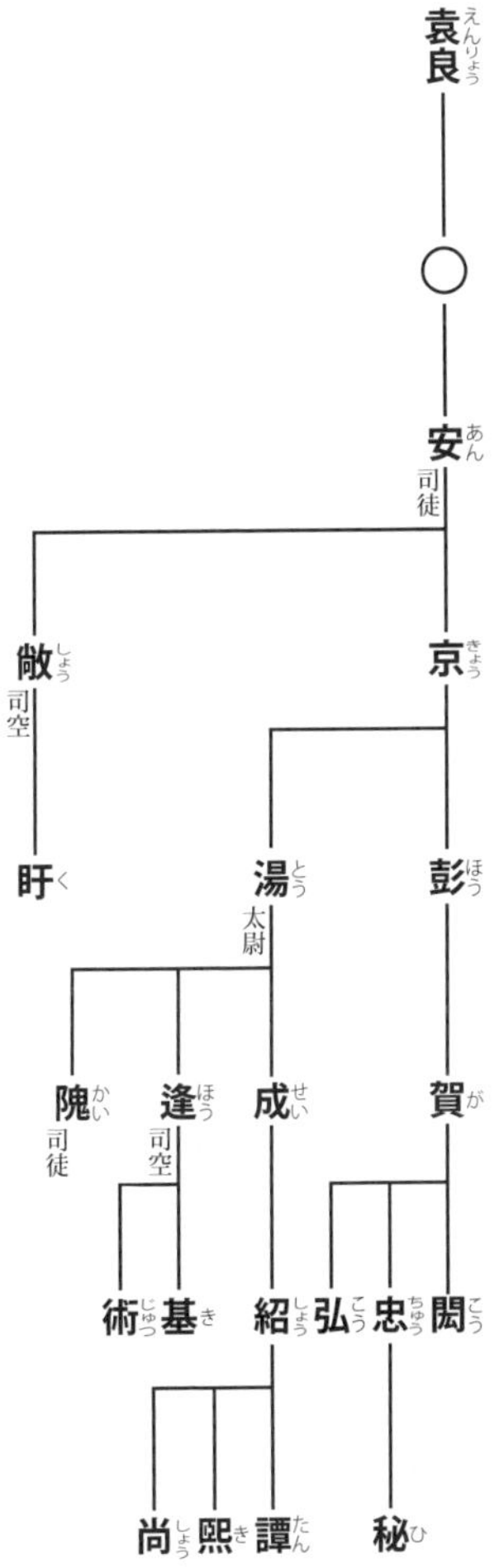

袁氏系図。○は欠名

術も、その勢力拡大に積極的に門生・故吏関係を利用したのである。

董卓が長安《ちょうあん》に遷都すると、群雄は自らの拠点を確保しようとした。董卓の主力は騎兵《きへい》である。したがって、その時点で最も有用な州は、冀州《きしゅう》であった。洛陽の北にある冀州には、首都防衛のため「冀州強弩《きしゅうきょうど》」と称される、騎兵に対抗できる最強の強弩［クロスボー、石弓］部隊が配置されていたからである。

冀州を領有していた韓馥《かんふく》は、袁氏の故吏であった。もちろん、それだけで冀州を袁紹に譲ったわけではない。袁紹の軍師である逢紀《ほうき》が、韓馥を脅すため、公孫瓚に冀州を攻めさせる策を立て、さらに袁紹の外甥の高幹《こうかん》や荀彧《じゅんいく》の弟［兄とする史料もある］の荀諶《じゅんしん》に、冀州を譲るよう韓馥を説得させた。思い止まるよう説く部下もあったが、韓馥は冀州を譲ることを決断する。

韓馥は、「わたしは袁氏の**故吏**であり、かつ才能も本初《ほんしょ》［袁紹の字《あざな》（呼び名）］には及ばない。徳を量って（支配者の地位を）譲ることは、古人も貴んでいる。諸君らは何を思い煩《わずら》うことがあろうか」と言った。……子を派遣して（冀州牧の）印綬《いんじゅ》［判子とひも］を送って袁紹に譲った。

『後漢書』列伝六十四上　袁紹伝

こうして漢の十三州のうち、最も有用な冀州に拠点を置いた袁紹は、それを足掛かりに幷《へい》州《しゅう》・青州《せいしゅう》を領有し、劉備が兄事していた公孫瓚を滅ぼすことで幽州《ゆうしゅう》を手に入れて、河北を統一していく。

故吏の隷属性

一方、袁紹を「妾の子」と蔑《さげす》み、激しく対立した袁術も、その勢力拡大に、門生・故吏関係を利用した。最も有効であった孫堅《そんけん》との関係は、厳密には故君と故吏の関係ではない。しかし、董卓を打倒するため、呉郡《ごぐん》から進軍する途中、協力を拒否した荊州刺史《けいしゅうしし》の王叡《おうえい》を殺し、軍を動かす正統性を何も持たなかった孫堅と会見し、孫堅を行破虜将軍《こうはりょしょうぐん》・領豫州刺史《りょうよしゅうしし》［行○○は代行。領○○は兼任］にするよう朝廷に上奏し、董卓と戦うための兵糧や武器を補給した袁術は、孫堅にとっては「故君」と変わらない。孫堅が最期まで拠点を持てなかったこともあって、その集団は、袁術の私兵のように扱われた。故吏の持っている故君への隷属性が、孫堅と袁術との関係を規定していたのである。

このように、門生・故吏関係という人脈を利用して、勢力を拡大する袁紹・袁術に対抗して、曹操も積極的に門生・故吏関係を拡充していく。豫州《よしゅう》を基盤とした曹操は、荀彧《じゅんいく》の献策により、献帝《けんてい》を擁立し、大将軍《だいしょうぐん》に任命される。ところが、兄貴分の袁紹を太尉《たいい》としたところ、その地位が曹操の下に置かれることを怒った袁紹に、任官を拒否された。そこで、未だ勢力の劣る曹操は、大将軍の地位を袁紹に譲り、自らは、三公の中でも太尉・司徒よりも格式の劣る司空に就いた。それでも、司空は三公であるため、司空府《しくうふ》を開くことができる。そこで、曹操は、司空府に有力者を次々と辟召《へきしょう》し、自らの故吏を増やしていった。

このように、門生・故吏関係は、支配―隷属関係を含む人脈を形成するための手段として多用された。しかし、人は常に縦に、すなわち君主に都合がよい支配―隷属関係として繋がるわけではない。横への繋がりを代表する一つが地縁である。

4. 地縁

発音の違い

中国において地縁の重要性が高い理由は、漢字という表意文字を利用することに一因がある。現在でも長江《ちょうこう》の南では、二〇〇キロごとに言葉が違うとされ、中国全体では十大方言《ほうげん》と呼ばれる方言圏がある。それぞれの違いは、英語と独語以上であるという。それほど音が違うと、アルファベットのような表音文字では語彙《ごい》そのものが変化していく。言語は、民族を構成する大きな要素であるため、漢字が表意文字でなければ、三国時代から分裂した中国が、再び統一される日は来なかったかもしれない。このように、本来、分裂しても不自然ではないほど発音が異なるにも拘《かかわ》らず、一つの国家として存在し続けた中国では、発音を同じくする人々の紐《ちゅう》帯《たい》として、地縁の重要性が高いのである。

後漢にはすでに、地域ごとの言葉の違いをまとめた揚雄《ようゆう》の『方言《ほうげん》』という本が存在した。「雅言《がげん》」と呼ばれた共通語を流暢《りゅうちょう》に話すためには、洛陽に留学する必要があった。北京《ペキン》の近くに生まれた劉備と杭州《こうしゅう》の近くに生まれた孫権では、込み入った話になると、言葉が通じなかったであろう。人脈は、込み入った話をしなければ形成されない。このため中国において地縁は、人脈形成において重要な意味を持つのである。荀彧と諸葛亮を中心に地縁と学問を検討しよう。

名声を生む場「汝南と潁川」

曹操が拠点を置き、やがて献帝を迎えることで、後漢最後の首都となった許県《きょけん》は、潁川郡《えいせんぐん》に属する。しかし、曹操の名声の場は、同じく豫州《よしゅう》〔後漢末の行政単位は、州―郡・国―県〕に属しながらも、汝南郡《じょなんぐん》にあった。曹操を「乱世の奸雄」と評価した者が、汝南郡の名士許劭《きょしょう》であったためである。

許劭の評価を受けた曹操は、何顒《かぎょう》を中心とする名士グループに属する。それは、曹操の祖父である宦官の曹騰が高く評価し、「三公になれたのは、曹常侍《そうじょうじ》のおかげである」とその恩を公言していた种暠《ちゅうこう》の子である种輯《ちゅうしゅう》と何顒が親しかったことによる。曹操も祖父の人脈を生かすことで、名士として世間に知られることになったのである。そもそも、汝南郡の許劭に曹操を紹介した橋玄《きょうげん》も、种暠の推挙を受けた故吏であった。曹騰の人脈は、曹操台頭の大きな基盤となっていたのである。

何顒自身は、荊州の南陽郡《なんようぐん》出身ではあるが、党錮の禁の際、汝南郡を転々と亡命しており、汝南名士社会で名声を得たと考えてよい。曹操は、その何顒に「奇」と評価され、そのグループで荀彧・袁紹・許攸《きょゆう》などと交友した。ただし、ほぼ同年代のかれらの中で、袁紹だけは、何顒から「友」として同格の扱いを受けていた。なぜなら袁紹は、汝南郡を代表する名門「汝南の袁氏」の出身だからである。「四世三公」の「汝南の袁氏」の門生・故吏たちの勢力を憚り、何顒ですら年少の袁紹を同格扱いにした。曹操が、汝南郡で袁紹に勝る勢力を持つことは難しかったのである。

こののち、曹操は、陳宮《ちんきゅう》に迎えられて兗州《えんしゅう》を基盤とした。しかし、やがて曹操は、父曹嵩《そうすう》を殺された報復に徐州《じょしゅう》で虐殺を行った。これを批判する兗州名士の長老辺譲《へんじょう》を殺したことをきっかけに、曹操は兗州に呂布《りょふ》の侵入を許す。

そうしたなか、曹操は、拠点を豫州の潁川郡に求めた。潁川郡は、隣の汝南郡と並んでかつての党人《とうじん》の中心地であると共に、荀彧の故郷でもあった。荀彧の祖父である荀淑《じゅんしゅく》は、陳蕃《ちんばん》・李膺《りよう》という党人の中心人物と交友し、叔父の荀爽《じゅんそう》も、許劭・郭泰《かくたい》と交友関係を持つ。「潁川の荀氏」は、後漢末の名士本流の一つなのである。潁川郡における荀彧の影響力は大きい。曹操は、荀彧の地縁により潁川郡を安定的な拠点とすることができたのである。

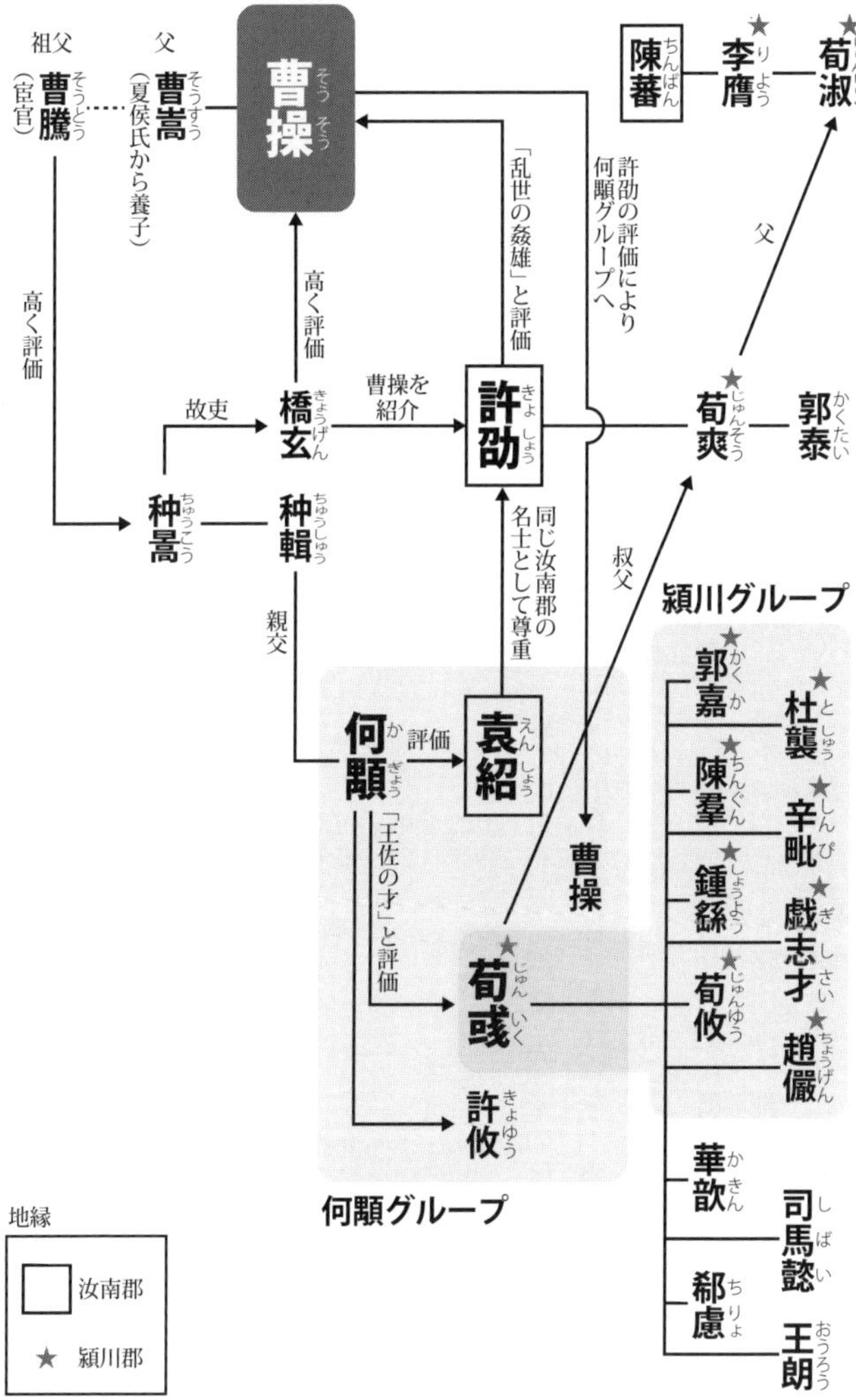

曹操をめぐる人間関係と地縁

そして荀彧は、曹操の支配を安定させるため、多くの名士を集団に加入させる。

（荀彧が）前後にわたって推挙した者は、一世に秀でた大才であった。**同郷**の人では荀《じゅん》攸《ゆう》・鍾繇《しょうよう》・陳羣《ちんぐん》、四海の内では司馬宣王《しばせんおう》［司馬懿］、また当世に名声の高かった郗慮《ちりょ》・華《か》歆《きん》・王朗《おうろう》・荀悦《じゅんえつ》・杜襲《としゅう》・辛毗《しんぴ》・趙儼《ちょうげん》などを招致し、のちに卿相《けいしょう》［大臣］となった者は、十数人に及んだ。士を評価する基準は単一ではなく、戯志才《ぎしさい》・郭嘉《かくか》たちは世俗の誹《そし》りがあり、杜畿《とき》は気位が高く飾り気がなかったが、みな智策に優れることから推挙し、そしてそれぞれ名声をあげた。

『三国志』巻十 荀彧伝注引『彧別伝』

荀彧が推挙した人物のうち、同郷と明記されている荀攸・鍾繇・陳羣のほか、荀悦・杜襲・辛毗・趙儼も、戯志才・郭嘉も、すべて潁川郡の出身である。これらを「潁川グループ」と呼ぶことにしよう。荀彧が自らの地縁を中心に、人材を推挙していることが分かる。やがて、曹操が国家の中枢を掌握するにつれ、潁川グループの重要性は相対的に低くなっていく。しかし、献帝を迎えた当初の曹操を支えたものは、荀彧を中心とする潁川郡の地縁集団なのであった。ちなみに、潁川郡は、「戦国《せんごく》の七雄《しちゆう》」でいうと韓《かん》に属する。韓非子《かんぴし》［韓非は韓の公子］などの法家を輩出した地域である。「潁川の荀氏」は、韓非子との関わりが言われることのある荀子《じゅんし》

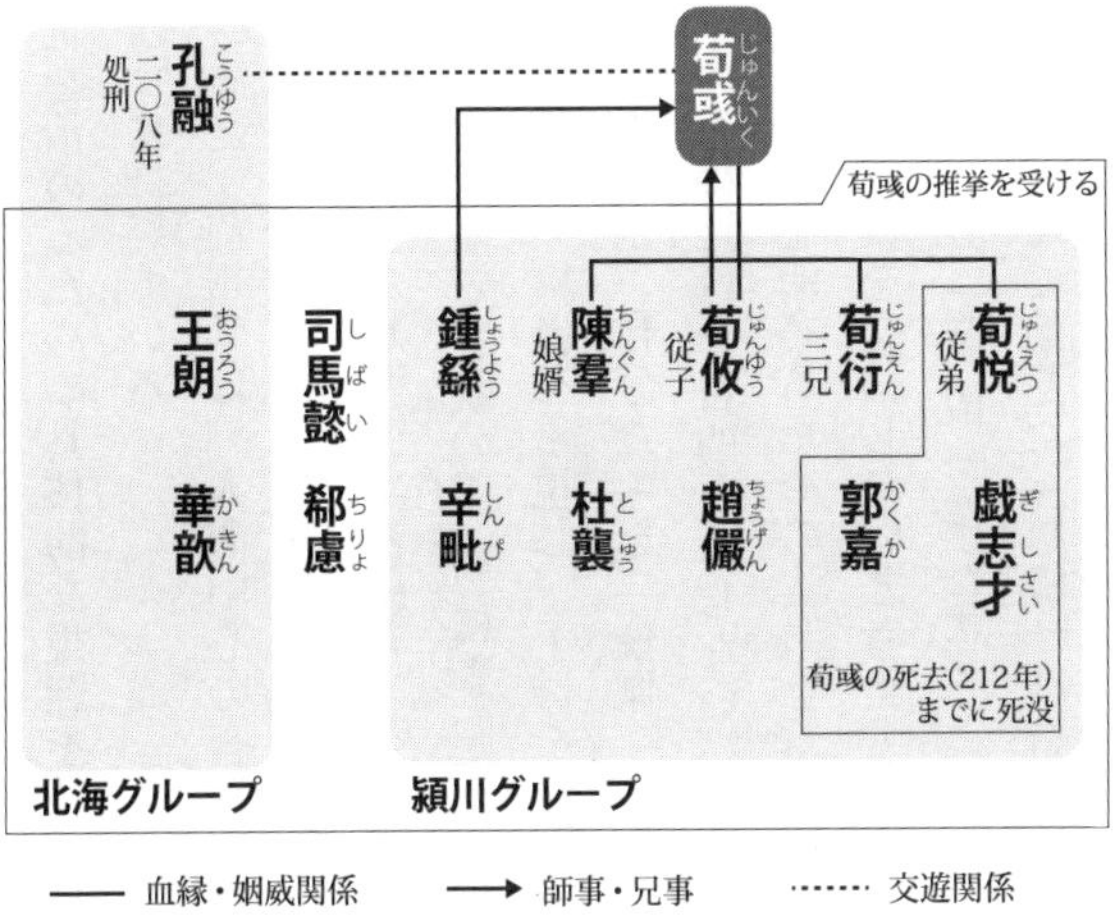

荀彧と曹魏政権の名士たち

の子孫と称している。荀彧と陳羣らが、法や刑罰を重視する曹操の猛政《もうせい》を支持し、陳羣が新律十八篇《しんりつじゅうはちへん》という曹魏《そうぎ》の刑法の制定に携《たずさ》わった一因は、韓の流れを汲《く》む潁川郡の地域性の反映と考えられるのである。

地域と学問

このように地縁は、その地域の学問と関わりを持つ場合も多い。後漢末の益州《えきしゅう》には、陳寿も継承した蜀学《しょくがく》が残り、荊州《けいしゅう》には、諸葛亮の修めた荊州学《けいしゅうがく》が生まれている。

劉表《りゅうひょう》の保護のもと、宋忠《そうちゅう》と司馬徽《しばき》を中心に生まれた荊州学は、『周礼《しゅらい》』『儀礼《ぎらい》』『礼《らい》記《き》』の「三礼《さんらい》」、とりわけ『周礼』により多くの経書《けいしょ》〔詩経《しきょう》・尚書《しょうしょ》（書経）・春秋・易経・礼記の五経のほか、後漢では論語《ろんご》と孝経《こうきょう》も経書に準ずる扱いを受けていた〕を体系化した、漢代儒教の集大成者である鄭玄《じょうげん》に対して、『春秋左氏伝《しゅんじゅうさしでん》』と『易経《えききょう》』を中心に据えて対抗した新しい儒教である。とりわけ重視された『春秋左氏伝』は、戦乱の春秋時代を歴史的に描き、乱世を治めるための具体的な規範を多く含んでいた。諸葛亮も、その行動規範を多く『春秋左氏伝』に仰いでいる。

　また、荊州学は、人間中心の合理的な経典《けいてん》の解釈を行った。具体的には、鄭玄の経典解釈で大きな役割を果たしていた緯書《いしょ》［経書を補うと共に、作成者の意図をその中に含めた偽書。五経と論語・孝経に呼応する七緯に分けられる］の宗教性に、大きな疑問を投げかけたのである。やがて、荊州学を継承する曹魏の王粛《おうしゅく》によって、緯書は批判されていく。これに対して、益州に残っていた蜀学は、緯書を重視し、予言を尊重する神秘的な儒教であった。

　司馬徽が、自分たちを「俊傑」と称し、単なる儒者とは区別していたように、荊州学は、経学の習得だけを目的とはしない。訓詁学《くんこがく》［経典を解釈する学問］を踏まえながらも、それを生かして乱世を治めるための実践を重んじていたのである。諸葛亮は、自らを管仲《かんちゅう》・楽毅《がくき》に比《ひ》し、天下・国家を経綸《けいりん》したいと考えていた。そうした志が尊重され、諸葛亮は司馬徽の友人である龐徳公《ほうとくこう》より「臥龍《がりょう》」［まだ伏せていて世の中に顕れていない龍］という人物評価を受けた。帝王の秘策を好んで論じた「鳳雛《ほうすう》」龐統《ほうとう》と並称されたのである。こうして、徐州琅邪郡《ろうやぐん》の出身の諸葛亮は、荊州の襄陽《じょうよう》を名声の場とする荊州名士となり、荊州に地縁を手に入れるのである。

　このののち、劉備から三顧《さんこ》の礼《れい》を受けた諸葛亮は、荊州名士として、自らの勢力基盤に蔣《しょう》琬《えん》・費禕《ひい》をはじめとする荊州名士を抜擢していく。地縁が、三国時代の人脈形成に大きな役割を果たしていたことを理解できよう。

5. 血縁

婚姻関係の重み

諸葛亮は、襄陽《じょうよう》郡で人物評価を受けて、襄陽郡を名声の場とする襄陽名士［州を単位とすると、荊州名士］になると共に、婚姻関係を結んでいく。自らは、沔南《べんなん》の名士黄承彦《こうしょうげん》の娘を娶り、姉を龐徳公の子龐山民《ほうさんみん》に嫁がせている。黄承彦は、襄陽の名士蔡瑁《さいぼう》の姉を妻としており、蔡瑁の妹は劉表に嫁いでいる。すなわち、諸葛亮は、荊州牧の劉表と血縁関係を持っているのである。荊州名士として生きるための人脈を血縁により構築したことが分かる。

血縁は、地縁と共に人脈形成の重要な手段である。むしろ、血縁が地縁よりも強力なことは、「血は水よりも濃い」という諺《ことわざ》が、英語にもアラビア語にもあるように、洋の東西、古今を問わずに共通する。三国時代の次の西晋《せいしん》において形成される中国の貴族《きぞく》制では、貴族は自らの家格が互いに釣り合う家同士で閉鎖的婚姻関係を結んだ。庶民から武力で成り上がった皇帝は、王羲之《おうぎし》らの貴族から、「家格が合わない」と婚姻関係を拒絶されることもあった。こうした貴

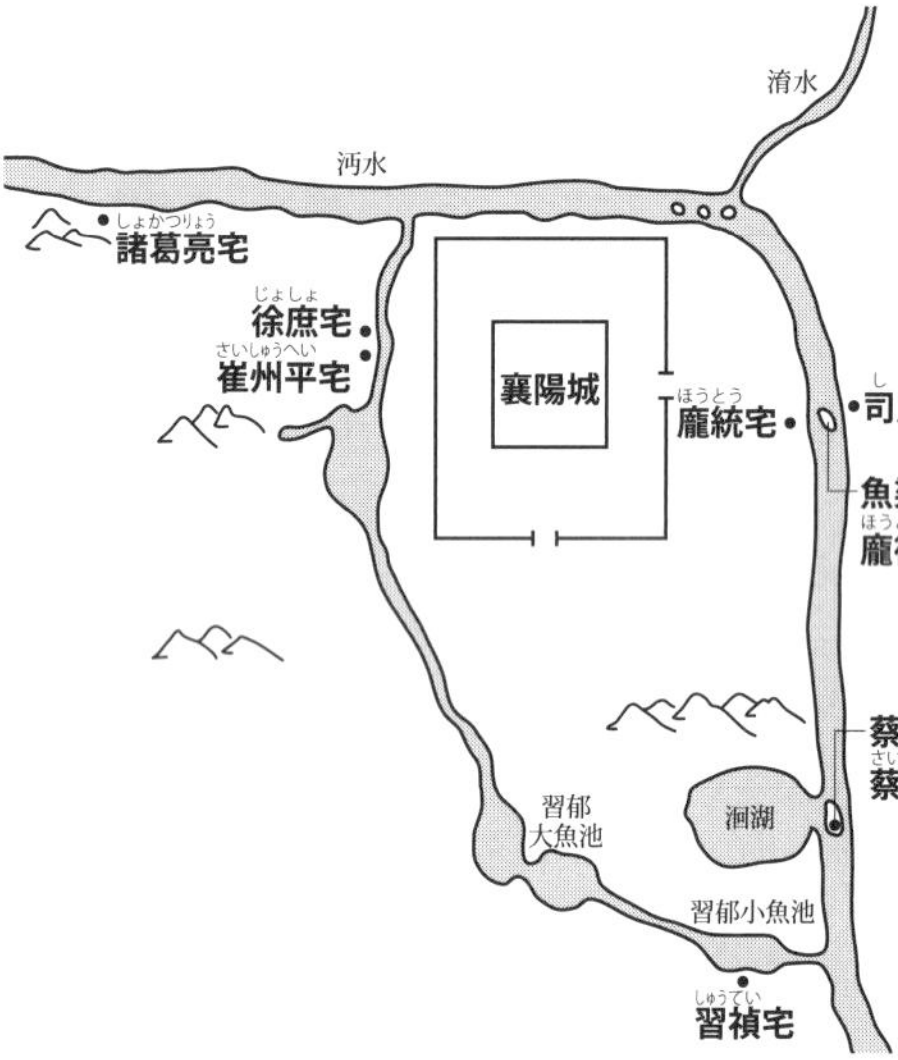

襄陽城周辺図　楊守敬『水経注図』より

族の家柄は、「琅邪《ろうや》の王氏」〔琅邪郡出身の王氏〕という形で郡《ぐん》を単位に表現される。これを「郡望《ぐんぼう》」という。後漢末には、すでに「汝南の袁氏」や「弘農《こうのう》の楊《よう》氏」のように、郡望で呼ばれる四世三公の名門家が出現していた。

　後漢末の豪族は、郡望に表れるように、郡を単位に、多くの場合四つの有力な家が、互いに婚姻関係を結んでいた。血縁と地縁の融合である。たとえば、孫堅《そんけん》の出身地である呉郡《ごぐん》では、「呉《ご》の四姓《しせい》」と総称される陸《りく》・顧《こ》・張《ちょう》・朱《しゅ》という四つの豪族家が、互いに婚姻関係を結び、強大な力を持っていた（→P240）。その中でも、筆頭格の陸氏の当主であった陸康《りくこう》は、後漢末に廬江太守《ろこうたいしゅ》となっていた。武力だけで台頭した孫堅は、陸康の甥を救援している。したがって、父を嗣いだ孫策は、すぐさま陸康のもとを訪れた。しかし、陸康は部下に対応させて、面会しなかった。呉郡において、四姓の筆頭である陸氏と弱小豪族である孫氏との間には、これほどまでの家柄の差異があったのである。

この対応を恨んだ孫策《そんさく》は、袁術の命を受けて陸康を攻めた際に、その一族を虐殺した。これにより、孫氏と「呉の四姓」とは、決定的な対立関係を持つことになる。やがて、孫策が本拠地で暗殺される背景である。郡を代表する豪族を敵に回すことは、その郡の豪族社会全体を敵に回すことと同じであった。さらには、「呉の四姓」が、隣郡の「会稽《かいけい》の四姓」と婚姻関係で結ばれていたように、郡を超えた血縁関係を持っている豪族も多かった。豪族にとって血縁は、自らの人脈を安定的に広げていくうえで、大きな役割を果たしていたのである。

信頼の根本

血縁を重視することは、曹操集団にも見られる。曹操は、張遼《ちょうりょう》を除いては、一万人以上の別働隊を曹氏・夏侯氏以外の将軍に、ほとんど指揮させなかった。ここには、張遼に対する曹操の強い信頼をみることができる。が、それ以上に、曹氏という一族、曹騰《そうとう》の養子に入った父曹嵩《そうすう》の実家である夏侯氏という宗族《そうぞく》〔祖先を共通と考える血縁集団〕への曹操の厚い信頼を指摘することができる。

なかでも、曹仁《そうじん》と夏侯惇《かこうとん》は、曹操にとって無くてはならぬ血縁者であった。曹操の従弟である曹仁は、挙兵以来、曹操に従い、やがて方面軍指令官を歴任する。曹仁は、戦うときに曹操の軍令を常に手元におき、いちいち確認して命令を遵守した、という。また、曹仁は、圧倒的に守りの戦いに強かった。関羽《かんう》が樊城《はんじょう》に攻め寄せたときにも、徐晃《じょこう》の働きにより樊城が解放されるまで、これを守りぬいた。ちなみに、赤壁の戦いに敗れた際、江陵《こうりょう》に留まり、攻め寄せた周瑜《しゅうゆ》と戦ったのも、曹仁であった。

また、夏侯惇も曹操の従弟で、挙兵時より付き従い、曹操が行奮武将軍《こうふんぶしょうぐん》になると司馬《しば》になり、曹操とは別に白馬《はくば》に駐屯した。そののち、夏侯惇は、常に曹操の本拠地を守っている。曹操の徐州《じょしゅう》征伐のとき、陳宮《ちんきゅう》と張邈《ちょうばく》が呂布《りょふ》を引き込み反乱を起こすと、夏侯惇は曹操の家族を救出するため鄄城《けんじょう》に向かう。ところが、途中、呂布と遭遇して、一時は人質にもされる。それでも、荀彧・程昱《ていいく》と共に鄄城《けんじょう》・范城《はんじょう》・東阿城《とうあじょう》の三県を死守し、曹操の帰りを待ったのである。

ちなみに夏侯惇は、この戦いの中で左目を失い、「盲夏侯《もうかこう》」と呼ばれた。このため『演義』は、「隻眼《せきがん》の猛将」として夏侯惇を描く。しかし、史実の夏侯惇は、以後も陳留《ちんりゅう》太守・済陰《せいいん》太守を歴任して、後方の守備を続けている。日照りや蝗《いなご》の害には、自ら率先して土を運び、河を塞《せ》き止めて堤《つつみ》を築いた。曹操が河北《かほく》の袁氏を平定している間も、夏侯惇は後詰めを務めた。

こうした夏侯惇を曹操は、軍の重鎮として尊重するだけではなく、同じ車に乗せて特別に親愛の情を示し、寝室にまで自由に出入りをさせた。曹操の血縁者への信任ぶりを窺うことができよう。
このように、血縁は、生命をも委ねられる圧倒的な信頼関係の絆《きずな》であった。したがって、宗族は、戦乱の中でも、血縁が途絶えないよう、最大限の努力をする。諸葛氏の事例を見てみよう。

宗族の維持

諸葛亮《しょかつりょう》の兄である瑾《きん》は、亮とは異なり洛陽《らくよう》に遊学している。その後、諸葛亮が弟の均《きん》と共に荊州に乱を避けたのとは別行動を取り、後母を連れて揚州《ようしゅう》に赴いた。戦乱により兄弟が共倒れになることを防ごうとしたのであろう。孫策の死後、孫権が名士を尊重すると、諸葛瑾は孫権に仕えた。のち諸葛亮が劉備の使者として呉に来た際、孫権は自分に仕えるよう瑾に説得させようとする。ところが諸葛瑾は、「わたしが主君を裏切らないように、弟もまた劉備を裏切らないでしょう」と述べた。孫権は、これに感銘を受け、諸葛瑾に絶大な信頼を置くようになる。ただし、諸葛氏にとってそれは、一ヵ所に仕えず、危険を分散するための戦略でもあった。

諸葛瑾は、なかなか亮に子が生まれないので、次子の喬《きょう》を亮のもとに養子に出した。諸葛亮も、喬を可愛がり、北伐《ほくばつ》の最中に、「喬は本来、成都《せいと》に帰るべきなのですが、皆と栄誉も屈辱も共にするために、諸将の子弟と共に斜谷《やこく》で食糧の運送に当たっております」と瑾に書簡を送

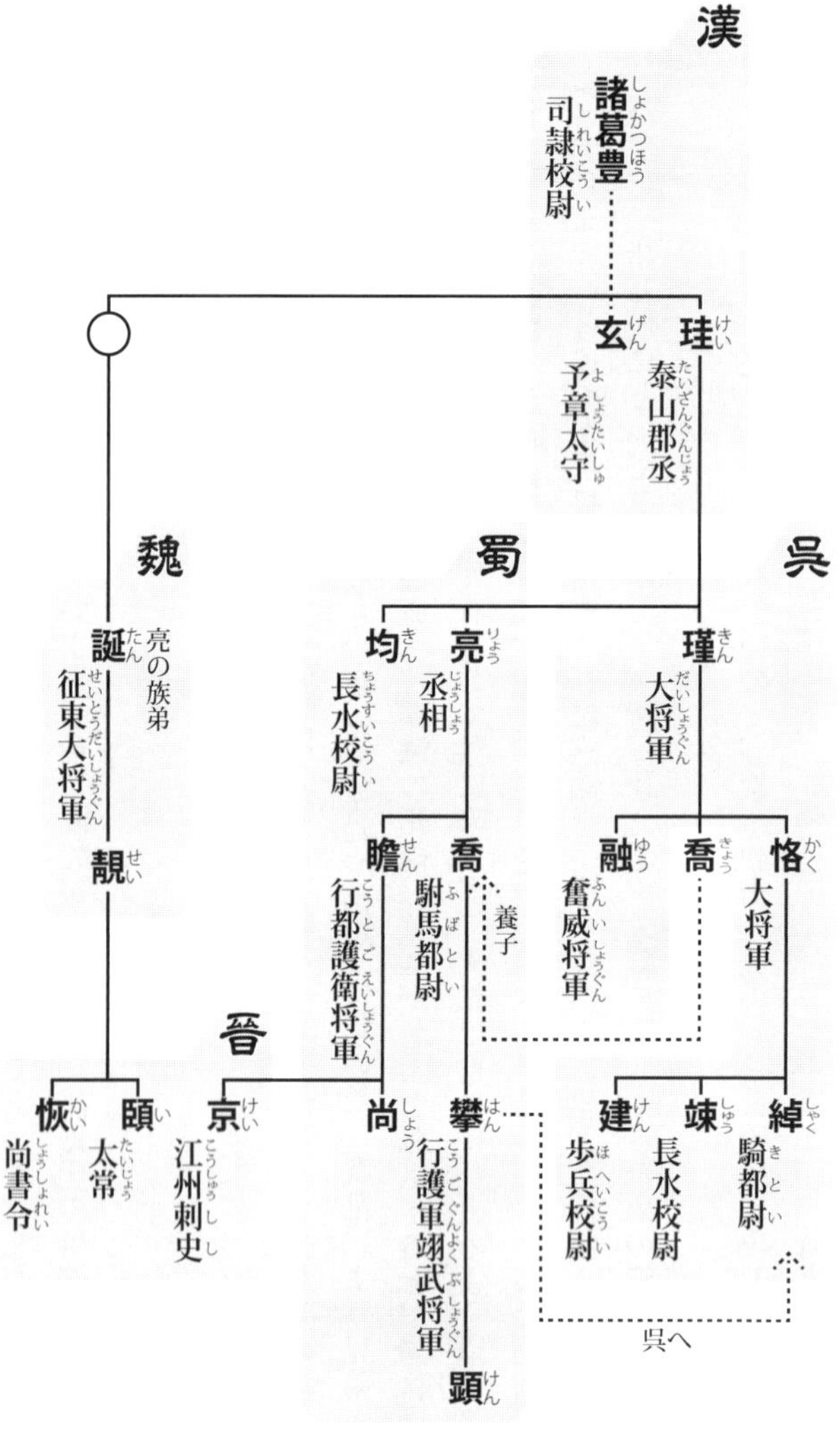
漢
諸葛豊《しょかつほう》
司隷校尉《しれいこうい》
玄《げん》
予章太守《よしょうたいしゅ》
珪《けい》
泰山郡丞《たいざんぐんじょう》
魏
蜀
呉
誕《たん》
亮の族弟
征東大将軍《せいとうだいしょうぐん》
靚《せい》
均《きん》
長水校尉《ちょうすいこうい》
亮《りょう》
丞相《じょうしょう》
瑾《きん》
大将軍《だいしょうぐん》
瞻《せん》
行都護衛将軍《こうとごえいしょうぐん》
喬
駙馬都尉《ふばとい》
養子
融《ゆう》
奮威将軍《ふんいしょうぐん》
喬《きょう》
恪《かく》
大将軍
晋
恢《かい》
尚書令《しょうしょれい》
頤《い》
太常《たいじょう》
京《けい》
江州刺史《こうしゅうしし》
尚《しょう》
攀《はん》
行護軍翊武将軍《こうごぐんよくぶしょうぐん》
顕《けん》
建《けん》
歩兵校尉《ほへいこうい》
竦《しゅう》
長水校尉
綽《しゃく》
騎都尉《きとい》
呉へ

諸葛氏系図

っている。やがて、亮に実子の瞻《せん》が生まれ、瑾の子である恪《かく》が失脚して、瑾の子孫が絶えると、喬の子である攀《はん》は呉に戻り、瑾の家を再興している。その際、攀の子である顕《けん》は、蜀に残った。そして、瞻とその子の尚《しょう》が蜀漢と命運を共にしたのち、顕は尚の弟の京《けい》と共に、河東郡《かとうぐん》に移住して西晉《せいしん》に仕え、諸葛瑾・亮の血筋を後世に伝えたのである。

さらに、諸葛瑾・亮の族弟にあたる誕《たん》は、故郷の徐州琅邪郡《じょしゅうろうやぐん》に残ったまま曹魏《そうぎ》に仕えた。『世説新語《せせつしんご》』によると、若き誕が仕官した時に、「蜀漢はその龍を得、孫呉はその虎を得、曹魏はその狗《いぬ》を得た」と称されたという。ここでの「狗」を「功狗《こうく》」、すなわち「功ある者」と解釈する説もあるが、それでは話にオチがなく、穿《うが》ちすぎであろう。のちに、司馬氏による曹魏の簒奪《さんだつ》に抵抗した誕は、実態以上に悪く書く史料が多く残された。だから、ここでの狗《いぬ》は悪い意味である。ただし、司馬氏に反乱を起こしたにも拘らず、誕の子孫も西晉に仕えている。そして、東晉《とうしん》では、同じく『世説新語』に、王導《おうどう》（二七六～三三九年）を相手に、諸葛氏と王氏とは、どちらの家柄が上であるかを言い争った逸話を残しているのである。こうして諸葛氏は、王氏と並ぶ琅邪郡を代表する貴族となるように、三国時代を生き延びた。それは、三国それぞれに一族が仕え、どの国が滅亡しても大丈夫なようにした諸葛氏の戦略によるものである。

6. 評価

人事と評価

人を評価し、そして抜擢する、これこそ人事の中心である。したがって、君主はこの人事権を一元的に把握しなければならない。しかし、それは往々にして、君主の手のもとを離れ、人脈をつくる手段と化す。

たとえば、唐《とう》代、官僚登用制度は、科挙《かきょ》と呼ばれる試験制度であった。試験であれば、その評価は客観的に行われたかに思われる。ところが、唐代の科挙は、試験官が誰であるのか公表されており、事前運動も可能であった。もちろん、解答者の名は隠される。しかし、最も重んじられた進士《しんし》科は、詩作を中心とする文学の試験であった。作風は自ずから表れる。そのため、試験官は、自分が教えた学生の答案がどれか、分かったという。したがって、合格者は、直接教わっていなくとも、試験官を師と仰ぎ、自ら門生《もんせい》と称した。漢代から続く門生による人脈形成は、君主の人事権掌握のために設けられた科挙の中でも生き延びていたのである。

こうした事態に際して、科挙の客観性を高める、という方向に進まないところが、君主独裁制度の面白さである。宋代になると、殿試《でんし》という宮中で行う最終試験を増設し、皇帝自らが、試験官となった。客観的な試験ではなく、君主が師となるための試験に改変したのである。もちろん、不勉強な皇帝も多く、臣下に採点させた順位を適当に変更するだけの者もいた。それでも、臣下を評価した者は、皇帝である。こうして科挙の合格者はすべて、皇帝の門生となり、皇帝に対して絶対的な服従を誓うに至った。宋代以降、中国国家が滅亡していくとき、それでも国家のために尽くす忠臣には、科挙で状元《じょうげん》［第一位］、あるいは榜眼《ぼうげん》［第二位］、探花《たんか》［第三位］となった者が多かった。南宋《なんそう》の滅亡に殉じた「忠臣」文天祥《ぶんてんしょう》は、その代表である。このように、宋代以降の科挙により、臣下を評価する行為は、皇帝の主催する試験に収斂されていく。

経済的利益から文化資本へ

これに対して、後漢末に流行した人物評価は、国家や皇帝と別の場において成立し、社会的に大きな影響力を持ったことに特徴がある。これは、宦官の専制に対抗した党人《とうじん》が始めたものであった。

宦官は、皇帝の支持を背景に、自分たちの政治介入に反発する儒教的官僚を「党人」［悪い仲間］として国家から排除する第一次党錮《とうこ》の禁《きん》を起こした（一六六年）。後漢から追い出された党人は、宦官への批判を続ける。次第にそれは、宦官をのさばらせる皇帝や後漢という国家そのものへの批判に高まっていった。それでは、党人の評価はどのように名士に繋がるのであろうか。

これまで豪族は、郷里社会で持つ大土地所有などの経済力と、一族や配下の持つ軍事力とを郷挙里選によって、後漢の官僚に就任するという政治的な力に変換してきた。ところが、郷挙里選は、宦官の請託《せいたく》〔私的な任官要求〕により閉ざされ、後漢そのものの権威も弱体化すると、何を拠り所に郷里社会で勢力を維持すればよいのか、迷うことになった。

そうした状況の中で流行したものが、宦官を批判する党人たちの人物評価である。第一次党錮の禁の後に、太学《たいがく》で「三君《さんくん》・八俊《はちしゅん》」以下の、いわば「名士の番付」が形成される。そしてこれが、「三公《さんこう》・九卿《きゅうけい》」以下の政治的序列で表現される後漢の皇帝権力との対峙性を初めて持つことができたという意味において、名士層形成の重要な契機となった。

さらに大規模な弾圧事件となった第二次党錮の禁（一六九年）の後には、後漢の官僚であることよりも、党人として禁錮され名声を得ることのほうが、自己のあり方として優れているとする判断が、次第に増加していく。たとえば息子が李膺《りよう》の門生であった景毅《けいき》は、自ら李膺との関わりを述べたてて、侍御史《じぎょし》という後漢の官職を辞任し、輿論《よろん》からその「義」を称えられた。景毅は、後漢の官僚としての地位から生ずる経済的利益を放棄して、それを輿論からの「義」の評価という文化資本へと転化した。そうしたほうが、社会における卓越性を得られると判断したためである。

こうして次第に、後漢の官僚であることよりも、輿論の評価という文化資本〔フランスの社会学者ピエール＝ブルデューの概念。人より卓越するには、経済力を文化に転化する必要があるという考え方〕を重視する階層が形成されていく。当時の輿論から支持され「士名を得た」これらの人士を本書は「名士」と呼んでいる。かれらの地位が、国家の官僚としての地位や国家に認定されるものとは異なり、また一族の郡望《ぐんぼう》により半ば自動的に高官に就き得るものでもなく、個人の名声により規定されるための名称である。名士となるためには、名声として表現される豪族・名士間で、輿論の支持を得る必要がある。そのための最短距離は、代表的な名士に認められ、人物評価を受けることであった。

名士同士による「自律的秩序」の形成

人物評価の中心は、党人の李膺《りよう》に評価された郭泰《かくたい》と、曹操を評価した許劭《きょしょう》であった。郭泰は、全国をまわって人物評価を行ったが、郭泰の車には人物評価を求める豪族の差し出した名刺が山と積まれていたという。郭泰の努力もあって、名声を存立基盤とする名士が、全国的な支配者層として承認されていく。

乱世において、賊の攻撃からの防御や持ち運びに難がある大土地所有に比べて、身につけた文化に対して与えられる名声は、維持も移動も容易である。徐州《じょしゅう》琅邪郡《ろうやぐん》では大土地を所有していた諸葛亮が、そうした経済資本とは無縁の、故郷から遠く離れた荊州《けいしゅう》襄陽郡《じょうようぐん》で、卓越した地位を得て血縁を広げられたのは、荊州学を中心とする文化を自らの存立基盤としていたからである。

また、名士の名声は、皇帝権力に対する自律性を持っていた。名声を定める者は、郭泰・許劭を筆頭とする人物批評家などの名士であり、その内容は皇帝権力に左右されない。むしろ、郷挙里選を通じて後漢が果たしていた秩序形成の低下が、新たなる名士の自律的秩序の形成を促進した。

名士の存立基盤は、豪族のように大土地を所有することにも、腐敗した後漢国家の官僚となることにもなく、名士相互間で形成される名声に求められた。つまり、人脈こそが名士の基盤なのである。

したがって、名士は、郷里社会における大土地所有といった経済資本を直接的な存立基盤とはしていない。もちろん「琅邪《ろうや》の諸葛氏」など郡望によって呼ばれるように、郷里との関係を維持しているし、その一族が郷里で豪族であることも多い。しかし、名士としての名声は、郷里社会との直接的な利害関係を基盤としているわけではない。そうした意味で、名士は郷里との関係を抽象化（超越）しているといえる。このため名士は、豪族同士の土地問題などの利害を調整する「第三者」の役割を担うことが可能であった。あるいは、郷里の危機を指導者として回避することもあった。

そのため、豪族たちは、自分が名士となるために、名士を支持し、その名声を尊重した。したがって、君主は、広大な領域を支配するために、豪族の支持を受け地域に人脈を持つ名士の協力を必要とした。さらに名士は、人脈を用いて情報を握り、状況を分析した。三国随一の兵法家である曹操でさえ、戦いに勝利するためには、情報を握る名士の協力が不可欠であった。

名士は、州（国）を超えた幅広い交友関係と連絡網、すなわち人脈に基づく人物評価と情報の専有により、乱立する君主権力に対して自律性を保持することができた。その一方で、階層としての独立性を持つまでの結束力はなく、地縁・血縁など分散的な人脈ごとに、多くの集団に分裂していた。しかも、名士の存立基盤である人物評価は、主観的な価値基準に基づくため、恣意《しい》性と分裂性という限界を持っていた。このため、名士は、官僚となって社会的支配者としての地位を安定させる必要に迫られていた。しかし、あるべき姿を喪失した後漢の官僚となることは、名声を落とす危険性を持つ。そこで、名士は、自分の理想を実現できる国家、自分が主体的に形成していく新しい国家において、官僚になると共に、理想とする政策を実現したい、という抱負を持つものが多かった。

黄巾《こうきん》の乱が起こり、董卓《とうたく》の専横を経て、群雄の割拠が始まると、名士は、自分の抱負を実現するため、群雄の幕僚となって政権の樹立に主体的に関与していく。一方、群雄の側も、軍事力だけでは、支配地域を安定的に統治することは難しいため、社会的権威を持つ名士との間に様々な関係を結んでいく。名士の人脈の中心地は、党人の二人の指導者である、陳蕃《ちんばん》が出た汝《じょ》南《なん》郡［その人物評価の中心が許劭］、李膺《りよう》が出た潁川《えいせん》郡［その人物評価の中心が郭泰］であった。このうち、汝南郡を基盤とする袁紹が先に覇権を握り、やがて汝南郡から潁川郡に基盤を移した曹操が、官渡《かんと》の戦いで袁紹を打倒していくのである。

第二章

国のしくみ

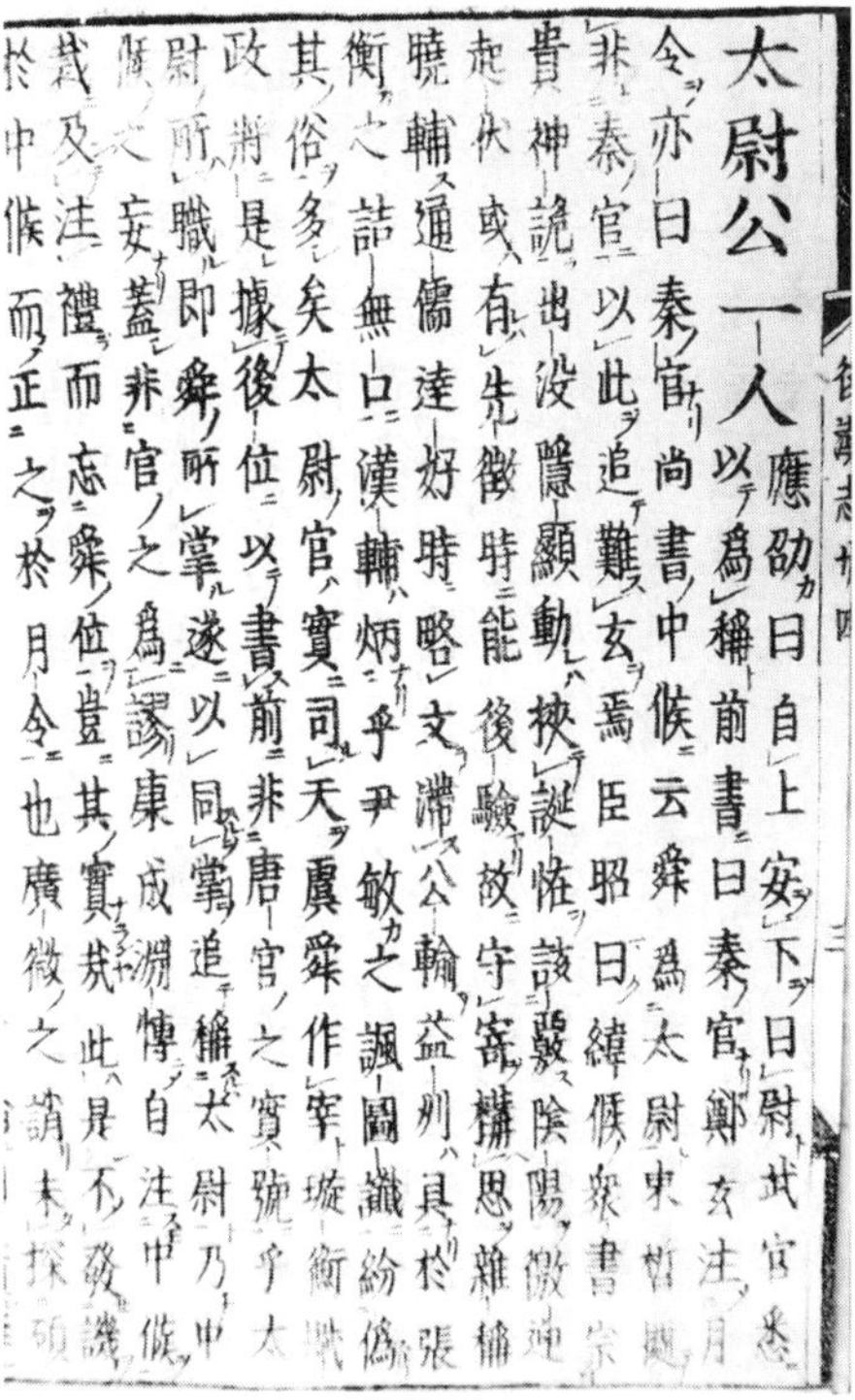

太尉公一人 應劭曰自上安下曰尉武官悉以為稱前書曰秦官鄭玄注月
令亦曰秦官尚書中候云舜為太尉束晳據
非秦官以此追難玄焉臣昭曰緯候眾書宗
貴神詭出沒隱顯動挾誕怪該覈陰陽微妙
起伏或有先徵時能後驗故守害構思雜糅
曉輔通儒達好時略文沸公輸益州具於張
衡之詰無口漢輔炳乎尹敏之諷圖讖紛偽
其俗多矣太尉官實司天虞舜作宰璇衡賦
政斯是據後位以書前非唐官之實號乎太
尉所職即舜所掌遂以同嚐追稱太尉乃中
候之妄蓋非官之為謬康成淵博自注中候
裁及注禮而忘舜位豈其實然此是不發譏
於中候而正之於月令也廣微之譏未探碩

『後漢書』百官志
三国時代の基本となった後漢の官制を伝える『後漢書』の和刻本。

1. 官と吏

後漢末の官僚制度

三国時代は戦乱の世であるが、戦いに勝てばそれで良いわけではない。国のしくみが分からないと、根拠地の統治が円滑に進まない。個人としては、三国随一の武力を持ちながら、三国志に武勇談を残すに止まった呂布《りょふ》の弱みは、国のしくみを理解していないことにあった。呂布がそれを嫌ったように、官僚制を中心とする国のしくみは複雑を極める。しかし、これを把握しなければ、武将から群雄へ、そして国家の君主へと上り詰めていくことはできないのである。

『後漢書《ごかんじょ》』郡国志《ぐんこくし》によれば、後漢の順帝《じゅんてい》〔在位、一二五～一四四年〕の時の人口は、四九一五万二二〇人であった。約五〇〇〇万もの人間を皇帝一人で支配することはできない。このため、漢の皇帝は、秦《しん》の始皇帝《しこうてい》のときに完成した中央集権的な官僚制度と郡県制《ぐんけんせい》を用いて支配を行った。ただし、郡県制は、前漢と後漢、そして三国時代でも、皇帝の直轄地として官僚〔後漢末では郡守《ぐんしゅ》、あるいは太守《たいしゅ》〕を派遣して直接統治する郡《ぐん》〔その下に県が置かれる〕のほかに、主として皇子たちを封建するための国《こく》〔この下にも県が置かれる〕が置かれたので、郡国制《ぐんこくせい》と呼ぶことが正確である。それでも、前漢の武帝《ぶてい》〔在位、前一四一～前八七年〕が、それまでは王が自らの領地として封建《ほうけん》されて支配していた国に、相《しょう》を派遣して直接支配するように変更してからは、郡国制は事実上、郡県制として運用されていた。

後漢の順帝期には、郡・国はあわせて一〇五、その下に約一五〇〇の県が置かれていた。人口が約五〇〇〇万人であるから、一つの県で約三万人程度を支配し、一四の県の上に一つの郡・国が置かれた計算となる。また、郡・国の上に一三置かれた州《しゅう》は、単純計算すると約八の郡・国を管轄することになる。州は、本来、郡守を監察するために、刺史《しし》［州刺史、六百石］が置かれる地域の単位であった［ただし、首都圏の司隷《しれい》だけは、司隷校尉《しれいこうい》が管轄していた］。後漢末には、のちに益州《えきしゅう》を支配する劉焉《りゅうえん》の上奏を契機に置かれた州牧《しゅうぼく》［二千石］が、州を行政単位として支配するようになった。孫氏を除く後漢末の群雄の多くは、州牧となることにより、群雄として割拠できた。

後漢末の群雄の中で、州牧と州刺史という称号が混在している理由は、こうした地方行政制度の変更に基づく。すなわち、袁紹の冀州牧《きしゅうぼく》や曹操の兗州牧《えんしゅうぼく》のように、州牧に就いているものは、その州を実質的に支配し得ている。これに対して、徐州《じょしゅう》の陶謙《とうけん》を救援に来た劉備が、陶謙から豫州刺史《よしゅうしし》に推薦されても、それは刺史という名称からも明らかなように、豫州を支配できたわけではない。劉備は、やがて豫州牧になるが、それは献帝を擁立し、豫州を支配していた曹操に厚遇されることで、州牧を称し得たことによる。こうした違いが、州牧は二千石、州刺史は六百石という秩石《ちっせき》［俸給］の差に表現されているのである。漢代の官僚制度の基本は、秩石制にある。

秩石制と身分

秩石制と呼ばれる漢代の官僚の俸給体系は、秩石の多寡によって表現され、その地位に応じて支給される穀物と銭〔原則として半々〕が異なる。三公《さんこう》の一万石《せき》〔実際には月三五〇石で、年俸では四千二百石。ただし史料により若干異なる〕を筆頭に、九卿《きゅうけい》の中《ちゅう》二千石〔月俸一八〇石〕、郡太守の二千石〔月俸一二〇石〕という順に、十数種類に等級分けされていた（「後漢の秩石制」を参照）。

さらに、秩石制は、輿《よ》〔車馬・従者〕と服《ふく》〔衣冠・印綬《いんじゅ》〕、および祭祀や儀典での待遇、人物相互の礼儀作法などによって示される礼的序列を合わせ持つことで、複合的に官僚の地位を定めていた。たとえば、秩石が低くとも、尚書《しょうしょ》や参軍事《さんぐんじ》といった重要な職責を持つ官職は、上位の官に拝礼しなかった。そうした特別な礼により、秩石制にすぐには反映されない官職の重要度の変化に対応していたのである。もちろん、長期的にみれば、尚書の地位は俸給と共に上昇し、やがて唐代には三省《さんしょう》〔中書《ちゅうしょ》省・門下《もんか》省・尚書省〕の中核となっていく。

秩石制は、大きく四段階に分けられる。第一が、三公・九卿など万石・中二千石の官職である。これが、周《しゅう》の封建制度の世襲的家臣団である卿《けい》—大夫《たいふ》—士《し》の「卿」に当たる。第二が、郡《ぐん》太守《たいしゅ》・国相《こくしょう》の別名ともなった「二千石《にせんせき》」から比六百石〔比〇〇は、比が付かない真官より一段下〕

※		秩石	主な官職（詳細は巻末の「後漢百官表」を参照）
士	卿	万石	上公（太傅）、三公［太尉・司徒・司空］、 比公将軍［大将軍・驃騎将軍・車騎将軍・衛将軍］
士	卿	中二千石	九卿［太常・光禄勲・衛尉・太僕・廷尉・大鴻臚・宗正・大司農・少府］、 執金吾、太子太傅、前・後・左・右将軍
士	大夫	二千石	大長秋、太子少傅、将作大匠、郡太守・国相、州牧、河南尹、度遼将軍
士	大夫	比二千石	侍中、中常侍、光禄大夫、司隷校尉、中郎将［五官・左・右・虎賁・羽林・ 使匈奴］、校尉［屯騎・越騎・歩兵・長水・射声・城門・護烏桓・護羌］、 都尉［奉車・駙馬・騎・属国］
士	大夫	千石	御史中丞、尚書令、太中大夫、中散大夫、諫議大夫、 長史［太傅・三公・四将軍所管］、司馬［四将軍所管］、県令［大県］
士	大夫	比千石	丞［九卿所管］、謁者僕射、司馬［衛尉所管］
士	大夫	六百石	博士祭酒、議郎、令［九卿所管］、尚書［常侍曹・二千石曹・民曹・客曹］、 州刺史
士	大夫	比六百石	中郎［中郎将所管］、虎賁左僕射・右僕射、虎賁右陛長・左陛長、 太子洗馬
士	士	四百石	県長［中県］
士	士	比四百石	侍郎［中郎将所管］、東西曹掾［三公所管］
士	士	三百石	県長［小県］
士	士	比三百石	羽林郎、郎中［中郎将所管］、掾［上公・三公所管］
士	士	二百石	太子舎人、郎中［王国］、丞［県］
士	士	比二百石	節従虎賁
庶	庶	百石	令史［上公・三公所管］、従事［州］、督郵［郡］、有秩［郷］
庶	庶	比百石	属［上公・三公所管］
庶	庶	斗食	
庶	庶	左史	

後漢の秩石制　※は周の時代の家臣団である卿ー大夫ー士に準えた場合

までの官職である。これは周制で言えば、「大夫」に当たり、刑罰の対象とはならない。第三が、四百石から比二百石までの官職で、周制で言えば「士」に当たる。そして、ここまでが、大きな意味での「士」であり、勅任官である。

これに対して、第四の百石以下は、「庶」であり、たとえ令史《れいし》や督郵《とくゆう》として支配者層の一部を構成しても、「小吏《しょうり》」と呼ばれた。黄巾の乱の功績により、安喜県《あんきけん》の尉《い》〔二百石、勅任官〕となっていた劉備が、督郵〔百石、小吏〕に賄賂を要求され、その屈辱に耐えきれず、督郵を鞭《むち》打った理由はここにある。当時劉備は、督郵よりも秩石も上なばかりか、皇帝の命を受けた勅任官であったのだ。

「10万人に15人」の世界で

三公・九卿を頂点とする後漢の官僚制度の特徴は、それぞれの官府《かんぷ》が後世に比べて自律性を持つことにある。

官府の自律性は、官長の持つ属吏《ぞくり》の編成権・人事権の掌握に最もよく表れている。『漢旧儀《かんきゅうぎ》』によれば、前漢末の旧制下において、六百石以上の官僚は、尚書《しょうしょ》が候補を挙げ丞相が選び、四百石から二百石までの官僚は丞相《じょうしょう》が直接、中央〔中都官《ちゅうとかん》〕の百石以下の属吏は大鴻臚《だいこうろ》が、地方〔郡国〕の百石以下の属吏は太守・国相が、それぞれ人事を行っていた。

郡国の人事は、後漢末でも同様であった。したがって、郡県の官吏は、四百石から二百石に至るまでの丞《じょう》［次官。たとえば、諸葛亮の父である諸葛珪《しょかつけい》が就いた泰山郡の丞は、泰山郡守を輔佐する行政の第二位］・尉《い》［武官。たとえば黄巾の乱平定の功績で劉備が就いた安喜県の尉は、安喜県の警察長官］などの「長吏《ちょうり》」［勅任官］と、郡県の曹《そう》［各部局］の長である掾史《えんし》など秩百石以下の「小吏」［地方採用職。たとえば督郵］とは、明確に区別されていた。地方官府を構成する吏員のうち、官長［太守・国相・県令《けんれい》・県長《けんちょう》］と長吏は、皇帝の命を受けて派遣される勅任官であった。このため、官長は、長吏に対する人事権を直接には持たない。長吏は、皇帝直属の「官」なのである。これに対して、百石以下の小吏は、官長が人事権を持ち、直接任命する。小吏は勅任官ではなく、地元採用の「吏」なのである。このように「官」と「吏」とは、任命権者を明確に異にし、その懸隔はきわめて大きい。よく科挙《かきょ》を官吏登用制度と呼ぶが、それは正しくない。科挙は「官」僚登用制度であり、胥《しょ》「吏《り》」とは無関係であった。

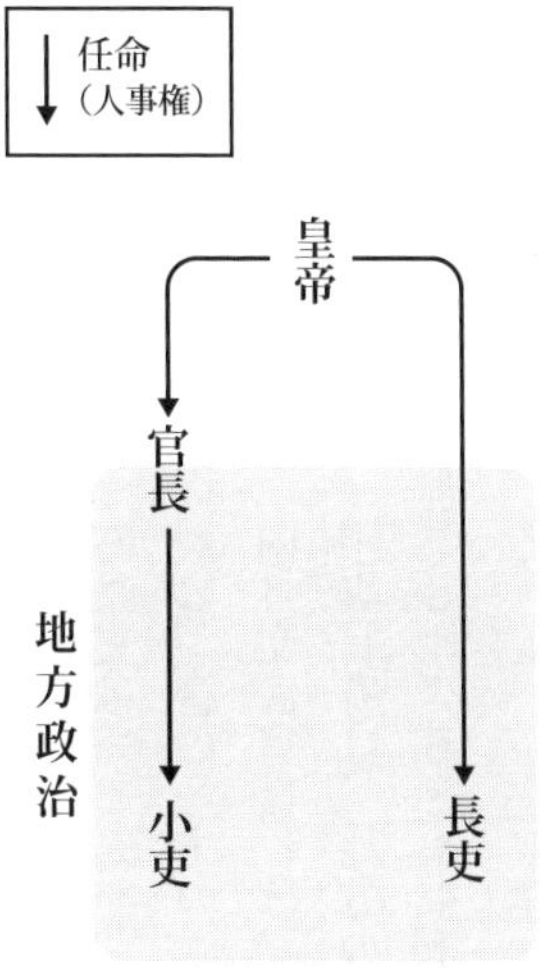

長吏（勅任官）と小吏

渡辺信一郎によれば、後漢の首都であった洛陽《らくよう》県には、洛陽県令［洛陽令］が官長として赴任するが、その配下の吏員はすべてで七九六人である。このうち長吏は一三人で、残る七八三人は小吏である。小吏は実に九八％を占める。また、洛陽県を含む河南《かなん》郡は、河《か》南尹《なんいん》［尹は首都圏に用いる特別な名称。ここでは河南太守と同義］が統治する。その配下の吏員はすべてで九二七人、このうち長吏は一二人で、残る九一五名、約九九％が小吏であった。

また、後漢の総員吏数は、唐の杜佑《とゆう》の『通典《つてん》』によれば、一五万二九八六人である。そのうち長吏と見なし得る「内外文武官員」は、七五六七名であり、残りの一四万五四一九人、約九五％は小吏であった。中央官府は、地方の官府よりも小吏の割合が少ないため、後漢全体としての小吏の比率は、郡県と比べるとやや下がる。それでも、歴史に名を残すためには、約五〇〇〇万の人口のうち、〇・〇一五％に過ぎない長吏七五六七名に出世することが大前提なのであった。それでは、そうした「官」、あるいは「吏」になるためには、どのような条件が必要なのであろうか。

出世の条件

高村武幸によれば、漢の官吏になるためには、二百石以上の長吏なら資産四万銭［漢初は十万銭］が、百石以下の小吏なら必要な物品を自分で用意できる財産が、それぞれ必要であった。裸一貫から成り上がる、という言葉は比喩でしかない。財産がなければ、吏にもなれなかったのである。

こうした財産資格が存在するのは、第一には官吏という身分を礼的秩序により表現するための車馬《しゃば》・衣冠《いかん》を自分で用意しなければならないことによる。とりわけ比六百石以上は、「大夫」

であるため、車馬が必須となる。大夫に必要とされる車馬は、馬を入手しにくい南方では、より大きな財力が必要であった。

　第二には、財産に担保された軍事能力が求められたことによる。「材官《さいかん》」「騎士《きし》」と呼ばれた漢代の主力精鋭兵が、さまざまな面で官吏に準ずる扱いを受け、漢の最精鋭騎兵を出す西北六郡［隴西《ろうせい》郡・天水《てんすい》郡・安定《あんてい》郡・北地《ほくち》郡（以上、涼州《りょうしゅう》）・上《じょう》郡・西河《せいが》郡（以上、并州《へいしゅう》）］の「良家子《りょうかし》」に対して、特別に郎官《ろうかん》（羽林郎）に登用される道が開かれていたことに、軍事能力の必要性は端的に示される。たとえば、董卓《とうたく》は、桓帝《かんてい》の末年に「六郡良家子《りくぐんりょうかし》」に選ばれ、羽林郎《うりんろう》となっている。羽林中郎将《ちゅうろうしょう》が率いる羽林騎は、前漢の武帝期に建章宮《けんしょうきゅう》を守らせた「建章営騎《けんしょうえいき》」を起源とする皇帝の親衛隊である。もちろん、これほどまで武力にのみ特化する必要はないが、漢の官吏には軍事を負担する能力が求められていたのである。

　官吏に必要な第三の、そして最も重要な資格が識字能力である。世界でも稀な早熟性を持つ漢の文書行政は、きわめて高度な文章作成能力を必要とした。殷《いん》の甲骨《こうこつ》文字が特殊な技能を持つ専門家集団によって占有されていたことに対して、漢代の隷書《れいしょ》［現行の楷書の一つ前の文字］は、「徒隷《とれい》」でも書けるように簡単な文字になったという俗説を持つ。程邈《ていばく》という小吏が罪を得て獄中にあったとき、隷書を作り献上することで始皇帝に許された、というのである。現在では、難しい篆書《てんしょ》［小篆《しょうてん》。始皇帝の丞相李斯《りし》が戦国諸国の大篆《だいてん》を統一したとされる文字］の代わりに、戦国時代から用いられていた筆記体が、秦代に業務効率を上げるために公文書でも用いられるようになったものが隷書《れいしょ》である、と考えられている。文字が簡略化されるほど、多くの文章を書く必要があった文書行政を担うために、小吏には識字能力が必要であった。

たとえば『論語』に用いられている漢字の種類は、一五二〇字種である。日本人が義務教育で習う常用漢字が二一三六字種であるから、それほど多くは感じられないかもしれない。しかし、豪族《ごうぞく》でなければ、生活のために働きながら、財力と識字能力を持つことは容易なことではない。徐庶《じょしょ》のような「単家《たんか》」〔豪族的勢力を持たない家〕出身者が、諸葛亮や龐統《ほうとう》と並んで司馬徽《しばき》の門下で重んじられるためには、天賦の才に加えて、尋常ならざる努力が必要であった。

それでは、かれらが第一章で見たような人脈を利用しながら、出世を夢見た後漢国家は、いかなる組織を持っていたのであろうか。中央政府より概観しよう。説明のため時代は少し遡《さかのぼ》る。

2. 三公と丞相

越権の害と縦割りの効用

中国で初めて、中央集権的官僚制度に基づいて全土を支配した秦の始皇帝《しこうてい》は、後漢の三公の前身となる丞相《じょうしょう》〔行政〕・太尉《たいい》〔軍事〕・御史大夫《ぎょしたいふ》〔監察〕の三官僚を頂点とし、その下に卿《けい》を置いて職務を分掌させた。中央集権的な官僚制度において、ほぼ同じ権力を持つ官僚を複数並列に置く理由は、権力の集中を防ぐためである。その背景には、法家《ほうか》の思想がある。始皇帝に大きな思想的影響を与えた『韓非子《かんぴし》』の主張を掲げよう。

むかし韓《かん》の昭侯《しょうこう》が酔って寝た。典冠《てんかん》［冠を管理する官僚］は、君主が寒そうに寝ているのを見て、君主の上に衣《ころも》を被《かぶ》せた。昭侯は目覚めると喜び、臣下に、「誰が衣を被せたのか」と尋ねた。側近は、「典冠でございます」と答えた。昭侯は、典衣《てんい》［衣服を管理する官僚］と典冠を共に罰した。典衣を罰したのは、職務を怠ったためである。典冠を罰したのは、職務を越えたためである。寒さを嫌がらないのではない。**侵官《しんかん》の害**［越権して人の職務を行う害］は、寒さの害よりも甚だしいと考えたのである。優れた君主が臣下を養うには、臣下に職務の枠を越えて功績を得させず、言葉にしたことを実行させねばならない。官を越え（て侵官し）た者は殺され、怠った者は罰せられるのである。

『韓非子』二柄篇

今風に言えば、官僚行政は、縦割りでなければならない、との主張である。縦割りの非効率［その結果として生ずる寒さ］よりも、越権による特定の臣下への権力集中を避けなければ、中央、すなわち君主のもとに権力は集中されない。秦の始皇帝は、このために、三人の官僚を同等の権力を持つ最高位に並べ、権力を皇帝だけに集中しようとしたのである。

こうした考え方は、中央の官僚に適用されただけではない。地方統治制度である郡県制《ぐんけんせい》においても、郡には、守《しゅ》〔行政〕・尉《い》〔軍事〕・監《かん》〔監察〕の三名が並列に置かれ、公的な場所以外で守と尉が話しただけで、監により守と尉は弾劾された。それでも行政・軍事・監察の中では、行政が強い権限を持つ。このため、郡の下に置かれた県の令《れい》〔行政〕は、郡の守に属さず、皇帝に直属していた。漢の官長が「長吏」を罷免できないことも、現在の日本で県知事と市長との間に従属関係がないことも、この考え方の継承である。

それでも、始皇帝の臣下の中では、丞相の李斯《りし》の勢力が拡大していく。たとえ完全に並列な官職に就けたとしても、就官者の実力によって振るい得る権力は等しくない。始皇帝の死後、李斯を恐れる二世皇帝は、宦官《かんがん》の趙高《ちょうこう》を使って李斯を惨殺する。しかし、朝廷における最高の実力者を殺害することは、皇帝個人の権力には望ましいことであっても、国力を削ぐこと甚だしい。李斯を殺害したあと、秦は坂道を転がるように滅亡していく。

「蕭何の故事」「霍光の故事」「周公の故事」

高祖《こうそ》劉邦《りゅうほう》が建国した前漢でも、三公に任じられた蕭何《しょうか》〔丞相、のち相国《しょうこく》。行政を担当〕、周勃《しゅうぼつ》〔太尉。軍事〕、周苛《しゅうか》や周昌《しゅうしょう》〔御史大夫。監察〕の中では、蕭何の権力が圧倒的に大きかった。

蕭何は、劉邦に粛清されることを恐れ、賄賂を受け自らの名声を落として、必死に劉邦の面子《メンツ》を立てた。ちなみに、蕭何〔後方支援を担当〕とともに、「漢の三傑《さんけつ》」と称えられた三人のうち、張良《ちょうりょう》［戦略を担当］は引退して神仙《しんせん》修行に励み粛清を免れた。これに対して、韓信《かんしん》［将軍］はその勢力を恐れた劉邦に、戦功で得た領土を削られ、劉邦の妻の呂后《りょこう》に殺害された。皇帝を凌ぐ名声や権力を臣下が持つことは極めて危険であったのだ。諸葛亮の暗殺を考えもしなかった劉禅《りゅうぜん》の寛容さ、無能さがよく理解できよう。

　蕭何がこのように自らを汚したことに対して、劉邦は蕭何に、権力ではなく殊礼《しゅれい》［特別な待遇］を与えて、その功績を称えた。「賛拝不名《さんぱいふめい》」［天子に賛拝する際に名を言わない］、「入朝不趨《にゅうちょうふすう》」［朝廷に入る際に小走りをしない］、「剣履上殿《けんりじょうでん》」［剣を帯び靴を履《は》いたまま上殿する］である。

　建安《けんあん》十七（二一二）年、曹操はこれらの殊礼を献帝《けんてい》より受けた。赤壁の敗戦で失墜した威名を関中《かんちゅう》の平定により回復した翌年のことである。そのとき、すでに曹操は丞相《じょうしょう》であった。三公は廃止されて、丞相の曹操一人に権力が集中していたのである。中央集権的な官僚制度を考案した法家や、それを全国に施行した始皇帝が最も嫌う、一人の臣下への権力集中を、曹操は成し遂げていた。このように、漢の権力を一人で掌握した者は、曹操より前には三人いただけである。前漢の霍光《かくこう》と王莽《おうもう》、そして後漢末の董卓《とうたく》である。

　前漢中期に外戚として権力を握った霍光は、愚かな皇帝を廃位して新しい皇帝を立てた。霍光は、皇帝を廃立してまで漢を守った功績に対して、蕭何を超える殊礼を与えられた。霍光は、「蕭何の故事」［故事は先例。故事を賜るとは、たとえば蕭何が受けていた殊礼を同様に受けること］に加えて、葬礼の際に轀輬車《おんりょうしゃ》［天子用の霊柩《れいきゅう》車］を下賜され、前後羽葆鼓吹《ぜんごうほこすい》［天子の軍楽隊］を加えられ、虎賁《こほん》［天子の親衛隊］が護衛する、という「霍光の故事」を受けた。董卓《とうたく》が弘農王《こうのうおう》を廃して献帝を立てたことは、非難の対象にしかならなかったが、その先例となった霍光は、蕭何を超える「霍光の故事」を受けて、専制権力の確立に成功したのである。ただし、霍光は、「蕭何の故事」より上の待遇を受けたことで、自らの野心を封じ込めた。

これに対して、前漢末に外戚《がいせき》として台頭した王莽は、儒教により国制を正統化し、儒教の経義より導き出された統治制度・世界観・支配の正統性を持つ「古典中国《こてんちゅうごく》」を形成することで、漢の実権を掌握した。王莽は、「蕭何・霍光の故事」に踏み止まることなく、前漢を簒奪する前提として、さらに「周公《しゅうこう》の故事」［ここでは、幼い皇帝にかわり全権を得るの意］を受けるに至る。

王莽は、自らの娘を平帝《へいてい》の皇后にすると共に、九つの最高の恩賞である「九錫《きゅうせき》」を受けた。九錫とは、(1)車馬［王者が用いる大輅《だいろ》・戎輅《じゅうろ》を各一台］、(2)衣服［王者の衣服と赤い靴］、(3)楽則《がくそく》［王者の楽器］、(4)朱戸《しゅと》［朱塗りの戸］、(5)納陛《のうへい》［外から見えない階段］、(6)虎賁《こほん》［近衛兵三百人］、(7)鈇鉞《ふえつ》［斧《おの》と鉞《まさかり》］、(8)弓矢《きゅうし》［赤い弓と黒い矢］、(9)秬鬯圭瓚《きょちょうけいさん》［宗廟の祭器］である。一言でいえば、皇帝と同じ儀礼を行うことのできる殊礼である。

九錫を受けた王莽は、平帝の崩御に伴い、ついに居摂《きょせつ》し（摂政を行い）ながら践祚《せんそ》（即位）するに至る。それを定めたものは、王莽の叔母である元太皇太后《げんたいこうたいごう》の詔《みことのり》である。

思うに聞くところによると、天は多くの民を生んだが、（かれらは）互いに統治すること

ができず、このため（天は）君主を立てて、これを統治させたという。……安漢公《あんかんこう》の王莽は輔政《ほせい》すること（成帝・哀帝・平帝の）三代にわたり、（その間）しきりに（谷永《こくえい》がいう三つの）際会《さいかい》［災難］に遭いながらも、漢室を安寧にし（その徳を）輝かせ、かくて異なった風俗を同じにし、制礼作楽《せいれいさくがく》する［経典に基づき礼楽を整える］に至り、周公と世を異にしながらも符を同じくした。……安漢公を居摂践祚［皇帝の代行として天子の位に就く］させること、**周公の故事**のようにせよ。

『漢書』巻九十九上　王莽伝上

居摂践祚を命じる元太皇太后の詔は、「天下を公《こう》と為す」という天下への捉え方から始まる。天下は天子の家のものではなく、天が民を統治させるために置いた公のものであり、君主に徳がない場合には、君主を交替すべきである、というこの考え方は、儒教の経義［具体的には『礼《らい》記《き》』礼運篇《らいうんへん》］に基づいている。こうした天下の捉え方により、王莽の居摂践祚は実現したのである。その典拠は、「周公の故事」に求められている。王莽の「制礼作楽《せいれいさくがく》」は、周公と世を異にしながらも、符節を合わせるものであり、王莽は「周公の故事」に従って居摂のまま践祚すべきである、とされたのである。

曹操は、これを手本に漢魏革命の準備を行い、曹丕《そうひ》も「天下を公《こう》と為す」儒教の天下概念に基づいて即位した。荀彧《じゅんいく》を殺害したあと、「魏公《ぎこう》」となった曹操は、献帝に娘を嫁がせ、「九《きゅう》

「錫」を受けている。法家や秦の始皇帝が一人の臣下に権力を集中させることを極端に嫌ったことの正しさは、歴史が証明しているのである。それでも権力を持った臣下は、自らに権力を集中したい。そこで、三公に代わって置かれたものが丞相である。

曹操による丞相への権力集中

前漢において丞相は、太尉・御史大夫と並立した「三公」の一つであったが、行政権を掌握していたこと、および初代丞相となった蕭何の声望が高かったことを理由に、太尉・御史大夫に比べて、突出した権威を持っていた。そこで、前漢の哀帝《あいてい》は、その突出性を薄めるため、丞相を大司徒《だいしと》と改名する。後漢を建国した光武帝《こうぶてい》も大司徒を継承し、さらには「大」の字を省き司徒として、太尉・司徒・司空の順位で「三公」を並べた。丞相という官職名を用いず、その順位を下げることで、専権を握る臣下の出現を防ごうとしたのである。

後漢末に専権を掌握した董卓《とうたく》は、相国《しょうこく》となり、「蕭何の故事」を受けた。相国は、蕭何が丞相に就いた後、さらに権威を高めて就いた職名である。董卓には、漢の故事に精通した蔡邕《さいよう》が、ブレーンとして仕えていた。蔡邕は、劉備の師である盧植《ろしょく》、漢代最高の儒者である鄭玄《じょうげん》と並んで、後漢末の三大儒者であった。蔡邕は、董卓に漢を滅ぼさせるつもりはなかった。董卓に蕭何と同等の権威を与えることで、その権力欲を抑制しようとしたのである。

初平《しょへい》二（一九一）年六月、地震が発生した。（その原因について）董卓《とうたく》は蔡邕《さいよう》に尋ねた。蔡邕は、「地震が発生するのは、陰《いん》の気《き》が盛んになって陽《よう》の気を侵犯し、臣下が制度を超えて振るまっているからです。さきに春の郊天《こうてん》（の祭祀）に、公《あなた》は車駕《しゃが》［皇帝《こうてい》］を先導するにあたって、黄金の花の飾りと花びらの泥除けがある青蓋車《せいがいしゃ》［青い傘の車］に乗りましたが、人々は相応しくないとしております」と答えた。董卓は、そこで改めて皁蓋車《そうがいしゃ》［黒い傘の車］に乗るようになった。

『後漢書』列伝六十下　蔡邕伝

蔡邕は、天人相関説《てんじんそうかんせつ》［天は天子の政治の善悪により、褒めたり貶《けな》したりするという思想］に基づき、地震という災異《さいい》を悪政への天譴《てんけん》［天の警告］と解釈し、董卓に王の用いるべき青蓋車《せいがいしゃ》に乗るような専横を止めるように諫めている。このように蔡邕は、漢を滅ぼすための正統性を董卓に与えることはなかった。横暴で知られる董卓も、公や列侯が乗る皁蓋車《そうがいしゃ》に乗った。蔡邕の有職故実《ゆうそくこじつ》の知識がなければ、崩壊した漢の朝廷を立て直すことができないことを董卓も理解していたのである。

ところが、呂布《りょふ》を裏切らせて董卓を殺した王允《おういん》は、董卓の死を儒教の礼に基づいて哭泣《こくきゅう》［葬儀の際に泣くこと］した蔡邕を許さなかった。蔡邕を殺害した王允の狭量に人心は離れ、呂布は敗れて王允は殺害される。群雄割拠はこうして本格化する。

それを収拾した曹操は、王莽から学ぶことで、「三公」として分けられていた臣下の最高権力を丞相《じょうしょう》の名のもとに一つにまとめ、漢魏革命の準備を行った。献帝は、すでにこれを止めるための人事権を失っていたのである。

3. 九卿と尚書・宦官

内朝と外朝

漢の三公は、最終的には曹操により廃止されたが、それ以前に名目化しつつあった。漢の皇帝は、三公と九卿によって組織され、政策が議論される「集議《しゅうぎ》」に基づき政治を行っていた。この三公・九卿により構成される正式な政府のことを「外朝《がいちょう》」という。ところが、三公・九卿の集議で決定される正式な国家の方針に対して、皇帝はさらに自己の意志を直接的に政策へ反映しようと試みる。こうした目的のために、前漢時代から皇帝の秘書官的な一群の官僚が、三公・九卿とは別に、次第に権力を伸長させつつあった。それが、「内朝《ないちょう》」官と称される尚書《しょうしょ》・侍中《じちゅう》・中常侍《ちゅうじょうじ》などの官職である。

皇帝は内朝を代表する尚書などを利用して、自分の意志を外朝に強力に浸透させようとした。三公の名目化は、内朝の勢力拡大が原因である。

ちなみに、内朝・外朝と呼ぶのは、後漢の洛陽宮《らくようきゅう》が二つの宮殿と複数の正殿（前殿）を持つ「両宮制・複数前殿制」を取っていたことによる。

「後漢の中央官制」（→P64）に示したように、後漢の尚書台（尚書省）は、名目的には少府に属するものの、実質的には、すでに独立した組織となり、実際の政務機関として五曹の尚書［六曹とする説もある。曹は部局］を持つようになっていた。そこで、後漢の最高権力者は、尚書台を掌握することが必須となり、「録尚書事《ろくしょうしょじ》」という尚書台の最高責任者の肩書を持ったものが、三公に代わって最高権力者となった。幼い皇帝に代わって政務を担当した外戚《がいせき》は、大将《だいしょう》軍《ぐん》として軍事力を掌握するとともに、録尚書事を兼任して政務を総覧したのであった。

こうして本来的には、九卿の一つ少府《しょうふ》の属官に過ぎなかった尚書令《しょうしょれい》［尚書台の長官］は、前漢の武帝期より、次第に勢力を伸長させた。尚書は、やがて隋・唐時代には、三省《さんしょう》［中書《ちゅうしょ》省・門下《もんか》省・尚書省］の一つとして、六部《りくぶ》［人事を扱う吏《り》部、戸《こ》籍と徴税を担当する戸《こ》部、祭祀と科挙を掌る礼《れい》部、軍事を扱う兵《へい》部、刑罰を担当する刑《けい》部、土木工事を掌る工《こう》部］を備えた政務の中心的な執行機関としての地位を確立する。後漢末から三国時代は、光武帝《こうぶてい》が行った尚書の拡充をうけて、尚書省がこうした地位を確立していく時期なのであった。漢の九卿は、こうして六部尚

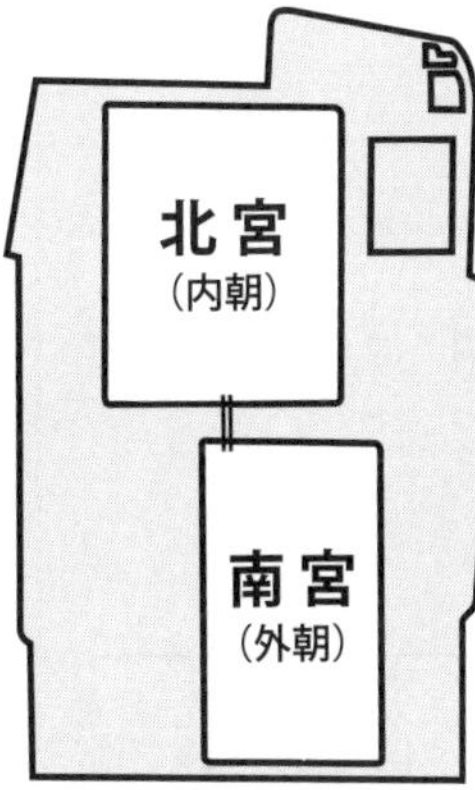

後漢洛陽宮

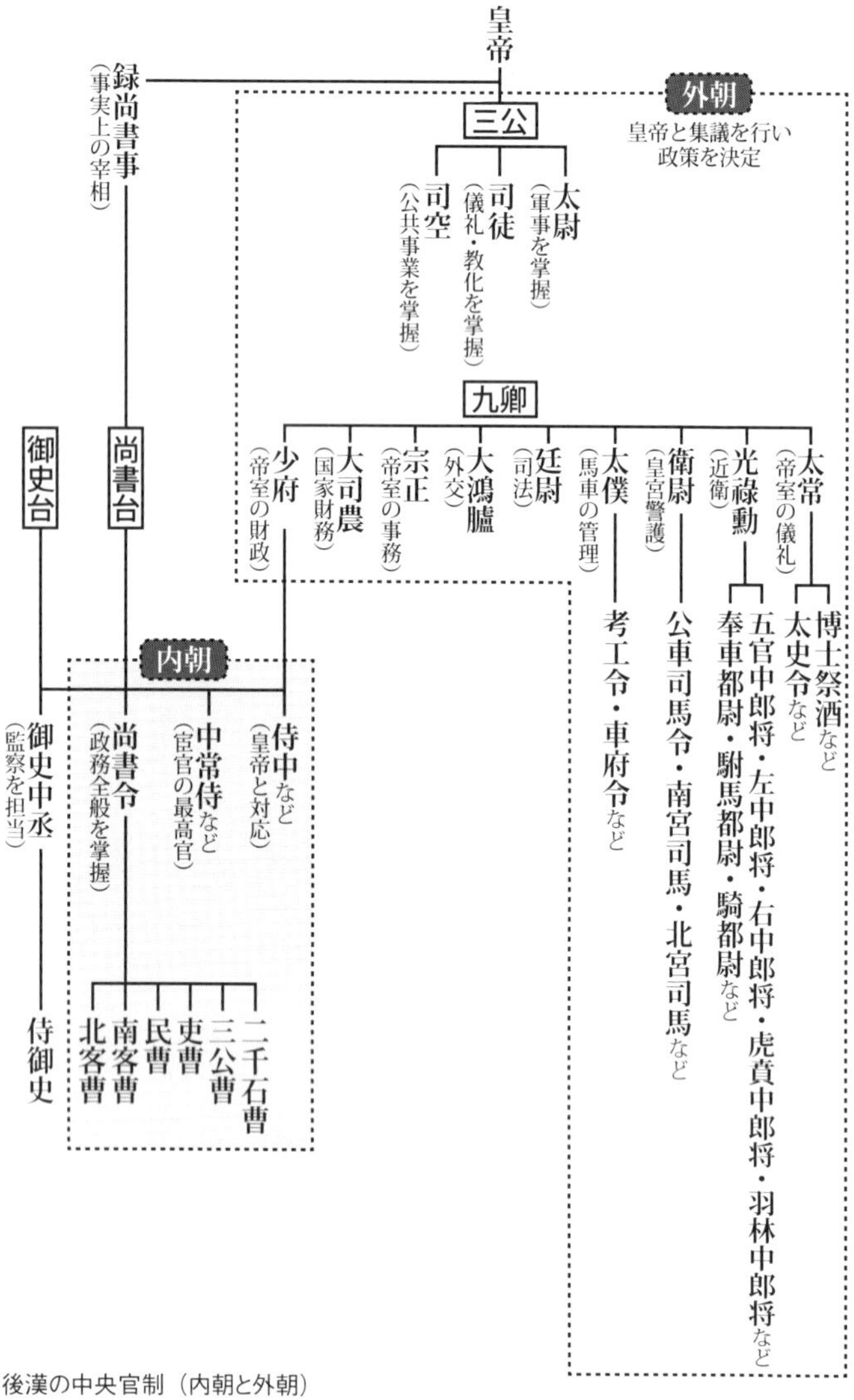

後漢の中央官制（内朝と外朝）

書にその職務を奪われたのである。

後漢の官僚制度を基本的に継承した蜀漢においても、諸葛亮は、丞相に加えて録尚書事を兼務することで、自らの幕府である丞相府《じょうしょうふ》と、正式な政府である尚書台の双方を掌握していた。蜀漢においては、すでに三公・九卿は実権を失って名目化しており、劉璋《りゅうしょう》の蜀郡太守《しょくぐんたいしゅ》でありながら劉備に包囲されると逃亡を図った許靖《きょせい》などが就官する名誉職となっていた。

これに対して曹魏では、侍中府・尚書省・中書省が自立し、権力を一元化するために内朝・外朝の区別を払拭した。そして、後漢と同じく洛陽に首都を置きながら、明帝《めいてい》の改造によって「両宮制・複数前殿制」から、「一宮制・一前殿制」に宮殿の構造を変える。こうして、形の上でも内外朝の区別を撤廃した曹魏により、漢の中央官制は変更されていくのである。

なぜ宦官が権力を持ち得たか

一方、内朝官のうち中常侍《ちゅうじょうじ》には、前漢では一般の士人も就官していたが、後漢になると専ら宦官《かんがん》の実力者が就官するようになった。後漢における宦官の権力伸長は、尚書と同じように、宦官が中常侍という内朝官に就き、〝皇帝の秘書官〟となったことに求められる。後漢では、内朝官のうち、尚書・侍中・中常侍だけが、本官として置かれていた。したがって、尚書が次第に組織を整え、正式な政府としての性格を強めると、皇帝の秘書官としての役割は、宦官の就く中常侍に集中していく。

外戚《がいせき》が「録尚書事」を加官されて尚書を掌握していることは、外戚打倒を目指す皇帝をますます宦官に近づけていく。しかも、幼帝が多く、皇帝の母である皇太后が「臨朝《りんちょう》」する〔朝廷に臨んで政治を執る〕ことの多かった後漢では、男性機能を持たない宦官は、皇太后が政事の相談をする相手として格好の存在であった。こうして、皇帝や皇太后の秘書官として、宦官が台頭したのである。

ただし、宦官が就く中常侍には人事を行う権限はない。そこで宦官は、人事権を持つ三公や地方長官に、請託《せいたく》〔自分の意向に従った人事を行うよう要請〕を行うことで、自らの権力を拡張していった。たとえば、宦官の李閏《りじゅん》から請託を受けた耿宝《こうほう》は、李閏が「皇帝の重んじるところ」であるから、その請託に従うべきであると述べている（『後漢書』楊震伝）。このように宦官は、皇帝（この場合は安帝《あんてい》）権力の延長として認識されているのである。多くの儒教を学んだ官僚が、儒教で尊ぶ孝《こう》〔祖先への最大の孝は、子を儲《もう》けて祖先祭祀を絶やさないこと〕とは真逆の存在で、生理的に嫌悪すべき宦官の請託を受けた理由は、皇帝の秘書官である宦官が、皇帝権力の延長として権力を行使したことによる。すなわち、宦官は、皇帝権力を自らの人脈の根源とすることで、政治を壟断《ろうだん》したのであった。

皇帝権力の延長としての宦官

安帝に続く順帝のときに権力を握り、外戚の梁冀《りょうき》と協力して桓帝を擁立した宦官、それが曹操の祖父にあたる曹騰《そうとう》である。曹騰の死後、即位した霊帝《れいてい》は、二度にわたる党錮《とうこ》の禁により、宦官に激しく抵抗した儒教的官僚を後漢から追放した。そして、霊帝は、つねづね「張常侍［張讓《ちょうじょう》］はこれ我が公《ちち》、趙常侍［趙忠《ちょうちゅう》］はこれ我が母」と称していた（『後漢書』宦者 張讓伝）。この言葉には、張讓ら宦官が独自の政治機構を持って権力を掌握するのではなく、父・母にあたるような皇帝権力の延長であったことが明確に示されている。

中国史上、宦官により衰退に追い込まれた国家には、後漢のほかに唐と明がある。このうち、唐代において、すでに宦官は、神策軍《しんさくぐん》などの独自の軍事力、枢密院《すうみついん》などの宦官のための権力機構、宦官を宦官の養子にして権力を温存する制度などを完成していた。こうした唐代の宦官の権力構造と比較すると、後漢の宦官は、皇帝権力にあくまでも依存するという初発的な形態をなお残していた。

それでも宦官は、蜀漢を裏切った孟達《もうたつ》の父孟佗《もうた》が、張讓に賄賂を贈ることで涼州刺史の地位を手に入れるような権力を持っていた。このため、袁紹は外戚の何進《かしん》と共に、宦官を皆殺しにする計画を練っていた。これを聞いた曹操は、次のような宦官観を示して反対したという。

太祖《たいそ》（曹操）は（袁紹の宦官誅滅計画を）聞くとこれを笑い、「宦官というものは、古今置くべきものである。ただ**時の君主が不当に権力を与えたため**、このような事態にさせたのである。かれらの罪を裁いたあとは、元凶を誅殺すべきで、（それには）一獄吏がいれ

ば充分であろう。どうして大袈裟に外の将（である董卓たち）を召す必要があるのか。ことごとく宦官を誅滅しようとすれば、計画は必ず露見しよう。わたしにはその失敗が見える」と言った。

『三国志』巻一　武帝紀注引『魏書』

曹操は、宦官とは古来必要な官職であると考えていた。ただ後漢の君主がそれに権力や恩寵を与えたために、このような状態になったに過ぎないと認識する。曹操は、後漢の宦官が「時の君主に不当に権力を与えられた」皇帝権力の延長であることを看破しているのである。幼帝が続いた後漢では、外戚を打倒するために、皇帝は自己の権力の延長である宦官が必要であった。いわば、後漢の宦官は、皇帝が、中央集権的な官僚制度を維持するための必要悪であり、内朝の尚書と軍事力とを併せ持つ外戚を打倒するという役割を持っていたのである。

宦官の孫にあたる曹操が事実上創設した曹魏においては、皇帝の新たなる秘書官として、宦官に代わって中書《ちゅうしょ》が台頭し、唐代の中書省へと発展していく。宦官の孫である曹操は、皇帝権力の延長として、皇帝の欲望を鏡として映し出す宦官の恐ろしさを熟知していたのであろう。

4. 軍府と都督

後漢から三国時代の軍拡、増える将軍職

外戚が大将軍に就くことで掌握した軍事力は、後漢の建国者光武帝《こうぶてい》により一時は抑制されていた。将軍は、臨機応変な軍事行動を取るために、軍中における処刑を君主に断りなく行う生殺与奪の権など大きな権限を握っていたためである。光武帝は、将軍という危険な官職を常置しないことにした。黄巾の乱の平定に派遣された盧植《ろしょく》［北中郎将《ほくちゅうろうしょう》］・皇甫嵩《こうほすう》［左中郎将］・朱儁《しゅしゅん》［右中郎将］が、将軍でなかったことは、光武帝の軍縮が守られていたことを端的に物語る。

光武帝は、中国史上では例外的に、功臣を粛清しなかった。その代わり功臣の危険性を除くため、大胆な軍備縮小を行った。比公《ひこう》将軍［大将軍・驃騎《ひょうき》将軍・車騎《しゃき》将軍・衛《えい》将軍］、比卿《ひけい》将軍［前将軍・後将軍・左将軍・右将軍］以外の将軍を非常置としたのは、そのためである。しかし、異民族や反乱など軍事力を必要とする局面が無くなったわけではない。続く明帝《めいてい》の時には、降伏してきた南匈奴《みなみきょうど》を監視するために「行度遼将軍事《こうどりょうしょうぐんじ》」が置かれ、五原《ごげん》郡曼柏《まんはく》県に常駐した。五原《ごげん》郡は、呂布の出身地である。「行〇〇事」は、度遼将軍が正式な官職ではなく、あくまで臨時であることを示す「代行」という意味を持つ。しかし、安帝《あんてい》の元初《げんしょ》元（一一四）年には、辺境に不安が多いことから正式に度遼将軍が置かれ、使匈奴中郎将《しきょうどちゅうろうしょう》［匈奴を担当］・護烏桓校《ごうがんこう》

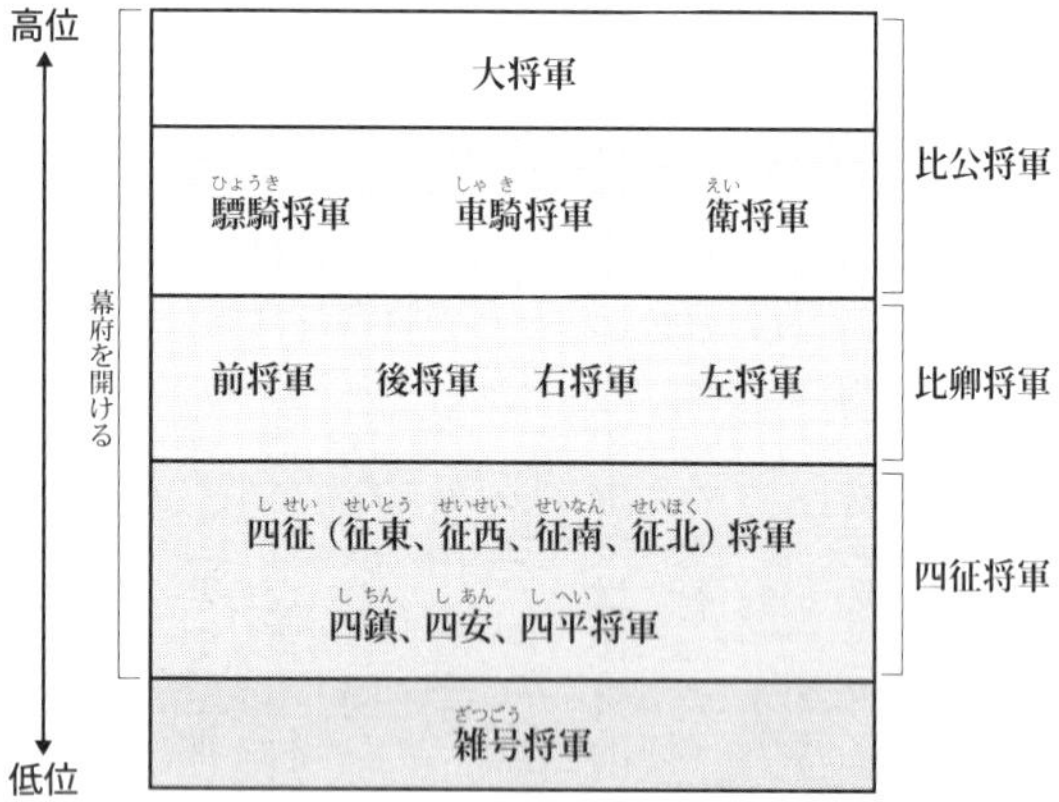

三国時代の将軍号

尉《い》〔烏桓を担当〕・護羌校尉《ごきょうこうい》〔羌を担当〕などの上に立つ、異民族対策の責任者となった。曹操が理想とした橋玄《きょうげん》は、度遼将軍として高句麗《こうくり》の伯固《はくこ》らを討ち破り、永康《えいこう》元（一六七）年から建寧《けんねい》二（一六九）年まで三年の在職の間、辺境を安定させた。そのころ国内は、党錮の禁をめぐって宦官と儒教的官僚とが対立を深め、混乱を極めていた。

また、司馬彪《しばひょう》の著した『続漢書《しょくかんじょ》』百官志〔現在は、范曄《はんよう》の『後漢書《ごかんしょ》』の本紀《ほんぎ》・列伝《れつでん》と組み合わされ、その志《し》となっている〕は記さないが〔したがって、本書巻末の「後漢百官表」にも記さない〕、外征を担当する「四征《しせい》将軍《しょうぐん》」も、次第に重要性を高めていた。四征将軍は、光武帝の功臣である馮異《ふうい》が征西《せいせい》大将軍・岑彭《しんぽう》が征南《せいなん》大将軍となったことを起源とする。その後、光武帝の軍備縮小に伴い廃止されたが、対外戦争が重なるにつれ、征東《せいとう》・征西・征南・征北《せいほく》将軍という狭義の四征将軍のほか、四鎮《しちん》将軍〔鎮東・鎮西・鎮南・

鎮北将軍」・四安《しあん》将軍・四平《しへい》将軍という、あわせて十六の将軍号を総称する広義の「四征将軍」の重要性が高まった。とりわけ、後漢の主戦場が西方の羌族との戦いであったため、征西将軍は、漢の将軍の花形であった。曹操は、若いころ征西将軍に憧れていた。

さらに、後漢末から三国時代を通じて多くの将軍号が濫授《らんじゅ》された。戦争で功績を挙げれば、それに応じた官爵を賞として与えるため、将軍の下の中郎将・校尉・都尉《とい》などでは、賞をまかないきれなくなったからである。こうした将軍号は、伝統的なものとは限らず、必要に応じて様々な軍号が付与された。これらは、雑号《ざつごう》将軍と総称され、その地位も低かった。何よりも、比公・比卿・四征将軍と雑号将軍とが異なる点は、前者が「軍府」を開く権限を持っていたことにある。

軍府

自らが役所を設け、属官を置くことを開府〔府は役所の意〕と呼ぶが、府を開く権限は、将軍だけが持つものではない。三公・上公をはじめ、自らの府を持つ高級官僚は多かった。

巻末の後漢百官表に掲げたように、たとえば、三公の筆頭である太尉は、太尉府を開き、副官である長史《ちょうし》（千石）を筆頭に多くの属官を持ち政務にあたっていた。属官・属吏は、西曹《せいそう》〔府史の事務一般〕・東曹《とうそう》〔二千石の長吏《ちょうり》の人事〕・戸曹《こそう》〔民戸《みんこ》・祭礼・農業〕・奏曹《そうそう》〔奏議〕・辭曹《じそう》〔訴訟〕・法曹《ほうそう》〔公文書・官吏の移動〕・尉曹《いそう》〔兵卒・物資の運搬〕・賊曹《ぞくそう》〔盗賊〕・決曹《けっそう》〔刑事事件〕・金曹《きんそう》

〔貨幣、塩・鉄専売〕・倉曹《そうそう》〔穀物貯蔵〕などのような「曹」〔部署〕ごとに分かれ、太尉府という役所で実務を担当していた。

これに対して、比公・比卿・四征将軍が開く将軍府は、軍と共に移動する。作戦を立て、臨機応変の行動を取るためである。固定した役所ではなく将軍の帷幕に置かれる府であるため、これを「幕府《ばくふ》」と呼ぶ。もちろん、日本で征夷大将軍《せいいたいしょうぐん》が開く幕府の語源である。日本との関係は、征夷大将軍が四征将軍の亜種であるだけに留まらない。古くは五世紀に倭王《わおう》の武《ぶ》〔雄略《ゆうりゃく》天皇とされる〕が、広義の「四征将軍」の一つ安東《あんとう》大将軍に任命されている。

開府の権限は、将軍が多くの属官を持ち、強大な権力を握ることを可能にした。南北朝時代には、政府の実権を握った将軍は、「覇府《はふ》」と呼ばれる巨大な軍府を主催するようになり、これが次の国家を建設する際の準備機関となっていく。その際、太尉府などの三公府と軍府との違いの一つに、「軍師《ぐんし》」官の存在を挙げることができる。

曹操の軍府では、軍師─軍師祭酒《さいしゅ》─軍謀掾《ぐんぼうえん》という階層を持つ軍師集団が制度として発達した。曹操は、軍師の荀攸《じゅんゆう》を助ける複数の軍師祭酒と軍謀掾を置き、一種の「参謀本部」を樹立したのである。荀攸ら軍師集団は、軍事行動を企画するほか、曹魏建国の際には、そのまま新政府の中核を構成した。

一方、蜀漢では、全権を掌握した諸葛亮が、政務を遂行するために丞相府《じょうしょうふ》を開いていた。たとえば、その一員であった魏延《ぎえん》が、建興《けんこう》九（二三一）年に帯びていた正式な官職名は、使持《しじ》節《せつ》・前軍師《ぜんぐんし》・征西大将軍《せいせいだいしょうぐん》・領涼州刺史《りょうりょうしゅうしし》・南鄭侯《なんていこう》である。この官職名は、石井仁の分析によれば、魏延が①（節《せつ》・督《とく》）使持節、②（行官《こうかん》）前軍師、③（軍号《ぐんごう》）征西大将軍、④（領官《りょうかん》）領涼州刺史、⑤（封爵《ほうしゃく》）南鄭侯であったことを示す。魏延の本官は、③（軍号）征西大将軍であり、それに軍隊の指揮権を表す①（節・督）使持節、丞相府での地位を表す②（行官）前軍師が付されている。

諸葛亮の丞相府は、属官に軍師など地位の序列を示す②行官を付すことにより、単に政治だけではなく、軍事の中枢機関として、北伐を遂行し得た。諸葛亮の丞相府は、行政と軍事の中枢機関として両者の性格を兼ね備えていたのである。諸葛亮が丞相府により、蜀漢の全権を掌握し得たのは、政治と軍事が一体化した丞相府の構造による。こうした軍府が、戦乱時代であった三国や魏晋南北朝に特徴的な官僚機構である。

蜀漢においても、曹操の軍府と同様、たとえば魏延なら「前軍師」という軍師号が、丞相府における地位を示していた。しかし、こうした軍師の制度は、三国を頂点に衰退する。そもそも軍師は、軍師将軍となった諸葛亮が、劉備に三顧の礼で招聘されていたように、文字通り「師」としての尊重を受け、君主に対して独立的な地位を持つ。また、曹操の軍師集団が、次期の政権基盤となったように、正規の軍制の外に設置された私設職である軍師は、君主にとって危険な存在でもあった。このため次第に軍師という官職が置かれなくなるのである。

一方、後世にも継承されていくものが、軍師と並んで、三国時代の軍制を特徴づける都督《ととく》である。

戦乱の世に生まれた「都督」号の必要性

「都督」というと、三国志ファンにとっては水軍の大都督周瑜が有名だろう。軍を司る最高司令官のイメージかもしれない。もともと都督とは、軍政が民政から独立しはじめた後漢末に現れた官職名である。

　四征将軍以上の方面軍司令官は、その方面軍に配属される雑号将軍よりも上位の存在であることを示し、また出征した地域に関する行政権を持つことを示すため、都督号を帯びることが多かった。

　たとえば、前述した倭王の武は、劉宋《りゅうそう》の順帝《じゅんてい》から正式には、使持節《しじせつ》・都督倭新羅任那加羅《ととくわしんらにんなから》秦韓慕韓六国諸軍事《しんかんぼかんりっこくしょぐんじ》・安東大将軍《あんとうだいしょうぐん》・倭王《わおう》に除せられている。これは、倭王の武が、(1)（節）使持節・(2)（督）都督倭・新羅・任那・加羅・秦韓・慕韓六国諸軍事・(3)（軍号）安東大将軍・(4)（封爵）倭王であることを示す。魏延が帯びていなかった(2)（督）「都督倭・新羅・任那・加羅・秦韓・慕韓六国諸軍事」という称号は、倭という方面において、倭王の武が最高司令官であることを示すと共に、武の軍政支配が倭・新羅・任那・加羅・秦韓・慕韓の六国に及ぶことを示している。「都督○○諸軍事」の○○地域について、都督は軍政支配を及ぼすことができるのである。

三国の君主、たとえば曹操も、最初は弱小軍閥の長として、自ら軍を率いて転戦した。そうした場合、軍隊はすべて曹操が掌握しており、方面軍司令官を置く必要はなかった。しかし、河北を平定して戦線が徐々に拡大すると、方面軍司令官が必要となる。そこで「四征将軍」以上の(3)軍号を持つものが、「使持節」という(1)節により軍隊への司令権を持ち、(2)「都督」号を帯びてその地域に対する軍政権を掌握したのである。強力な軍事力を持つ将軍が都督を帯びて地方を支配することは、漢の地方行政が崩壊したことを明確に示す。それと同時に、将軍が都督を帯びることは、地方での割拠を可能とし、秦の始皇帝が目指した中央集権的官僚制度を揺るがす大幅な臣下の権力増大をもたらす。

したがって君主は、将軍に強大な権力が集中しないように、将軍を方面軍司令官として派遣する際には、護軍《ごぐん》や監軍《かんぐん》といった軍目付けを帯同させた。諸葛亮と対峙した大将軍司馬懿《しばい》の軍隊に、征蜀護軍《せいしょくごぐん》の秦朗《しんろう》が帯同していたのは、その一例である。明帝は、大都督《だいととく》である司馬懿に蜀漢との戦いの全権を委任する一方で、曹操の寵愛を受けて養子同然に育った準宗室の秦朗を護軍として付けることで、司馬懿の専断を掣肘《せいちゅう》しようとしたのである。それほどまでに警戒しながらも、結局、曹魏は司馬氏の簒奪により滅亡した。将軍という存在がいかに危険であるか、それにも拘らず、将軍に大権を任せなければならない戦乱時代における君主の将軍への対応の難しさの一端を理解できよう。

では、都督に権限の譲渡を許すことになった地域支配は、どのように行われてきたのか。

5. 地方秩序の維持

漢の寛治

一方、地方政治はどうなっていたのか。地方制度へ目を向けてみよう。
漢の地方統治の要《かなめ》は、郡であった。それは、郷挙里選の常挙《じょうきょ》［毎年の定例登用］である孝廉《こうれん》科が、郡を単位に行われたことにも如実に表れる。郡の行政長官である太守（郡守）は、原則としてその郡の出身者から選任されない。これを「本貫地回避《ほんがんちかいひ》の制」という。これは、太守の権力が強大であるため、出身母体の豪族との癒着を防ぐための制度であった。権力を中央に集中させる工夫の一つである。したがって、可能であれば、なるべく遠方の出身者を太守とした。

ただ、そうなると、方言しか話せない場合には、言葉が通じない可能性もある。このため、太守をはじめとする地方の長吏になる前に、中央の郎官《ろうかん》［皇帝を守護する親衛隊］を経験させて、共通語の雅言《がげん》［みやこ言葉］を身につけさせた。それでも、現地採用の小吏とは、話が通じないことは多かったであろう。だが、漢字は表意文字であるため、文書により意志を通じることができた。しかし、そうした関係では、太守と属吏の間に信頼が醸成されず、地方統治が円滑に進まない可能性もある。そこで、後漢の章帝《しょうてい》期より積極的に推進した地方支配が「寛治《かんち》」である。

寛治は、寛仁《かんじん》な態度で属吏に臨むことを一つの特徴とする。たとえば、属吏が過ちを犯しても蒲鞭《ほべん》［蒲《がま》のむち。打たれても痛くない］で打ち、恥を感じさせるに止め、属吏が禁法に違反してもその誤りを諭すに止め、もし属吏が職にかなえば酒肴《しゅこう》の礼でもてなすことは、寛治の典型である。

属吏は、多くがその郡の豪族出身であった。郡内に大土地を所有し、一族・郎党を組織して軍事力を持ち得る豪族の協力を得ることで、言葉も通じ難いような、他郡出身の太守による郡支配が安定していたのである。

豪族もまた、太守に寛治を要求していた。劉表《りゅうひょう》の師にあたる王暢《おうちょう》は、順帝期から桓帝期にかけて、斉相《せいしょう》・司隷校尉《しれいこうい》・魚陽《ぎょよう》太守を歴任したが、その政治は厳しいことで有名であった。光武帝の郷里として特別な扱いを受け、帝室と関わりを持つ豪族が勢力を振るっていた南陽郡の太守になると、横暴であった豪族に対して、王暢はさらに厳しい政治を行う。これに対して、功曹《こうそう》の張敞《ちょうしょう》は、儒教経典である『尚書《しょうしょ》』堯典《ぎょうてん》の「五教在寛《ごきょうざいかん》（五つの教えの要諦は寛容にある）」を引用して、刑罰を慎む支配を求めた（『後漢書』王暢伝）。功曹は、郡の属吏の筆頭であり、郡を代表する豪族が就き、豪族層の利害を代弁することが多かった。王暢は、これを機に寛容な統治へと転換し、南陽郡は大いに治まった。このように、功曹を頂点に郡府に勢力を有する在地の豪族層の社会的な規制力を尊重し、それを利用していく支配もまた寛治であった。

郷挙里選

豪族は、郡守の寛治に協力して、中央官僚に進出することを目指した。郡守と国相は、孝廉科〔常挙〕や賢良科・方正科・直言科〔制挙〕、すなわち郷挙里選《きょうきょりせん》で人材を推薦することができた。たとえば、袁紹の故郷である汝南郡の常挙は、次のように行われたという。

汝南《じょなん》の旧俗では、十月の饗宴《きょうえん》には、百里内の県が牛や酒を持ちより郡府で飲食をする。礼が終わると汝南太守《じょなんたいしゅ》の欧陽歙《おうようきゅう》は、「西部督郵《せいぶとくゆう》の繇延《ようえん》は、生来**忠貞**であり**公正**な性格で、奸族を撃破し**寛治**をしている。いま**衆儒**〔多くの儒学者〕**と共に延の功績を論じ、これを朝堂で顕彰したい**。太守はその喜びを祝い、牛と酒により徳を養おう」と教令を出した。主《しゅ》簿《ぼ》は教令を復唱し、戸曹《こそう》は繇延を招き下賜品を与えた。功曹《こうそう》の郅惲《しつうん》は、顔色を変え進み出て、「司正《しせい》は罰杯を挙げ、主君（欧陽歙）の罪を天に告げよ。繇延は生来、貪悪で、外は方正でも内は柔弱、朋党を結び悪事を行い、主君を欺《あざむ》き人を害し、至る所は荒廃混乱し、怨恨と悪事が共に起きている。明府（欧陽歙）は、悪を善とし、股肱の臣（の主簿や戸曹）は直を曲とした。ここには君はおらず臣もいない。惲《わたし》はあえて再拝して罰杯を奉ずる」と言った。欧陽歙は驚き恥じ、言葉もなかった。

『後漢書』列伝十九　郅惲伝

汝南《じょなん》太守の欧陽歙《おうようきゅう》は、郡府の饗宴《きょうえん》の場で郷挙里選のための郷論《きょうろん》形成を試みた。意中の人物である繇延《ようえん》を紹介し、「衆儒」と共にその徳を朝堂に明らかにしたのである。この事例の場合、功曹の郅惲《しつうん》により、その不当が糾弾される、という例外的な展開を見せた。そのため史料に残されたのであるが、一般的には、対象者はこうして「孝」・「清」などの名声を付与され、孝廉科に察挙される。この事例も最終的には、太守の欧陽歙の意向どおり、繇延は察挙されている。

注目すべきは、悪逆な繇延にも「忠貞」・「公正」などの儒教的理念がつけられ、太守が多くの儒者たちと共に徳を明らかにしたことである。郷挙里選には、儒教が必須なのである。こうして後漢は、郷挙里選により豪族層を儒教へと誘導し、それを支配者層に取り込むことで、寛治を実現していたのである。

先に述べた宦官による請託《せいたく》は、これを破壊するものであった。後漢の統治が宦官により崩壊した理由である。郡太守が、宦官の請託により関係者を察挙すれば、豪族は郷挙里選に関与できなくなってしまう。

ではそうしたなか、豪族たちは、どんな行動を取ったのであろうか。

郷里の秩序の維持者

川勝義雄《かわかつよしお》は、宦官による請託の横行するなか、豪族が郷里で二種の存在形態を取ったと主張する。宦官と協力して郷里で大土地所有を進める「濁流豪族《だくりゅうごうぞく》」と、儒教理念の体現者となり豪族が本来的に持つ領主化傾向《りょうしゅ》［自分の荘園を拡大する傾向。川勝など京都学派は後漢末から隋唐を西欧の中世に準えるため、支配者を領主（西欧中世では不輸不入の権を持ち、分権を推進）、大土地を荘園と呼ぶ］を否定して貧民を救い、郷里を守ろうとする「清流豪族《せいりゅうごうぞく》」の二種である。そして、後漢末に清流豪族は主体的に曹魏《そうぎ》を樹立し、清流豪族が貴族となる、とするのである。果たしてそうであろうか。かつて猛政を行っていた王暢《おうちょう》が、豪族たちによって寛治に転換させられた南陽郡の事例を掲げよう。

南陽郡の樊陵《はんりょう》が李膺《りよう》の門人になりたいと求めてきたが、李膺は謝絶した。樊陵は後に**宦官に阿《おもね》ることで、官位を太尉《たいい》にまで進め、**志ある者の恥じる存在となった。

『後漢書』列伝五十七 党錮 李膺伝

南陽郡出身の樊陵《はんりょう》は、党人の指導者である李膺《りよう》の門人となろうとしたが、拒絶されたので宦官に媚び諂《へつら》い、太尉に至ったという。川勝説の言う「濁流豪族」、すなわち南陽郡で領主化傾向により大土地所有を進展させた存在となろう。これに対して、祖父の樊英《はんえい》は、次のように伝えられている。

> （樊英）は、若いころに三輔《さんぽ》で学業を受け、「京氏易《けいしえき》」を習い、あわせて五経に通じた。……州や郡は何度も礼を尽くして招請したが応じず、三公・九卿は賢良《けんりょう》・方正《ほうせい》・有道《ゆうどう》に察挙したが、いずれも行かなかった。……樊英は『易』の章句《しょうく》［解釈］を著し、それを世間では「樊氏学《はんしがく》」と呼んだ。また、圖讖《としん》［予言書］や緯書《いしょ》も教授した。潁川郡《えいせんぐん》の**陳寔《ちんしょく》は、若いころに樊英に従って学んだ**。……孫の樊陵《はんりょう》は、霊帝《れいてい》の時に**宦官に媚びへつらい司徒となった**。
>
> 『後漢書』列伝七十二上　方術上　樊英伝

祖父の樊英は、陳羣《ちんぐん》の祖父である陳寔《ちんしょく》を門人に持つ、「樊氏学《はんしがく》」を創設した儒者である。川勝説によれば、典型的な「清流豪族」であり、儒教理念により領主化傾向を否定し、民の望となって郷里社会を維持した存在となる。それが、孫の樊陵のときには、宦官に媚びへつらったというのである。

　これらの史料をもって、樊英の時には「清流豪族」であった樊氏が、孫の樊陵の時に儒教理念に反し、領主化傾向を推進する「濁流豪族」に転化した、と解釈することは不可能ではない。

しかし、当初、樊陵が李膺への入門を試みているように、樊陵に儒教的教養が皆無であったとは考え難い。とすれば、樊陵にとって、儒教的教養を生かして李膺の門人となり反宦官的態度を取ることも、逆に儒教理念に背いて宦官に阿諛《あゆ》することも、同じく就官のための一つの手段であった、と解釈するほうが整合的である。少なくとも、郷里社会における経済的な利害関係が樊陵の行動を規定した、とは考え難い。郷里における豪族の大土地所有への態度により、後漢末の知識人層を「清流豪族」「濁流豪族」と二分する川勝説は、後漢末から三国時代の動向を十分に説明できる仮設とは言えまい。

反宦官の態度により党人たちの間で名声を得るか、宦官に媚びて権力を握るが名声は落とすか、という樊陵の選択肢の中で、歴史の主流となったものは、前者である。このため、樊陵は『後漢書』に批判的に描かれた。すなわち、『後漢書』の著者范曄《はんよう》ら貴族の源流となったものは、郷里社会の大土地所有とはいったん切り離された場において、名声を自らの存立基盤とした名士であった。これが、本書の視座である。

宦官によって崩壊した、後漢末の郷里社会の秩序は、名声を存立基盤とする名士によって維持されたのである。それは、樊陵の選択とは異なり、豪族の中に名士を支持する者が多かったことによる。樊陵の祖父樊英に学んだ陳寔《ちんしょく》について、『後漢書』は次のような逸話を伝える。

陳寔《ちんしょく》は字を仲弓《ちゅうきゅう》といい、潁川郡許県《えいせんぐんきょけん》の人である。豪族の出身ではなかった。子供のころから、遊んでいるときであっても、友達の信望を集めていた。若くして県の吏になり、常に雑役に従事し、後に都亭《とてい》の佐となった。それでも志を持ち学問を好み、座っている時も立っている時も書物を暗唱した。……陳寔は郷里にあって、冷静・公平に民を統率した。訴訟沙汰が起こると、（民は）きまって（陳寔に）どちらが正しいかの判断を求め、（陳寔は）正邪を明らかにしてよく言い聞かせたので、退出してもその裁きを恨む者はいなかった。そこで（人々は）詠嘆して、「**刑罰を加えられることになろうとも、陳君に譏《そし》られたくはない**ものである」と言いあった。

『後漢書』列伝五十二　陳寔伝

陳寔は、貧家の出身であり、後漢末から三国時代の支配者層が、大土地所有［ブルデューの定義する経済資本］に依存していないことが分かる。陳寔への信望は、かれの持つ学問という文化資本にあった。貧家の出身であるが故に、郷里社会に直接的な経済的利害を持たない陳寔は、争いごとが起こるたびに仲裁を依頼され、その誹謗《ひぼう》は刑罰よりも規制力を持ったという。これが、荀彧《じゅんいく》の娘婿として、九品中正制度を献策し、新律十八篇を編纂して、曹魏を主体的に支えた陳羣《ちんぐん》の祖父である。清流豪族論ではなく名士論こそが、貴族へと変貌していく知識人層を定義するに相応しいことが分かろう。

このように、名士が文化資本に由来する権威を背景に、社会統合者的な機能を果たすことは、後漢末に多く見られる。後漢の寛治と郷挙里選により維持されてきた地域社会の秩序は、後漢末には豪族の支持を受けた名士が担うに至っていた。曹操をはじめとする群雄が、名士を幕下に置く努力を惜しまなかった理由である。

6. 出世の階梯

後漢における出世の条件

これまでに述べたような後漢の統治組織の中で、人々はどのように出世をしていったのであろうか。青史〔歴史・記録〕に名を残す人々が最も多い、郷挙里選の常挙《じょうきょ》である孝廉《こうれん》科出身者の昇進路からみていこう。

前漢から始まっていた郷挙里選は、後漢「儒教国家」において、官僚の昇進ルートの中心となった。後漢の三公における孝廉科出身者の割合は、初期〔光武帝から章帝期〕で一八%・中期〔和帝《わてい》期から党錮の禁〕で四四%・後期〔党錮の禁から黄巾の乱〕で六九%・末期〔黄巾の乱以降〕でも二六%にも及ぶ。末期の割合が減少するのは、戦乱期のため董卓の部下などが高位に就いたことによる。

孝廉科は、「孝」「廉」という儒教理念が価値規準とされており、思想という文化が資本へと転化し始める起点となった。寛治に協力する豪族は、民の税を肩代わりして「廉」「仁」という名声を得て、また、親を厚葬《こうそう》してその墓道《ぼどう》に居住してまで「孝」という名声を得て、孝廉科に察挙されたのである。これらの事例は、大土地所有という経済資本を儒教に基づく名声という文化資本に転化することで、勅任官に就くという卓越性を得た、と捉えることができる。

こうして後漢「儒教国家」は、官僚登用制度を通じて文化を資本とした。経済資本を文化資本に転化できない者は、「郷曲に武断」する土豪《どごう》［田舎の富豪］と位置づけられ、卓越性を得られなくなったのである。洛陽の太学《たいがく》に三万人もの学生が集まり、鄭玄《じょうげん》が私塾を持つことにより学問に打ち込める経済的条件を整え得たのは、経済資本を文化資本に転化しようとする豪族の多さの証明である。

孝廉科出身者の昇進ルートと世襲

それでは、厳耕望《げんこうぼう》の研究によりながら、官僚としての昇進路を掲げよう。

孝廉科に挙げられるためには、白衣《はくい》［布衣《ふい》、無位無官］から県の属吏《ぞくり》［地元採用］を経て、郡の属吏［地元採用］となっていることが前提である。

そこから郷挙里選を経て勅任官となる。郡の属吏から孝廉科に察挙されると、最初に就く官職は、「三署郎《さんしょろう》」と総称される郎《ろう》官である。郎とは、本来、廊下の廊であり、君主の寝室の廊下に立ち、それを警護する親衛部隊の意味を持つ。君主の近くに仕えることで、君主との主従関係が情義により固められる。一方で、郎官は、キャリア官僚が任官待ちをするプールとしての役割を担っており、一年目は郎中《ろうちゅう》［比三百石］、二年目は侍郎《じろう》［比四百石］、三年目は中郎《ちゅうろう》［比六百石］となる。ポストに空きがあれば、郎官の多くは小県の県長《けんちょう》［三百石］、あるいは県丞［次官、二百石］に出る。任期を大過なく乗り切ると、中県の県長・県令《けんれい》［四百石］、大県の県令［六百～千石］へと出世していく。後漢では、おおむね三十歳程度［順帝《じゅんてい》期以降は、原則四十歳以上］で孝廉科に察挙されたので、県の長官を三つほど廻ると、ほぼ四十歳［あるいは五十歳］に近づく。

大県の県令からは、ルートが複数に分かれる。最も出世が早い者は、このまま郡国の太守《たいしゅ》・国相《こくしょう》［ともに二千石］に抜擢される。ここでも、太守・国相を三つほど廻ると、ほぼ五十歳［あるいは六十歳］近くとなる。すぐに二千石に至らない場合は、州の刺史《しし》［六百石］を経て、太守・国相に到達する場合もある。あるいは、中央官の尚書《しょうしょ》［六百石］や九卿に所属する〇〇令《れい》［六百石］を経ることもあり、その場合には出世が早くなることもある。

郡国の太守・国相は、遠方から中央へと任地が近づくことが出世で、畿内《きだい》［河南尹］や三輔《さんぽ》［京兆尹・左馮翊・右扶風］の長官になると、九卿《きゅうけい》［中二千石］に就官する可能性が高まる。九卿も三つほど廻ると、いよいよ三公［万石］が近づく。すでに年齢は六十歳［あるいは七十歳］に近い。

したがって、三公には高齢者も多く、長時間の朝儀《ちょうぎ》に耐えられないこともあった。ただし、

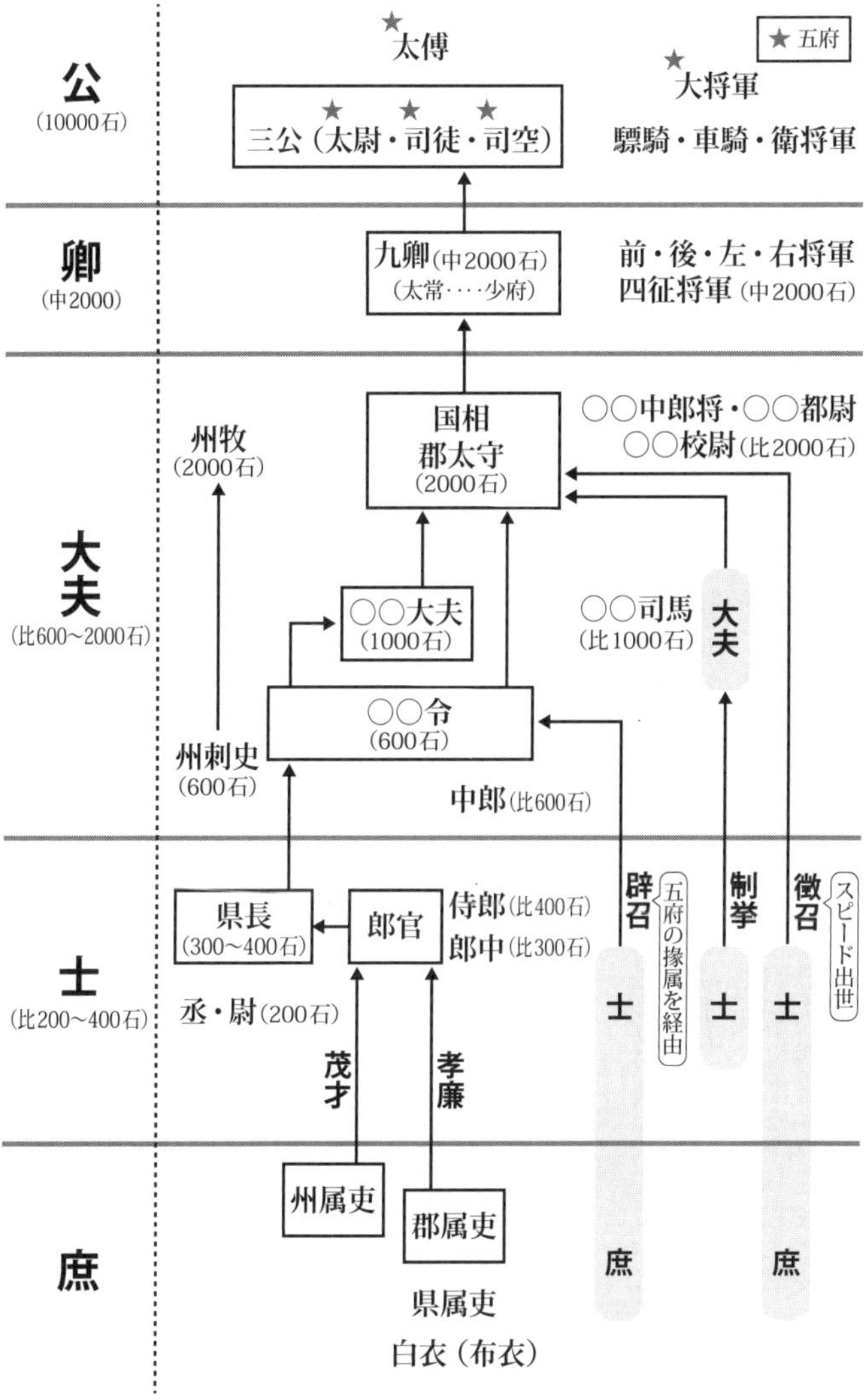

後漢の登用制度と出世の階梯のイメージ

三公にまで到ると列侯《れっこう》の爵位《しゃくい》を受ける。官位と異なり爵位は世襲できるので、三公の子孫は代々経済的に恵まれることになる。また、「三公子《さんこうし》」と呼ばれる特別任用枠があるので、年齢制限に拘らず孝廉科に察挙され、さらに出世も早い。そうした恩典を活かすことで、袁紹・袁《えん》術《じゅつ》を出した「汝南の袁氏」や、楊脩《ようしゅう》を出す「弘農の楊氏」のような「四世三公《しせいさんこう》」の家柄、また、曹操を評価した許劭《きょしょう》や蜀漢に仕えた許靖《きょせい》を出した「汝南の許氏」のような「三世三公」の家柄が、形成されていくのである。

孝廉の重要視

孝廉科は、二〇万人以上の戸口を持つ郡で、原則として一年ごとに一人を推薦するという狭き門であった。したがって、孝廉科だけで、漢代の官吏をすべて採用できたわけではない。出身地の郡や県に吏〔役人〕として仕え、そのまま長い年月を勤務することにより、出世していくルートがあった。それが、功次《こうじ》〔功の順番〕による昇進である。

これは属吏だけではなく、官僚もまた、年ごとに行われる功と労の調査の結果、「殿最《でんさい》」を考課《こうか》〔成績評価〕されて、それに応じた出世をした。大庭脩《おおばおさむ》によれば、功は、たとえば戦場で首を取るとか、平時に盗賊を捕らえるなどのように、他の人には無くて、その人のみが持つ特別な手柄である。また、労は、勤労日数を主とするもので、その状況によっては増減も行われ、その多寡が官吏の成績を表した。官吏の考課は、「最」がもっとも上位で、「殿」がもっとも下位である。こうした功次による昇進が、前漢では重視されていた。ところが、後漢では、功次よりも孝廉を尊重すべきと主張される。

このとき政事を述べる者は、多く「郡国の貢挙《こうきょ》［孝廉科］はおおむね**功次に依拠せず**、このため勤務はますます怠惰となり、実務が次第に疎くなる。……」とした。韋彪《いひょう》は上議して、「……そもそも国家は賢人を選び補任することを務めとなし、**賢であることは孝行をその第一**といたします。……おおよそ忠孝の人は、心を保つことが厚いものです。法律に習熟した官吏は、心を保つことが酷薄です。（夏・殷・周の）三代が正直な方法により万事を遂行できた理由は、忠孝の精神を錬磨することを旨としたからです。**士は才能と行動を優先すべきもので、専ら職務への熟練だけを基準とすべきではありません**。……」と述べた。章帝は深くこの意見を納めた。

『後漢書』列伝十六　韋彪伝

寛治が奨励された第三代章帝《しょうてい》期に、韋彪《いひょう》は、「郡国の貢挙」は「功次」にはよらず、「孝行」により選ぶべし、と主張している。光武帝・明帝《めいてい》の時代には、「吏治《りち》」［律（法律）や刑罰を正確に適用する厳格な統治］が遂行されたので、豪族弾圧などで「功（武功）」次を積んだものも多いが、そうではなく孝廉な者（孝行者）を察挙すべし、と韋彪は説いたのである。こうして、功次だけで宰相位にまで登り詰めるものは、きわめて少数となり、孝廉科出身者が出世の主流を占めるに至った。

孝廉科より有利な制度

ただし、孝廉科出身者は主流ではあるが、すべてではない。孝廉科よりもさらに有利な登用制度が存在したからである。

孝廉科より有利なルートには、制挙《せいきょ》［緊急時の登用］・辟召《へきしょう》［開府者が幕僚を招致］・辞退［様々な察挙による任官を拒否］・徴召《ちょうしょう》［皇帝のお声がかり］があった。それぞれ説明していこう。

Ⅰ　制挙

孝廉科が常挙《じょうきょ》と呼ばれる一年に一度、常に行われる登用制度であることに対し、国家の緊急時や天譴《てんけん》の発生時に、臨時で行われるものが制挙である。制挙は、「賢良《けんりょう》」「方正《ほうせい》」「直言《ちょくげん》」「極諫《きょくかん》」の四科のほか、「至孝《しこう》」「有道《ゆうどう》」などの科目を持つ。

簡単に言えば、制挙とは、皇帝の命により「公卿」が、「士」を「大夫」に抜擢する登用制度である。福井重雅《ふくいしげまさ》によれば、制挙する側となる「公卿《こうけい》」とは、三公・九卿のみではなく、広く郡国の守相や時に刺史《しし》・校尉《こうい》に至るまでの有資格者を指す。ただ原則としてそれは、「公」にあたる万石《ばんせき》の者、「卿」にあたる中二千石《ちゅうにせんせき》の者たちであった。

一方、制挙される側である「士」とは、郎中・県長・県尉《けんい》など比二百石から四百石にあたる者たちで、制挙された後には、「大夫」にあたる比六百石から千石の官に就任した。「士」を「大夫」に抜擢する制挙は、「吏」を「士」に察挙する常挙よりも、一段上のレベルの官僚登用制度である。国家の危機や災異の発生時に限って行われる理由が分かろう。したがって、孝廉科に察挙され、郎中や県長などに就いている者が制挙を受ければ、一気に「千石」の○○大夫に就官できる可能性があった。孝廉よりも、スピード出世を可能にする登用制度なのである。

Ⅱ 辟召

辟召《へきしょう》とは、原則として三公・九卿など中央や地方の高官が直接、特定の個人を招聘して、自分の掾属《えんぞく》〔属官〕に採用する制度である。福井によれば、辟召の主体は、五府《ごふ》の長〔太傅《たいふ》・太尉・司徒・司空・大将軍〕と州刺史・州牧《しゅうぼく》に限られており、その中でも官僚登用制度のバイパスと成り得るものは、前者に限定される。五府に辟召された者は、それぞれの府の掾属になった後、高第《こうだい》に挙げられ、侍御史《じぎょし》〔六百石〕を経て、州刺史・郡太守・国相に就くことを原則としていた。制挙も「大夫」に該当する六百石から千石の官に就き得るため有利であったが、辟召は、辟召される側に「士」の資格が要求されず、辟召回数に制限もなく、侍御史を経た後は同じ六百石の官に留まることは少なく、二千石の官に就き得るという点で、さらに有利な官僚登用制度であった。しかも、府主が外戚《がいせき》や有力官僚の場合には、国政上においても大きな勢力に属し得る。したがって、功次はもとより、常挙や制挙よりも有利であるため、それらに挙げられても拒否をし、有力な府主の辟召を待った方が出世は早い。それどころか、五府の辟召を拒否し続けて、皇帝からの徴召《ちょうしょう》を狙う者まで出現した。

Ⅲ　辞退・Ⅳ　徴召

辞退が有効なのは、国家の制度として行われる官僚登用は、それ自体がすでに十分に絶対的な権限を持つ一種の法令であり、当該人物の応答や諾否《だくひ》に無関係に、実際的な効力を発揮するためである。どういうことか。

簡単に言えば、ある人物が一たび孝廉や賢良に挙げられれば、（本人が受けようが受けまいが）それは発効したと同じことになり、その時点から当該の科名を附与され、それに相応しい待遇が与えられるのである。

たとえば、先に掲げた樊英《はんえい》は、次のような出世コースを取っている。

州や郡は何度も礼を尽くして招請したが応じず、**三公・九卿は賢良《けんりょう》・方正《ほうせい》・有道《ゆうどう》に察挙**したが、いずれも行かなかった。……安帝の初め、**徴召されて博士《はくし》**となった。建光《けんこう》元（一二一）年に、また**公車に詔**して策書を賜い、樊英および同郡の孔喬《こうきょう》・李昺《りへい》、北海《ほっかい》国の郎《ろう》宗《そう》、陳留《ちんりゅう》郡の楊倫《ようりん》、東平《とうへい》国の王輔《おうほ》ら六人を**徴召**した。ただ郎宗・楊倫のみが洛陽に来て、

樊英ら四人は来なかった。……（永建）四（一二九）年三月、天子は樊英のため高座を設け、**公車令《こうしゃれい》に先導**させ、尚書《しょうしょ》は（車を）引き、几杖《きじょう》を下賜し、**師傅《しふ》の礼**により待遇し、招いて政治の得失を尋ねた。樊英はあえて辞退せず、**五官中郎将《ごかんちゅうろうしょう》**を拝命した。数ヵ月して、樊英は重病と称した。（そこで）詔して**光禄大夫《こうろくたいふ》**に任じ、休暇を与え帰郷させた。（樊英が任む）地域の役所には穀千斛《こくせんごく》を送り、毎年八月に牛一頭・酒三斛を贈り、もし死去すれば、（羊と豕《ぶた》を供える）中牢《ちゅうろう》により祀《まつ》るよう命じた。樊英は辞退して（光禄大夫の）位を受けなかったが、詔が下り聖旨を諭《いた》し（辞退を）許さなかった。

『後漢書』列伝七十二上　方術上　樊英伝

樊英は、まず州の茂才《もさい》・郡の孝廉《こうれん》という常挙を辞退する。それでも、ここで「郎官」〔「士」〕に就いたことになる。このため三公は、「士」を挙げる制挙である賢良《けんりょう》・方正《ほうせい》・有道《ゆうどう》に察挙した。これらも辞退するが、「大夫」に就いたことになったため、安帝《あんてい》は徴召《ちょうしょう》〔天子自らの招聘〕をして、博士《はくし》とした。博士は両梁冠《りょうりょうかん》という特別な冠を着けられる名誉ある職だが比六百石、「大夫」の最下位である。樊英は就かず、安帝は続いて公車徴《こうしゃちょう》〔徴召の中でも、車を差し向ける上位の徴召〕で樊英を徴召するが応じない。そのとき、樊英だけではなく、六名中四名が応じていないことにも注目したい。

有利な任官のための辞退は、特別な事例ではない。最後に安帝は、同じく公車徴であるが、六百石の公車令《こうしゃれい》に六百石の尚書《しょうしょ》を付け迎えに行かせるという最高の礼を提示して、五官中郎将《ごかんちゅうろうしょう》〔比二千石〕に就けた。五官中郎将は、他の中郎将のような武官ではなく、使者に出るような学識が必要とされる。

就官した樊英が数ヵ月で重病と称すると、定まった職務がない光禄大夫《こうろくたいふ》〔比二千石〕という大夫の最上位に就け、詔《みことのり》して辞退を許さなかった。これほどまでの「尚賢《しょうけん》」〔賢人の尊重〕を見せることで、天子は天譴に応え、隠れている人材の登用に心を砕く善政に努めていることを示した。そして推薦・招聘される側も、そうした態度を巧みに利用していたのである。

財産や学力は、待っていても増えないが、名声は拒否をすればするほど跳ね上がる。こうした郷挙里選における辞退による名声の尊重は、やがて、名声を存立基盤とする名士層が成立する国制的な背景となる。諸葛亮が一度目の訪問で、劉備の辟召を受けなかった理由が分かろう。

変革期の立身出世

このように、後漢の官僚制度では、功次→孝廉科など常挙→賢良科など制挙→五公府の辟召→辞退→皇帝の徴召という順序で、出世のスピードが早まっていく。制挙や辟召、そして徴召を受けるために、名声が必要であったことを理解できよう。三国時代の支配階層である名士が、名声を存立基盤とした理由である。

そうした中、これをも上廻る速度で出世が可能となる契機こそ乱世である。黄巾の乱に義勇軍を率いて戦うことで、劉備は白衣から県尉《けんい》となった。督郵《とくゆう》の監察を受けた劉備は、不満たらたらで督郵を鞭《むち》打ち、この程度の官職は不要と印綬《いんじゅ》を督郵の首に掛けて亡命する。だが、県尉は勅任官で、孝廉科に察挙されてから就官するのが普通の地位であった。布衣からいきなり就ける官ではない。軍功による出世の早さを理解できよう。

軍功だけではない。荀彧《じゅんいく》の伯父にあたる荀爽《じゅんそう》は、約三ヵ月で白衣から三公に出世する。

献帝《けんてい》が即位し、董卓《とうたく》が政務を補佐すると、荀爽を召した。荀爽は逃れようと思ったが、役人が監視していて去ることができず、**平原相**《へいげんしょう》を拝命した。（任地の平原国に）行く途中の宛陵《えんりょう》で、また追って**光禄勲**《こうろくくん》となった。政務を見ること三日で、昇進して**司空**《しくう》を拝命した。荀爽が徴命を受けてから台司《だいし》（と呼ばれる三公の一つである司空）に登るまで、（わずか）**九十五日**であった。

『後漢書』列伝五十二 荀淑伝附荀爽伝

『後漢書』の李賢《りけん》注に引く『荀氏家伝《じゅんしかでん》』がこの記事を「白衣より三公」に至ると記すように、荀爽は、董卓の辟召を受けたときに無位無官であった。常挙の孝廉科では三十年以上も掛かっても、ほとんど辿《たど》りつけない三公に、三ヵ月で就き得ることこそ、乱世における官位の流動性の高さを象徴する。

このような時代に、乱世に一旗揚げようと、曹操・劉備・孫堅《そんけん》も立ち上がる。かれらはいかにして世に出て、どんな人材を登用していったのか。第一章の人脈の構築とその活用、第二章の官僚組織と出世方法を踏まえて、曹魏・蜀漢・孫呉の特徴の違いを考えていこう。

第三章

時代を変革する——曹魏

曹操の頭蓋骨
曹操高陵から出土した曹操の頭蓋骨。二つに割れていた。

1. 志を育んだ人脈

祖父の遺産

曹操は、宦官《かんがん》の養子の子である。袁紹《えんしょう》との対決の際、袁紹の部下である陳琳《ちんりん》に、曹操は次のように罵《ののし》られている。

袁紹の為《ため》に豫州に檄《げき》す　陳孔璋《ちんこうしょう》［陳琳］

……司空曹操の祖父である中常侍《ちゅうじょうじ》の曹騰《そうとう》は、左悺《さわん》・徐璜《じょこう》と共に禍《わざわい》をなし、財貨を貪《むさぼ》り放埒《ほうらつ》で、教化を損ない民を痛めつけた。父の曹嵩《そうすう》は、（曹騰に）請われて養子となり、賄賂《わいろ》で官位を得るために、金玉を車に積み、財貨を権門に運び、それにより三公の位を盗み、天子の地位を顛覆《てんぷく》させた。**曹操は宦官の醜悪《しゅうあく》な子孫**で、もとより善徳などはなく、狡賢《ずるがしこ》いこと矛先《ほこさき》のように鋭く、騒乱を好み、災禍を楽しむ輩《やから》である。……

『文選《もんぜん》』巻四十四　檄《げき》

陳琳は、曹操を「宦官の醜悪な子孫（贅閹《ぜんえん》の遺醜《いしゅう》）」と罵る一方で、自分が仕えていた袁紹を乱世を救うべく待望される「非常之人（常に非《あら》ざるの人）」と称《たた》えている。『三国志』を著した陳寿《ちんじゅ》が、曹操を「非常之人」と評していることは、すでに述べた。歴史は勝者の記録なのである。曹操は、のちに陳琳が降服すると、父祖のことまで悪く書くことはあるまい、とだけ言って許した。立場によって表現を異にする「文」の本質をよく理解している。むろん、人材登用に努める曹操の姿をそこに見ることもできるが、祖父の曹騰《そうとう》の大きな権力、父の曹嵩が三公の位を買ったことは事実であり、咎《とが》めることもない。曹操は、曹騰の人脈のなかで、自らの志を養い、乱世に打って出たのである。

曹騰は、「跋扈《ばっこ》将軍」との悪名高き外戚《がいせき》の梁冀《りょうき》と共に、年長者を差し置いてまだ幼い桓帝《かんてい》を擁立して権力を握った。陳琳が批判するような悪の側面は、確かに持っていた。その一方で、天下の賢人を皇帝に推挙し、漢の西北で匈奴《きょうど》や鮮卑《せんぴ》と戦いを繰り広げた将軍たちや有能な官僚と積極的に交わりを結んだ。曹騰の人脈について、『後漢書』は次のように伝えている。

曹騰は宮中で用いられること三十余年、順帝・沖帝・質帝・桓帝の四帝に仕えたが、かつて一度も過ちを犯したことがなかった。曹騰が推薦した者は、いずれも天下に名の知れた人物であり、陳留《ちんりゅう》郡出身の虞放《ぐほう》・邊韶《へんしょう》、南陽《なんよう》郡出身の延固《えんこ》・張温《ちょうおん》、弘農《こうのう》郡出身の張奐《ちょうかん》、潁川《えいせん》郡出身の堂谿典《どうけいてん》などであった。あるとき蜀郡《しょくぐん》太守が、上計吏《じょうけいり》を通じて曹騰に賄賂を贈ろうとした。益州刺史の种暠《ちゅうこう》は、斜谷関《やこくかん》でその書簡を取り上げ、蜀郡太守を贈賄の罪

で上奏すると共に曹騰をも弾劾し、廷尉《ていい》に罪の取り調べを求めた。桓帝は、「文書は外部より来たものである。曹騰の罪ではない」と言って、种暠の弾劾を取りあげなかった。曹騰はこれにも拘《かかわ》らず、常に种暠を能吏と称《たた》えた。当時の人々はこれに感歎した。曹騰が卒すると、養子の曹嵩《そうすう》が費亭侯《ひていこう》を嗣《つ》いだ。种暠は後に司徒《しと》となり、賓客に告げて、「**今わたしが三公となれたのは、曹常侍のおかげである**」と言った。

『後漢書』列伝六十八　宦者　曹騰伝

曹騰の人脈として名が挙がる人々のうち、三公に至った者は虞放《ぐほう》〔司空〕・張温《ちょうおん》〔太尉〕・种《ちゅう》暠《こう》〔司徒〕、九卿は張奐《ちょうかん》〔太常〕であり、それ以外もすべて二千石官となっている。とりわけ、种暠は、「今わたしが三公となれたのは、曹常侍のおかげである」と明言している。その种暠が目をかけた橋玄《きょうげん》こそ、曹操の理想となった。そして、皇甫規《こうほき》〔字は威明〕・段熲《だんけい》〔字は紀明〕と共に「涼州三明」と呼ばれた張奐〔字は然明〕たち西北列将の戦法は、曹操に継承された。すなわち、祖父曹騰の遺した人脈こそ、曹操の志を育む理想を示し、乱世を生き抜く戦法を授けたものであった（↓P27・103）。

曹操が成長すると、橋玄は、曹操に人物評価の大家許劭《きょしょう》を訪ねさせた。「汝南の袁氏」の四世三公には劣るが、許劭は三世三公の家柄である（↓P88）。宦官の養子の子である曹操に好意的であったわけではない。それでも許劭は、三公を歴任していた橋玄の紹介を無視できず、曹操を「治世の能臣《のうしん》、乱世の奸雄《かんゆう》」と評価する。これを聞いた曹操は大いに笑ったという。許劭の人物評価により、宦官の孫でありながら、名士に仲間入りしたことを喜んだのである。

曹操は、突如現れた異端児《いたんじ》ではない。自らの理想とする橋玄に追いつき追い越そうと努力を重ね、承《う》け継いだ人脈の中で、自らの姿を作りあげていく。曹操を知るためには、橋玄を知る必要がある。

曹操が理想とした人物

橋玄は、豪族の不法を許さず、外戚・宦官と関わりを持つ者でも、その不法行為は必ず弾劾するような人物であった。また、自分の子を人質に立て籠《こ》もられた際には、人質の安全を考慮して躊躇する司隷校尉《しれいこうい》〔首都圏長官〕や洛陽令《らくようれい》〔首都洛陽の県令〕を叱咤して誘拐犯を攻撃、犯人もろとも我が子を落命させている。そして、その足で宮中に赴くと、「人質事件があった際には、人質を解放するために財貨を用い悪事を拡大させないようにいたしましょう」と上奏する。人質を助けるために、身代金を払うようなまねはすべきでないと提案したのだ。橋玄の断固たるこの処置により、当時洛陽《らくよう》で頻発していた人質事件は途絶《とだ》えたという。のちに曹操が採用する法に基づく厳格な「猛政《もうせい》」は、橋玄から受け継いだものなのである。

曹操が理想とした橋玄は、厳しい法の運用を行う一方で、代々伝わる儒教の継承者でもあった。七代前の祖先橋仁《きょうじん》は、『礼記《らいき》』〔礼の理念や具体的事例を説く儒教経典〕の学問を集大成している。その学問は「橋君学《きょうくんがく》」と呼ばれ、橋氏の家学《かがく》として継承されていた。さらに、橋玄は、桓帝《かんてい》の末年、鮮卑《せんぴ》・南匈奴《みなみきょうど》・高句麗《こうくり》が中国に侵入すると、西北方面の異民族対策の総司令官である度遼将軍《どりょうしょうぐん》として異民族を撃退し、辺境に安定を取り戻した。代々の家学として儒教を伝え、門人に教授するほどの学識を持ちながら、戦場に出れば、鮮やかな采配を振るって敵を粉砕する。さらに、内政にも通暁して三公を歴任した橋玄は、まさに「入《い》りては相《しょう》、出《い》でては将」と言われる理想的な「儒将《じゅしょう》」である。

曹操は、宦官の養子王吉《おうきつ》によって孝廉科《こうれんか》に挙げられ、洛陽北部尉《らくようほくぶい》［首都洛陽の北部警察長官］に任命される。祖父の威光により、任官の当初から宦官系の人脈を利用できたのである。曹操は、犯罪者を捕らえると、権力者と関わりがあろうがおかまいなく杖殺《じょうさつ》する「猛政」を行った。橋玄の政策の継承である。このため、権力者に嫌われて頓丘県令《とんきゅうけんれい》に左遷された。

それでも黄巾の乱が起こると、騎都尉《きとい》［騎兵の指揮官］として潁川《えいせん》黄巾の鎮圧に活躍し、済南《せいなん》国相《こくしょう》となった。ここでも、管轄の十県のうち、八県の令《れい》と長《ちょう》［長は、人口一万戸以下の県の行政長官］を収賄の罪で罷免する「猛政」を行った。恨みを買った曹操は、一族に累が及ぶことを恐れ、郷里の譙県《しょうけん》に隠棲する。

しかし、時代は曹操を埋もれさせない。曹操は、霊帝が新設した常備軍である西園八校尉《せいえんはちこうい》の一人典軍校尉《てんぐんこうい》として、袁紹の推薦により復活する。

袁紹を盟主に反董卓《とうたく》連合が形成されると、兗州《えんしゅう》陳留郡襄邑県《じょうゆうけん》出身である衛茲《えいじ》の家財で募った兵五千を率いて、襄邑県の隣己吾県《きごけん》で挙兵する。反董卓連合軍と酸棗県《さんそうけん》で合流すると、袁紹から行奮武将軍《こうふんぶしょうぐん》に推挙された。

しかし、諸将のなかでは袁紹の勢威が強く、曹操に注目する者は少なかった。そうしたなか、兗州泰山郡《たいざんぐん》より歩兵二万・騎兵七百を率いて参加していた鮑信《ほうしん》と弟の鮑韜《ほうとう》は、曹操の異才に気づき、これに接近する。曹操もまた、かれらに大きく依存した。曹操の挙兵当時の人脈は、地縁としては兗州を中心としている。最初の拠点が兗州となった理由である。

曹操の受け継ぎし騎馬戦術

鮑信が曹操の持つ数多《あまた》な才能のうち、何に異才を感じたのかを史料は記さない。だが、戦いの最中である。曹操の傑出した軍事的才能には、気づいたであろう。曹操が最も得意とした騎馬戦術もまた曹騰の人脈に連なる西北列将より継承したものであった。

それが遺憾なく発揮された場所は、かつての西北列将が活躍していた涼州《りょうしゅう》であった。のちの建安十六（二一一）年、馬超《ばちょう》との潼関《どうかん》の戦いである。

曹操の騎馬戦術の起源となった、西北列将を代表する段熲《だんけい》の逢義山《ほうぎざん》の戦いから検討しよう。建寧《けんねい》元（一六八）年、羌族《きょう》を大破した戦いである。

――羌族の兵は盛んで、段熲の軍は恐れていた。段熲はそこで軍中に命じて鏃《やじり》を張り刃を利《と》ぎ、長矛《ちょうぼう》（の歩兵）を三重にして、これを強弩《きょうど》で挟《はさ》み、**軽装騎兵**を列ねて左右の翼とした。そして兵と将に檄《げき》を飛ばし、「いま家を去ること数千里のこの場所で、進めば大事をなすことができ、逃れれば必ず悉《ことごと》く死ぬ。努力して功名を共にせよ」と言った。こうして大いに叫び、兵はみな声に応じて馳《は》せた。段熲は、騎兵を側面から動かし、（羌族の陣の側面や後方から羌族を）突いてこれを撃った。羌族の兵を大いに破り、斬首すること八千余級、牛馬羊二十八万頭を得た。

『後漢書』列伝五十五　段熲伝

段熲は、長矛《ちょうぼう》の歩兵を羌族の正面に三重に並べ、これを弩兵《どへい》［弩《ど》はクロスボー、石弓］で挟《はさ》んで、軽装騎兵を左右の翼とする陣形を布《し》いた。羌族の騎兵が攻め掛かってきても、長矛を持った三列の歩兵はなかなか崩れず、その合間から弩兵が騎兵に矢を射かける。こうして騎兵の進撃を食い止めている間に、段熲軍の両翼の軽装騎兵が、機動力を生かして羌族の側面や後方に廻《まわ》り込むことに成功し、勝利を収めたのである。これが、長らく羌族に苦しめられた後漢が編み出した騎馬戦術である。

曹操の相手である馬超もまた、曹操と同様に西北列将の後継者であった。当然、お互いこの戦術を知っていたであろう。

曹操は、賈詡《かく》の離間の計により馬超と韓遂《かんすい》を対立させたのち、次のように馬超を撃破する。

曹公は、そこで馬超と日にちを約束して会戦した。まず**軽装騎兵**を出し、馬超と戦わせた。（馬超が曹公の長矛部隊をなかなか敗れず）戦いがややしばらく続くと、（曹公は重装騎兵の）**虎騎《こき》を出撃させて**（長矛部隊と共に馬超の軽装騎兵を）挟み撃ちにし、大いにこれを破った。

『三国志』巻一　武帝紀

馬超が率いる関中《かんちゅう》軍の主力は、かつて董卓が率いた「涼州兵《りょうしゅうへい》」の流れを汲む軽装騎兵であった。段熲と同様、馬超が軽装騎兵の機動力を生かして、背後に廻り込むと、曹操の勝利は難しい。

そこで、曹操は、わざと中央におとりの軽装歩兵を配置して、軽装騎兵をおびき寄せる。馬超の軽装騎兵は、おとりを一蹴したが、その背後に陣取る三段の長矛《ちょうぼう》部隊をなかなか崩せない。そのときに、曹操軍の左右から親衛騎兵である「虎騎（虎豹騎《こひょうき》）」が放たれ、馬超軍の背後に廻って、馬超軍の切り札である軽装騎兵を攻撃する。虎豹騎とは、百人隊長から選抜されたものもいる、曹操軍の最精鋭部隊である。しかも、虎豹騎の多くは「鉄騎」と呼ばれる、軍馬も馬甲《ばこう》［馬よろい］や面簾《めんれん》［馬かぶと］で全身をおおった、重装騎兵であった。甲騎具装は、もともと西アジアに起源を持つが、遊牧民族を介して、東アジアに齎《もたら》されたと考えられている。もとも

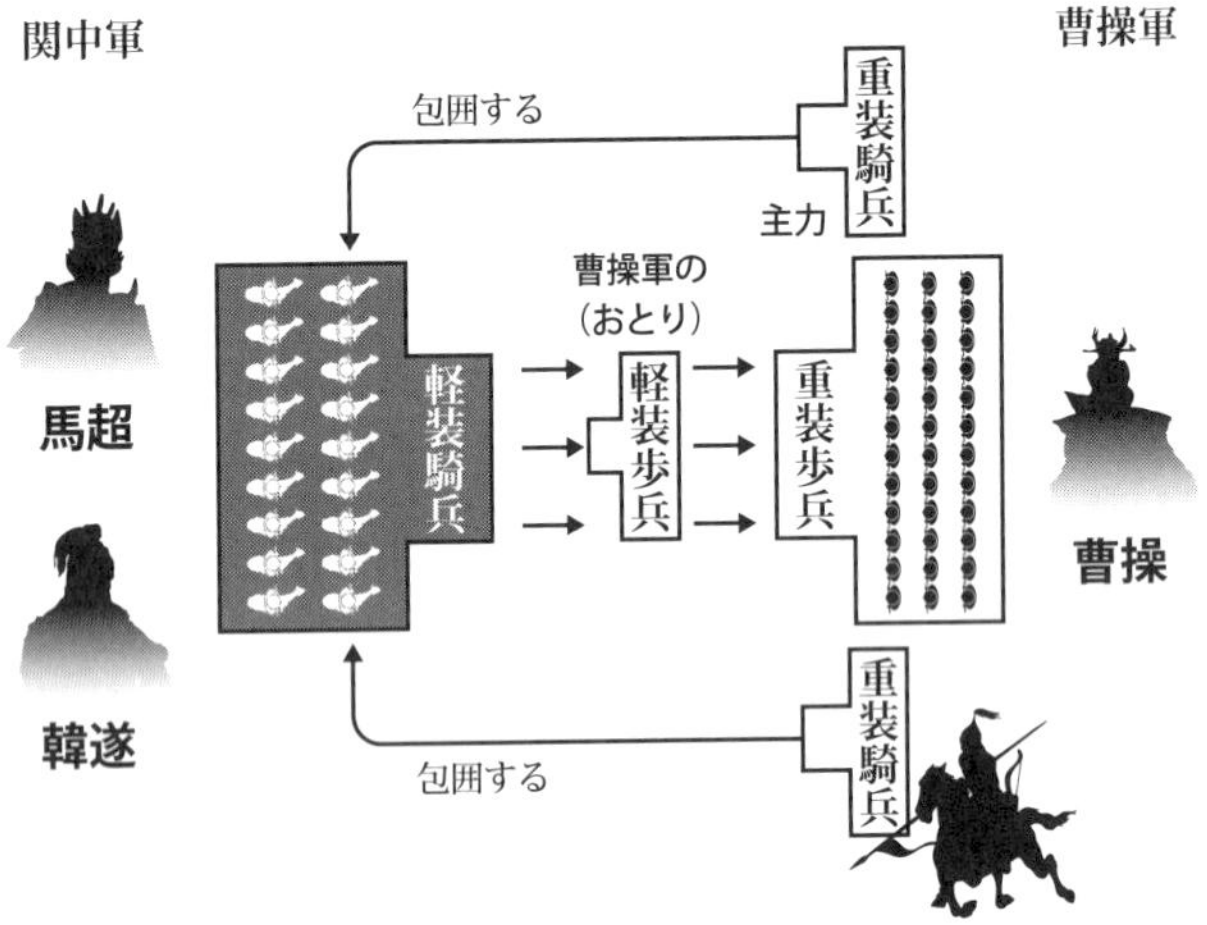

曹操の騎馬戦術

とは、漢の強弩に対抗するため、匈奴などの遊牧民族が取り入れた装備であった。曹操は、そうした装備を最強部隊である虎豹騎に与え、これを切り札に西北列将の系譜を引く馬超の軽装騎兵を撃破したのである。

曹操は、相としての行政能力、具体的には猛政を橋玄から継承し、将としての戦法、具体的には長矛と騎兵を複合させる戦術を西北列将から継承した。ただし、「非常の人」曹操は、馬超のように単に受け継ぐだけではなく、独自に応用したのである。

猛政はやがて法体系の不備を補う律令の整備へと向かい、西北列将の戦術は重装騎兵を切り札とする戦術へと進化を遂げた。この行政能力と戦術が、曹操の志を実現させていく。それは、曹騰の人脈から受け継ぎ、発展させたものであった。

2. 曹操の人事、その深淵

隷属関係を生む「辟召」の重視

兗州牧《えんしゅうぼく》として拠点を保持し、黄巾を降伏させ青州兵《せいしゅうへい》を配下に収め、勢力を拡大した曹操であるが、一転して生涯最大の危機を迎える。父を陶謙《とうけん》に殺された恨みにより徐州で行った民の虐殺に、兗州名士が反発したのである。

これに対し、曹操は荀彧《じゅんいく》の献策を受け入れ、献帝《けんてい》を擁立し、名士からの支持の回復に努めた。そして後漢の都を洛陽《らくよう》から潁川郡《えいせんぐん》の許県《きょけん》に遷す。

潁川郡は荀彧の出身地であった。荀彧の影響力に依拠して、支配を安定させた曹操は、許県の周辺より屯田制《とんでんせい》を開始した。隋唐《ずいとう》の均田制《きんでんせい》へと継承されていく民屯《みんとん》［一般農民に屯田させ、税を取る］を含むことが、曹操の屯田制の特徴である。

こうして、河南《かなん》［豫州《よ》］に拠点を築いた曹操は、建安《けんあん》五（二〇〇）年、官渡《かんと》の戦いで河北《かほく》四州［冀州《き》・幷州《へい》・青州《せい》・幽州《ゆう》］を支配する袁紹を撃破した。さらに曹操は、まもなく死去した袁紹とその子たちを撃ち、建安十二（二〇七）年には、袁氏を滅ぼして華北を統一する。

この間、曹操は、いかなる人事により、権力を確立したのであろうか。福井重雅によれば、曹操は被辟召者が故吏《こり》（↓P23）として従属性を強く持つことになる辟召《へきしょう》（↓P91）を多用して、自らの人的勢力基盤を樹立したという。

兗州牧に就任した初平《しょへい》三（一九二）年から、魏王《ぎおう》として薨去《こうきょ》する建安二十五（二二〇）年までの約二十八年間、曹操が辟召した人物は、『三国志』と裴注《はいちゅう》［劉宋の裴松之《はいしょうし》が『三国志』に付けた注］に明記された者だけで五三名にのぼる［再辟召・時期不明者を除く］。これに対して、常《じょう》挙《きょ》は孝廉《こうれん》に魏种《ぎちゅう》一名、茂才《もさい》に牽招《けんしょう》［のち辟召］一名を挙げるに止まり、制挙《せいきょ》は記録には見られない。『三国志』郭嘉伝《かくかでん》注引『傅子《ふし》』に、「曹操は、青・冀・幽・并州の名士を多く辟召した」と記される通りである。

曹操は兗州牧であった初平三（一九二）年から建安元（一九六）年までに、以下の四名を辟召した。①毛玠《もうかい》［兗州陳留平丘、Ⅰ（曹操が兗州を支配するまでに出仕、以下同）、『三国志』巻12に専伝、以下算用数字のみ］・②呂虔《りょけん》［兗州任城、Ⅰ、18］・③程昱《ていいく》［兗州東郡東阿、Ⅰ、14］・④満寵《まんちょう》［兗州山陽昌邑、Ⅰ、25］であり、すべて兗州出身者である（以下、巻末の附表2を参照）。

兗州の維持に最も力があった③程昱は、徐州大虐殺により兗州名士が離反し、陳宮《ちんきゅう》・張邈《ちょうばく》が呂布《りょふ》を引き込み反乱を起こした際、本拠地の鄄城《けんじょう》のほか、范《はん》・東阿《とうあ》の二県を荀彧《じゅんいく》・夏侯惇《かこうとん》と共に死守した。曹操は程昱に、「子《きみ》の力がなければ、吾《わたし》は帰るところがなかった」と、程昱が兗州名士としての影響力を発揮し、拠点を死守したことに感謝している（『三国志』程昱伝）。故吏である程昱は、命を擲《なげう》って曹操の拠点を維持したのである。

覇府の展開……全国から広く人材を集める

献帝を擁立した建安《けんあん》元（一九六）年、曹操は当初、大将軍《だいしょうぐん》・録尚書事《ろくしょうしょじ》に任命された。後漢の外戚が権力を掌握してきた官職である。そのうえで曹操は、名士として最初に所属した何《か》顒《ぎょう》グループで兄貴分であった袁紹を太尉《たいい》に推挙するが、袁紹は曹操の下風に立つことを良しとはしなった。そこで、曹操は、袁紹に大将軍を譲り、自らは司空《しくう》・行車騎将軍《こうしゃきしょうぐん》となって司空府を開いた。

曹操が司空府に辟召した者は、⑤衛覬《えいき》［司隷河東安邑、Ⅱ（献帝擁立から袁術打倒までに出仕）、20］・⑥張既《ちょうき》［司隷馮翊高陵、Ⅱ、15］・⑦陳羣《ちんぐん》［豫州潁川許昌、Ⅱ、22］・⑧何夔《かき》［豫州陳郡陽夏、Ⅱ、12］・⑨梁習《りょうしゅう》［豫州陳郡柘、Ⅱ、15］・⑩劉馥《りゅうふく》［豫州沛国譙、Ⅱ、15］・⑪涼茂《りょうぼ》［兗州山陽昌邑、Ⅱ、11］・⑫徐奕《じょえき》［徐州琅邪東莞、Ⅱ、12］・⑬周逵《しゅうき》［徐州下邳、Ⅱ、陳羣伝（専伝のない者は典拠を示す、以下同）］・⑭国淵《こくえん》［青州楽安蓋、Ⅱ、11］・⑮王脩《おうしゅう》［青州北海営陵、Ⅲ、11］・⑯管寧《かんねい》［青州北海朱虚、×（曹丕に出仕）、11］・⑰王模《おうぼ》［青州楽安、Ⅱ、陳羣伝］・⑱劉曄《りゅうよう》［揚州淮南成悳、Ⅱ、14］・⑲孫資《そんし》［并州太原、Ⅱ、劉放伝］、⑳司馬朗《しばろう》［司隷河内温、Ⅲ（官渡の戦いから袁氏打倒までに出仕）、15］・㉑辛毗《しんぴ》［豫州潁川陽翟、Ⅲ、25］・㉒陳矯《ちんきょう》［徐州広陵東陽、Ⅲ、22］・㉓徐宣《じょせん》［徐州広陵海西、Ⅲ、22］・㉔邴原《へいげん》［青州北海朱虚、Ⅲ、11］・㉕劉放《りゅうほう》［幽州涿郡、Ⅲ、14］・㉖田疇《でんちゅう》［幽州右北平無終、Ⅲ、11］・㉗韓珩《かんこう》［幽州代郡、Ⅲ、袁紹伝］・㉘孫権《そんけん》［揚州呉郡富春、×（呉を建国）、46］・㉙孫翊《そんよく》［揚州呉郡富春、×（孫権の

弟）、51〕・㉚虞翻《ぐほん》〔揚州会稽余姚、×（孫策に出仕）、57〕・㉛崔琰《さいえん》〔冀州清河東武城、Ⅲ、12〕・㉜邢顒《けいぎょう》〔冀州河間鄚、Ⅲ、12〕・㉝楊訓《ようくん》〔冀州鉅鹿、Ⅲ、崔琰伝〕・㉞牽招《けんしょう》〔冀州安平観津、Ⅲ、26〕・㉟胡昭《こしょう》〔豫州潁川、×（出仕せず）、管寧伝〕の三一名である。

　曹操が多くの登用方法の中で、故吏として隷属関係が生まれる辟召を多用したことは明白である。しかも、登用した者に地域的な偏りがなく、全国から広く人材を辟召していることも分かる。ただ、建安九（二〇四）年、袁紹の三男の袁尚《えんしょう》を鄴《ぎょう》より追い、曹操が冀州牧《きしゅうぼく》を兼ねるまでは（④〜㉚）、袁紹の拠点であった冀州の出身者を辟召できていない。袁紹の勢力下には、手を出せなかったということであろう。冀州を支配すると、すぐに㉛崔琰《さいえん》を辟召して、冀州の統治方法を相談している。

　それでも、曹操は、冀州出身者を除き、ほぼ中国全域から『三国志』に専伝を立てられるような活躍をした者たちを次々と辟召した。

献帝擁立の意義と人事の淵源

　そうした中でも、注目すべきは、㉘孫権《そんけん》・㉙孫翊《そんよく》を辟召していることである。辟召の時期は、袁紹が未だ強力であったころである。その間の事情を『三国志』は、次のように伝えている。

　このとき袁紹の勢力が盛んであり、しかも孫策《そんさく》が江東《こうとう》を統合したので、曹操は存分に力を発揮することができず、しばらく孫策を手なずけようとした。そこで、**弟の娘を孫策の末弟の孫匡《そんきょう》に嫁がせ、また子の曹章《そうしょう》のために孫賁《そんふん》の娘を娶り**、それぞれ礼を備えて孫策の弟である**孫権と孫翊を司空府に辟召**し、また揚州刺史《ようしゅうしし》の厳象《げんしょう》に命じて孫権を州の茂才《もさい》に察挙させた。

『三国志』巻四十六　孫討逆伝

曹操は、官渡の戦いの前年にあたる建安四（一九九）年ごろ、江東の孫策を手なずけるため、弟の娘を孫匡《そんきょう》に嫁がせ、子の曹章《そうしょう》に孫賁《そんふん》の娘を娶るという二重の婚姻関係を結んだうえで、さらに弟の㉘孫権・㉙孫翊を辟召したのである。もちろん二人は辞退したが、国家の制度として行われる官僚登用は、当該人物の応答や諾否《だくひ》に無関係に、実際的な効力を発揮できる（→P92）。すなわち、孫権と孫翊は、曹操に隷属性を持つ故吏として組み込まれたのである。

これが、献帝を擁立することで人事権の淵源を押さえた効果である。心配していた袁紹との戦いの最中に孫策に背後から襲われることは、孫策が暗殺されることにより回避し得た。さらに、このときに結んだ婚姻関係を利用して、曹操は赤壁の戦いの際には、孫賁と孫権とを対立させようとしていく。

そして、曹操は、赤壁の戦いの直前にあたる建安十三（二〇八）年六月に丞相《じょうしょう》になると、司空府と同様、丞相府にも多くの人々を辟召した。具体的には、㊱王必《おうひつ》〔兗州?、Ⅱ、武帝紀〕・

㊲王烈《おうれつ》［青州平原、Ⅲ、邴原伝］・㊳張臶《ちょうそん》［冀州鉅鹿、×（出仕せず）、管寧伝］・㊴鮑勛《ほうくん》［兗州泰山平陽、Ⅳ（荊州侵入から薨去までに出仕）、12］・㊵王粲《おうさん》［兗州山陽高平、Ⅳ、20］・㊶応瑒《おうちょう》［豫州汝南、Ⅲ、王粲伝］・㊷劉楨《りゅうてい》［兗州東平、Ⅲ、王粲伝］・㊸劉廙《りゅうよく》［荊州南陽安衆、Ⅲ、20］・㊹桓階《かんかい》［荊州長沙臨湘、Ⅳ、22］・㊺和洽《かこう》［豫州汝南西平、Ⅳ、23］・㊻韓曁《かんき》［荊州南陽堵陽、Ⅳ、24］・㊼高柔《こうじゅう》［兗州陳留圉、Ⅲ、24］・㊽楊阜《ようふ》［涼州天水冀、Ⅳ、25］・㊾胡質《こしつ》［揚州楚国寿春、Ⅱ、27］・㊿王淩《おうりょう》［幷州太原祁、Ⅲ、28］・(51)趙戩《ちょうせん》［司隷京兆長陵、Ⅳ、先主伝］・(52)馬超《ばちょう》［司隷扶風茂陵、×（劉備に出仕）、36］・(53)劉巴《りゅうは》［荊州零陵烝陽、×（劉備に出仕）、39］の一八名を辟召している。

ここには赤壁の戦いの前に、新たに支配下に置いた荊州《けいしゅう》の劉表《りゅうひょう》のもとにいた名士が多く含まれる。また、(52)馬超と(53)劉巴は、最終的には劉備に仕えたが、劉巴は劉表政権の崩壊後、多くの人士を曹操政権に加入するよう画策し、その過去から劉備に嫌われている。それは、劉巴の経済的な才能を高く評価する諸葛亮が強く推挙しなければ、劉備政権で活躍することは望めないほどであった。辟召という登用方法の有用性を端的に物語る事象であろう。

漢魏禅譲を実現させたもの

このように、曹操の司空府・丞相府という二つの覇府《はふ》に辟召された者たちは、曹操が漢魏禅《かんぎぜん》譲《じょう》のために、漢帝国の中に曹操の魏公国《ぎこうこく》、そして魏王国《ぎおうこく》を建設していく際に、中心的な役割を果たした。曹操の魏公就任に抵抗した荀彧を殺害した後、建安十八（二一三）年五月に成立した魏公国は、十一月に初めて尚書《しょうしょ》・侍中《じちゅう》を置いた。具体的には、尚書令が荀攸、尚書僕射が⑪涼茂《りょうぼ》、尚書が①毛玠《もうかい》・㉛崔琰《さいえん》・常林・⑫徐奕《じょえき》・⑧何夔《かき》、侍中が㊵王粲《おうさん》・杜襲・⑤衛覬《えいき》・㊺和洽《かこう》であった。以上の一一名中、故吏が八名を占める。ちなみに、①毛玠《もうかい》・㉛崔琰《さいえん》・常林・⑫徐奕《じょえき》・⑧何夔《かき》は、かつて曹操の丞相府で丞相東曹掾属《じょうしょうとうそうえんぞく》として、人事を担当していた名士である。

また、荀攸は、献帝に徴召《ちょうしょう》（↓P92）するよう曹操が推薦し、汝南《じょなん》太守から尚書に迎えた者である（『三国志』荀攸伝）。すでに汝南太守であった荀攸を辟召するわけにはいかず、天子の徴召を用いたのであるが、事実上、曹操が辟召したに等しい。

荀攸は、そののち軍師《ぐんし》〔官職名〕として曹操の参謀本部の頂点に君臨していた。それが、尚書令として魏公国の行政を管掌したのである。さらに、常林と杜襲は、それぞれの伝には辟召と明記されないものの、前者は丞相東曹掾、後者は丞相軍祭酒《じょうしょうぐんさいしゅ》に就官している（『三国志』常林伝・杜襲伝）。これらの丞相府の属官は、丞相曹操に辟召されたものが就く官職であった。二人もまた、事実上の辟召と考えてよい。

すなわち、魏公国の中枢となった一一名は、曹操により「辟召」され、曹操の覇府である司空府・丞相府を構成していた者たちなのである。曹操は自らの腹心を辟召で集めたと言ってよい。

建安二十一（二一六）年、曹操は魏王《ぎおう》に昇格する。これによって、漢帝国の中に魏王国がある二重権力状態となり、国政の場は漢帝国の朝廷から魏王国の朝廷へと移行していく。建安二十五（二二〇）年一月、曹操の薨去に伴い、嫡長子の曹丕《そうひ》が魏王を襲封《しゅうほう》すると、延康《えんこう》へと改元された二月に、魏王国内に太尉《たいい》・相国《しょうこく》・御史大夫《ぎょしたいふ》の三公が置かれた。太尉は賈詡《かく》、相国は華歆《かきん》、御史大夫は王朗《おうろう》が任命された。

そして、延康元（二二〇）年十一月、献帝は曹丕に禅譲し、魏帝国が成立する。改元して黄《こう》初《しょ》元（二二〇）年十一月のことである。漢・魏二重帝国の終了に伴い、魏王国の相国は魏帝国の司徒《しと》に、御史大夫は司空《しくう》とされ、変更の無かった太尉とともに、魏帝国の三公とされた。魏王国の三公であった賈詡・華歆・王朗は、そのまま魏帝国の三公に横滑りをしたのである。行政の断絶を生まない巧みな人事と言えよう。そして、かれら三人は、荀攸と同様、曹操から事実上「辟召」された者であった。

三人は、建安三（一九八）年から建安五（二〇〇）年にかけて、献帝を擁立して司空となっていた曹操に推薦されて、献帝の徴召《ちょうしょう》を受けている。すでに三人とも将軍や太守を歴任しており、荀攸と同じように、曹操が直接辟召するには格上に過ぎたのである。

しかし、実態は曹操の辟召と同意義であったことは、徴召後、三人が共に参司空軍事《さんしくうぐんじ》となったことに明らかである。石井仁によれば、「参軍事」とは、私設の参謀官職のことで、著名かつ有能な士大夫を陣営に参加させ、かれらの持つ名望を吸収するためのものである。三人もまた、司空府以来、曹操の事実上の「辟召」を受け、密接な関係を持ち続けた覇府の構成員なのであった。

このように、曹操は、被辟召者が故吏としての従属性を持つ辟召《へきしょう》という官僚登用制度を多用し、辟召を用いられない高位の者には、献帝の徴召《ちょうしょう》をも合わせて巧みに利用した。そして覇府を司空府から丞相府に、その構成員を魏公国・魏王国に横滑りさせることで、漢魏革命の準備を行った。

こうした曹操の人事の淵源は、献帝という皇帝にあった。袁紹が献帝を迎えなかったように、皇帝の擁立は自らの即位を不利にする。さらに、周囲から標的にもされる。そうした危険を犯してまで、曹操が献帝を擁立した理由は、人事権の淵源を掌握するためなのであった。

3. 時代を先取る

儒教第一主義の否定と律（刑法）の整備

行政と軍事の模範を橋玄《きょうげん》に仰ぎ、人事権の掌握を献帝《けんてい》の擁立で果たした曹操であるが、それだけでは、時代を変革するための改革を成し遂げられなかった。行き詰まった後漢「儒教国家」を変革して新たな時代を創造するためには、後漢を支える儒教を相対化（儒教の絶対視を否定）しなければならない。

それまで後漢の国政は、官学の今文学《きんぶんがく》と呼ばれる儒教経説により正統化されていた。今文学とは、『春秋公羊伝《しゅんじゅうくようでん》』・『礼記《らいき》』など隷書《れいしょ》と呼ばれる漢代の文字〔今文〕で書かれた経典《けいてん》に依拠する儒教の一派である。これに対して、『春秋左氏伝《さしでん》』・『周礼《しゅらい》』など漢以前の文字〔古文〕で書かれていたとされる経典を尊重する一派が古文学である。実は、古文学の方が成立は新しく、漢の中央集権的支配に適合する新しい解釈を持っていた。しかし、古文学は、かつて前漢を簒奪した王莽《おうもう》に利用された。王莽を打倒して成立した後漢は、そのため今文学を官学に定めていたのである。曹操が後漢の国政を改革するためには、今文学を中心とする儒教に打撃を与える必要があった。

たとえば、『春秋左氏伝』の「寛猛相済《かんもうそうさい》」を典拠とする猛政《もうせい》を展開する曹操は、今文学に基づく寛治《かんち》が廃止を正統化する肉刑《にくけい》を復活したかった。儒教の刑罰は、『尚書《しょうしょ》』に基づく「五《ご》刑《けい》」を基本とする。後漢の儒教経義《けいぎ》を定めた『白虎通《びゃくこつう》』でも、五刑は『尚書』に合わせて大《たい》辟《へき》〔死刑〕・宮《きゅう》〔去勢〕・腓《ひ》〔あしきり〕・劓《ぎ》〔はなそぎ〕・墨《ぼく》〔いれずみ〕と定められていた。しかし、後漢の実際の刑罰では、前漢の「文帝《ぶんてい》の故事」を承けて、肉刑〔腓《ひ》と劓《ぎ》〕を廃止していた。

文帝のとき、医者の淳于意《じゅんうい》という者が、肉刑に処された。娘は、自らを奴隷にする代わりに、再起不能となる父の肉刑を許して欲しいと嘆願した。文帝は、娘の孝《こう》に心を動かされ、肉刑を廃止する。後漢は、これを故事として継承し、肉刑を行わず、その代わりに杖《じょう》〔杖打ち〕と笞《ち》〔鞭打ち〕を刑罰に含めた。ところが、後漢の寛治では、杖も行われず、笞は痛くない鞭を使うなどしたため、死刑との間が開き過ぎた。洛陽北部尉《らくようほくぶい》になった曹操が、宦官の関係者を杖《じょう》で殺す猛政を展開した背景には、中間刑が欠如して歪《いびつ》となった刑罰体系を是正したい、という志があったのである。やがて、隋《ずい》では、死《し》［死刑］・流《る》［流刑］・徒《ず》［強制労働］・杖・笞が五刑と定められて、刑罰は体系化される。

「戦国の七雄」の韓《かん》の故地潁川郡《えいせんぐん》は、韓非子《かんぴし》の影響も残り、法の研究が盛んであった。そうしたなか、陳羣の父である陳紀《ちんき》は、肉刑の復活を主張していた。そこで曹操は、同じく潁川郡出身の荀彧《じゅんいく》に、百官の議論をまとめさせ、刑罰体系の中に肉刑を組み込もうとした。

しかし、後漢の朝廷では、孔融《こうゆう》の肉刑反対論を支持する者が多く、議論は沙汰止みとなった。それでも、曹操は、魏王国の御史中丞《ぎょしちゅうじょう》である陳羣《ちんぐん》に、父の議論に基づき肉刑の長所を主張させた。同じく潁川郡出身の相国《しょうこく》の鍾繇《しょうよう》はこれに賛同したが、郎中令《ろうちゅうれい》の王脩《おうしゅう》の反対論を支持する者が多く、議論は打ち切られた。曹操は、孔融を処刑し、王脩を左遷する。

孔融は、儒教の祖である孔子《こうし》の二十世孫にあたる。しかも、党人を代表する李膺《りよう》の評価を受けた後漢末を代表する名士でもある。孔融に反対されれば、たとえ荀彧が守尚書令《しゅしょうしょれい》として後漢の内政を主管していたとしても、肉刑復活の議論を押し通すことは難しかったのである。

曹操は、建安十三（二〇八）年、七月に荊州《けいしゅう》の劉表《りゅうひょう》討伐を開始する一方で、八月に孔融を棄市《きし》［死刑に処して市場に晒《さら》すこと］した。曹操と孔融の争点は、肉刑への反対だけでなく、袁《えん》熙《き》の妻の甄氏《けんし》を曹丕《そうひ》が娶ったことへの皮肉、烏桓《うがん》討伐への嘲笑、禁酒令《きんしゅれい》への侮蔑など多岐にわたっていた。
しかし、孔融の処刑を求めた弾劾文では、孔融の漢への不忠と親への不孝が強調された。

少府《しょうふ》の孔融は、むかし北海相《ほっかいしょう》であったとき、……「わたしは大聖（である孔子）の後裔であるが、宋に滅ぼされた。**天下を有する者は、どうして必ずしも卯金刀《ぼうきんとう》**〔劉〕**だけであろうか**〔劉氏の漢が滅ぼされることもある〕」と申しました。……またむかし禰衡《でいこう》と好き勝手な発言をして、「**父は子に対して、**何の親愛があろう。その本を論ずれば、実際は**情欲の発したもの**に過ぎない。**子にとって母とは、**何であろうか。たとえるならば**物を瓶の中に入れておくようなこと**であり、出てしまえば離れるものである」と申しました。……（これらの不忠・不孝な言動は）大逆《たいぎゃく》不道《ふどう》として、極刑に処すべきでございます。

『後漢書』列伝六十　孔融伝

孔融が言ったという漢への不忠と親への不孝は、こののち曹操が推進する漢魏革命の準備と孝廉への批判に近い。まさに曹操自身の行動の先取りとも言える。それでも曹操は、それを理由に孔融を処刑した。こうすることで、儒教で重視する忠と孝に対する人々の反応を確かめることができるからである。
さらに、儒教の宗家たる孔子の直系子孫が、忠と孝を大事にしていなかったと印象づけることをも目指した。こうした狙いを込めながら、曹操は孔融を処刑し、自らの政策に反発する名士は命を奪われることを見せつけたのである。

孔融の人脈は、史書に明記されるものだけでも二六名との交友関係が記されているほど広かった。曹操は、孔融の人脈が持つ横のつながりと、曹操の政策にも反発する名士独自の価値基準を暴力で粉砕して、君主権力を確立しようとしたのである。この効果は高く、こののち、曹操の旧臣ではない賈詡《かく》が、謀臣として重用される危険性に鑑み、門を閉じて私的な交際をせず、他の名士と婚姻関係を持たずに、曹操からの抑圧を逃れようとしたことは、名士が、人脈を私的に広げることの危険性に自覚したことを端的に表わしている。

陳羣は、荀彧の子である荀詵《じゅんせん》、庾嶷《ゆぎょく》といった潁川名士とともに、曹魏の基本法典となる「新律十八篇《しんりつじゅうはちへん》」を編纂した。新律十八篇は、漢の「九章律《きゅうしょうりつ》」〔漢の刑法〕から五つの律〔刑法〕を継承しながらも、十三の律を新たに付け加え、令〔行政法〕の整備も行った。このため新律十八篇は、中国最初の律令法典となる西晉の「泰始律令《たいしりつりょう》」の基礎となった。泰始律令の二十篇のうち十三篇が新律十八篇より継承されるという大きな影響を与えたのである。

曹操が始めた肉刑の復活による法体系の立て直しは、潁川グループ〔荀彧から陳羣に継承された潁川郡出身の名士集団〕により、新律十八篇の編纂として結実し、隋唐の律令体制の淵源となっていくのである。こうして曹操は、法刑を重視することで、儒教の尊重する孝廉の価値基準を相対化していった。

漢の土地・税制を根本から変える

さらに曹操は、権力の基盤である農民支配を確立するため、許の周辺で屯田制《とんでんせい》を開始する。それ以前の屯田制は、兵糧を確保するため、駐屯地で軍隊が戦闘時以外に耕作を行う軍屯《ぐんとん》であった。軍屯は、中国の各時代のみならず世界各地で行われている。これに対して、曹操は、軍屯だけではなく、一般の農民に土地を与える民屯《みんとん》を行った。これが、隋唐《ずいとう》の均田制《きんでんせい》の直接的な源流となる新しい制度であり、曹操の死後も財政を支え続ける。

豪族の大土地所有により土地を失った農民が流民化し、社会が不安定になったため、土地の所有を等しくしようとする政策は、これまでも何回か試みられてきた。しかし、それらはすべて失敗している。周の井田制《せいでんせい》（↓P322）をモデルとする、前漢の哀帝《あいてい》の限田制、新の王莽《おうもう》の王田制などがそれである。いずれも、『孟子』などに掲げられる井田制の儒教理念に基づき、豪族の大土地所有を制限し、その土地を貧民に分配しようとするものであった。しかし、支配領域の有力者を殺して財産を分配すれば、統治が流動化するおそれがあり、そもそも殺せる保証もない。そこで、曹操は儒教の理想とする「井田」から離れ、すべての民の土地を等しくしようとすることを止めた。

曹操は、豪族や名士の持つ大土地には手をつけず、戦乱で荒廃し放棄された土地を整備して流民を呼び寄せ、種籾《たねもみ》を与え、耕牛《こうぎゅう》を貸して、かれら自身に稼がせ、その収穫から税を徴収

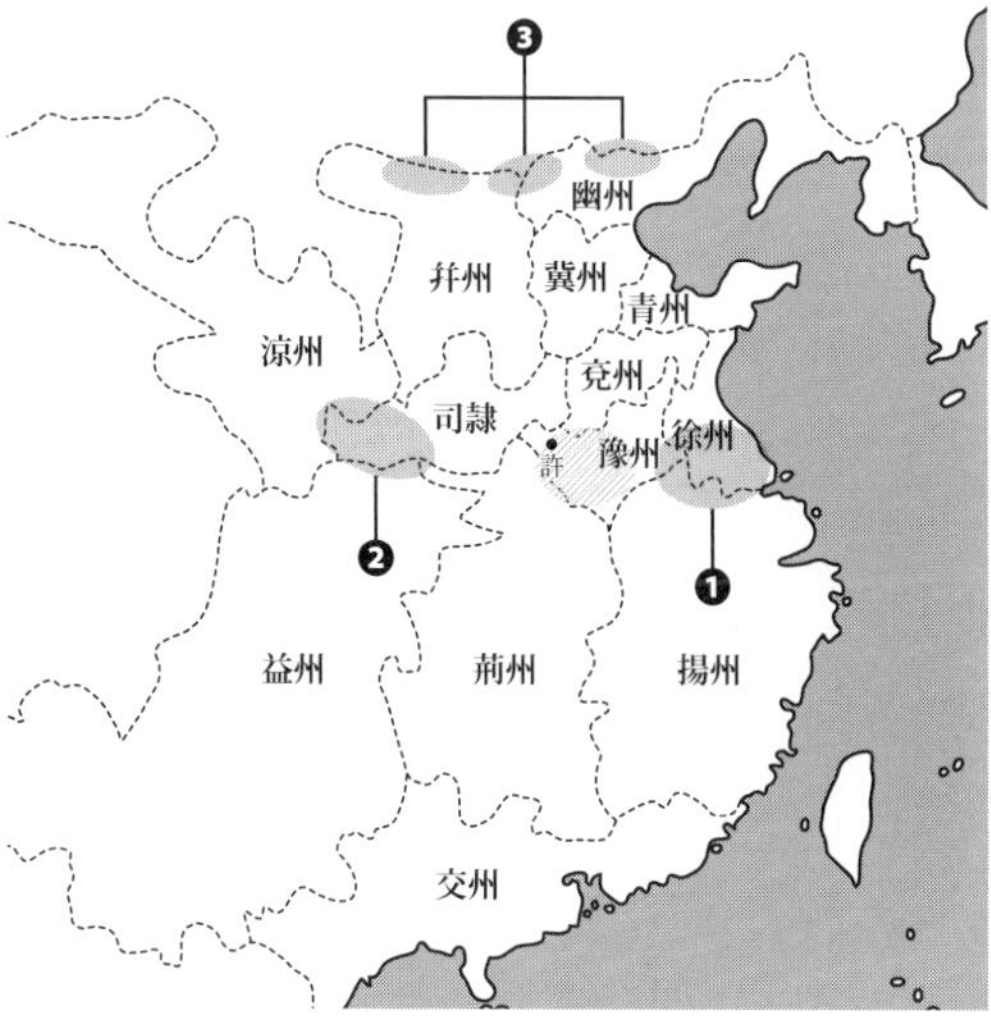

曹魏の主な屯田。①〜③は軍屯、斜線は民屯

した。

社会が不安定である理由は、大土地所有者がいるためではない。流民が生活できないからである。かれらが安定した資産を持てば、儒教の説く「井田」の理想や、近代の共産主義のような平等は必要ない――。ここに儒教に囚われない曹操の時代を創造する新しさがある。

曹操は、あわせて税制も改革する。

それまで漢では、人を単位として税金を等しく徴集していた。そしてそれは田租《でんそ》［土地税、収穫量の三〜一〇％］と算賦《さんぷ》［人頭税、一人あたり銅銭一二〇銭］の二つを中心としていた。このほか兵役・雑役も課されたが、税の中心はあくまで算賦であった。ところがこの当時、貨幣経済は農村には浸透しておらず、納税のため穀物から貨幣へと交換する際に大きな負担が生じていた。しかも、もともと五銖銭が不足していたところに、後漢末に董卓が鋳造した粗悪な五銖銭が流通したために、貨幣が退蔵されて急激なインフレーションが起こっていたのである。

そこで曹操は、田租を一定量に固定するとともに、戸調《こちょう》と呼ばれる戸ごとに布を徴収する人頭税を導入して、算賦を廃止した。個ではなく、戸ごとに徴税したのにも意味がある。詳細な家族構成まで把握できなくても、実際に目に見える戸（家）ごとへの課税であれば、戸籍がある程度不備であっても、徴税は可能となる。こうして、人口の流動化に伴う戸籍の崩壊、貨幣の退蔵に伴うインフレ・景気後退に対応した税制を整備して

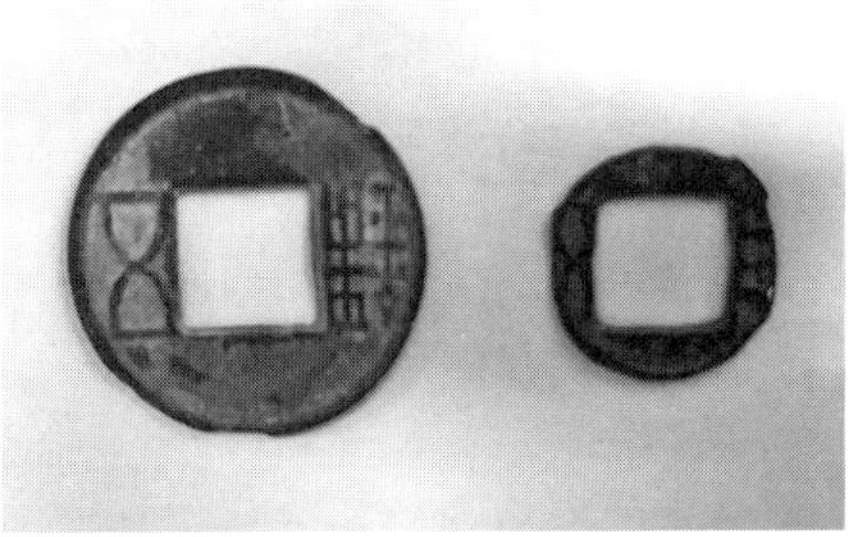

右が董卓の五銖銭（悪貨）

いったのである。

ただし、これは漢の土地・税制の抜本的な改革であり、儒教を修めて漢を正統視する名士には、許し難いことであった。たとえば、蜀漢の諸葛亮は、同様の問題に対して、劉巴の意見を採用して、蜀に産出される鉄で鉄銭《てつせん》を鋳造し、インフレーションを鎮《しず》めて算賦を維持した。蜀漢の鉄銭は、同盟国である孫呉にも輸出されていく。こうした漢の制度を保全する策が可能である以上、曹操の革新政治は、漢そのもの、そして漢を支える儒教を打破しなければ潰《つい》えてし

まう。曹操は官僚登用制度の人事基準を儒教から離すことで、儒教を変容させることを試みる。その手始めが、反儒教としての、「唯才主義」の主張である。

唯才主義

曹操が袁紹を破った天下分け目の官渡《かんと》の戦いで、名士ネットワークに基づく情報の分析により最も功績を挙げた者は、荀彧であった。ところが赤壁《せきへき》の戦いの後、曹操の魏公《ぎこう》就任に反対した荀彧は殺害される。それは、赤壁の戦いの後、曹操が中国統一よりも、国内の変革を進め、その障害となる漢を滅ぼそうとしたためである。

一方、荀彧の志は、儒教経義を統一し、礼により教化を行い、王道を実現することにあった。それでも猛政にはなお、荀彧と曹操の結節点があった。しかし曹操が、儒教により守られている「聖漢《せいかん》」を打倒するために、「猛政」を推進するばかりか、人事基準として唯才主義《ゆいさいしゅぎ》を掲げていくことで、両者の対立は深まっていく。

曹操は、管仲《かんちゅう》のように貪欲な者であっても、また陳平《ちんぺい》のように嫂《あによめ》と密通し賄賂を受けるような最低な者であっても、「唯才」だけを基準に察挙を行うと天下に宣言した。これは「孝廉《こうれん》」であること、すなわち人間の徳性〔人として優れていること〕が、官僚としての才能〔能力のあること〕を保証する、という儒教理念に基づいて行われてきた、孝廉科を常挙とする後漢の郷挙里選《きょうきょりせん》の否定である。

こうした唯才主義は、建安四（一九九）年、曹操が魏种《ぎちゅう》を許した際の「唯だ其の才なり」という発言に、すでに見ることができる。

しかし、これを天下に宣布した時期はかなり遅く、明確な形での唯才主義は、①建安十五（二一〇）年・②建安十九（二一四）年・③建安二十二（二一七）年に布告されている。

①の二年前である建安十三（二〇八）年には、最初の名士弾圧として孔融《こうゆう》が殺されている。内政の整備を重視し始めた曹操が、反抗的な孔融を殺害すると共に、自己の人事基準を明確化するために発布したものが①であると理解できよう。程昱《ていいく》はこの年、引退を表明して率いていた兵を返している。

②の二年前である建安十七（二一二）年には、名士層の中心である荀彧を殺害し、十八（二一三）年には魏公《ぎこう》に就任して九州《きゅうしゅう》を設置している。魏公就任の翌年に宣布した②は、曹操の人事基準の遵守を名士に強要したものである。

そして、③の前年である建安二十一（二一六）年には、曹操は魏王に就任したのち、名士の崔琰《さいえん》を殺し、それに不満を持った毛玠《もうかい》を罷免している。二人とも人事担当者である。したがって、③は名士の自律的秩序に基づく人事に対する曹操の勝利宣言と受け取り得る。

さらに曹操は、③の翌建安二十三（二一八）年の吉本《きつほん》の乱、二十四（二一九）年の魏諷《ぎふう》の乱と、立て続けに起こった漢を擁護する反乱を鎮圧し、魏諷の乱への連坐を言い立てて、荀彧の盟友であった名士鍾繇《しょうよう》を免官している。

このように曹操は、名士とのせめぎあいに勝利を収めるたびに、人事基準として唯才主義を発布し、反儒教を明確に宣言した。それにより、名士の人事基準に対して警告を発したのである。曹魏の君主により度々発せられた「阿党比周《あとうひしゅう》〔臣下が徒党を組むこと〕」への批判や校事官《こうじかん》〔スパイ〕の寵遇、あるいは科法《かほう》〔法律・規則〕の尊重なども、同様の文脈で理解できよう。

こうして曹操は、漢を支える儒教とは異なる人事基準として唯才主義を掲げたのである。そして、曹操は魏公《ぎこう》就任から後漢の簒奪《さんだつ》を本格化させる。

しかし、これだけでは不十分であった。曹操は、さらなる人事基準を打ち出していく。

4. 人事基準の変更

人事は戦争と同じ

荀彧は、はじめ曹操の権力確立に奔走したが、曹操が漢を滅ぼす方向性を見せると、儒教的価値基準を掲げて、曹操の魏公就任に反対した。曹操が、君主権の確立や人事基準の唯才主義による統一、政治理念における法術主義を実現するためには、荀彧が押し立てる名士層の文化的価値の中心にある儒教を粉砕する必要があった。

だが、荀彧の殺害は、その人脈の広さと強さ故に危険が多かった。潁川出身者を中心とする荀彧自身の交友関係に加え、従子《おい》の荀攸《じゅんゆう》が曹操の軍師となり、三兄の荀衍《じゅんえん》が監軍校尉《かんぐんこうい》・守《しゅ》鄴《ぎょう》・都督河北事《ととくかほくじ》［鄴を中心とした河北の都督］であったという軍事力への関与、さらには、長子の荀惲《じゅんうん》が曹操の娘［のちの安陽公主《あんようこうしゅ》］を娶っているほか、陳氏・鍾《しょう》氏・司馬氏との婚姻関係により、荀彧が支えられていたからである。

このため曹操は、建安《けんあん》十七（二一二）年、孫権討伐の途上、出征先の陣中で荀彧を自殺させるという周到ぶりを示した。荀彧は、漢の守尚書令《しゅしょうしょれい》であり、曹操直属の臣下ではない。曹操は、出征先の軍中に荀彧を呼び、生殺与奪の権を握ってから、荀彧を自殺に追い込んだ。人事のために、戦争を起こした曹操の覚悟は注目に値する。人事は、戦争と同じ、命懸けの攻防なのであった。軍事力という君主権力の切り札により荀彧を殺害した曹操は、名士層のとりあえずの服従を得た。ただし、劉備・孫権という敵対勢力と対峙する曹操は、国力の低下を招く名士への武力弾圧を繰り返すことはできない。ここに、人事基準を変更する必要性が生まれる。

親不孝でも有能な者を尊重するという曹操の唯才主義は、親孝行で有能な者を親不孝で有能な者より貶めることが、論理的に不可能である。すなわち、唯才主義という価値基準だけでは、儒教に存立基盤を置く名士の名声主義には対抗し得なかったのである。端的に言えば、才能があるという名声に基づき人材を登用すれば、それは名声主義による挙用となり、唯才主義は、名士の価値基準に包含されてしまうのである。

だからこそ曹操は、名声を得るための価値基準そのものを変更する必要があった。名士の価値基準の中心は、儒教に置かれている。それに対抗するためには、「才能」という範疇の広い概念ではなく、限定的な、しかも曹操が主観的に判断できる文化的価値でなければならない。曹操は、文学・兵法・儒教・音楽に優れた才能を持つほか、草書《そうしょ》・囲碁《いご》が得意で養生の法を好み薬や処方にも詳しかった。曹操は、これらの能力の中から、名士層へ対抗し得る文化的価値として、「文学」を選択した。

文学と人事

曹操の巧みさは、一から新しい文化を創造するのではなく、名士の価値の根底に置かれる儒教を踏まえながら、文学を宣揚したところにある。具体的には、儒教経典の『詩経《しきょう》』を踏まえた楽府《がふ》〔音楽に合わせて歌う詩〕を曹操は制作したのである。その結果、名士は文学を無視できなかった。

また、文学の価値基準は、主観的である。価値を宣揚した曹操の基準により優劣を判断できる。しかも、道教や仏教のように、君主とは別に、教主や道観《どうかん》・寺院が権威を持つこともない。このの ち、五斗米道《ごとべいどう》〔道教の起源〕は、曹操を「真人《しんじん》」〔儒教の聖人〕と位置づけ、国家に接近する。曹操はこれを保護したが、文学のようには宣揚しなかった。文学という価値の特性を熟知した利用法と言えよう。

さらに、曹操は、文学の宣揚のため、人事基準を文学に変えようとした。文学者の丁儀《ていぎ》を丞相西曹掾《じょうしょうせいそうえん》［人事担当官］に就け、文学を基準とした人事を始めたのである。後漢の郷挙里選《きょうきょりせん》は、孝廉《こうれん》などの儒教的な価値基準により官僚を選出していた。このため、知識人はみな儒教を学んだ。この基準を文学に変えることにより、その価値を儒教を超えるものにしようとしたのである。

文学を人事の基準とすることは、唐《とう》代の科挙《かきょ》の進士科《しんしか》に継承される。李白《りはく》や杜甫《とほ》が詩を詠んだのは、官僚登用試験である科挙の受験勉強という側面も持っていた。これまで『詩経』の儒教的解釈だけを学んできた名士は、詩の実作を新たな人事基準とする曹操の政策に面食《めんく》らい、司馬懿《しばい》までもが慌《あわ》てて作詩を学んだ。司馬懿の詩は、お世辞にも優れているとは言えず、その当惑ぶりを今日に伝える。

こうして名士は、儒教一尊の価値基準を相対化され、儒教は漢を「聖漢《せいかん》」とする経義を離れ、漢魏《かんぎ》革命を容認する。曹操の文学宣揚は、曹丕の曹魏建国を妨げる旧来の儒教を排除していったのである。

曹丕の『典論』

曹操は、多くの子に恵まれたが、卞《べん》夫人から生まれた長子の曹丕《そうひ》と三男の曹植《そうち》は、ともに秀でた才能を持っていた。とりわけ曹植は、父にも勝る抜群の文学的センスの持ち主で、曹操から寵愛された。曹操が名士に対抗するための文化として文学を尊重するほど、後継者争いでは曹植が有利となる。

これに対し、名士の価値基準である儒教では、後継者は嫡長子《ちゃくちょうし》でなければならない。曹植を兄の娘婿とするにも拘《かかわ》らず、崔琰《さいえん》は、嫡長子相続を正当とする『春秋公羊伝《くようでん》』隠公《いんこう》元年の「春秋の義」に基づき、曹丕の立太子を主張した。荀彧亡《な》き後、名士の中心であった陳羣《ちんぐん》も、曹丕後継を積極的に支援する。儒教は、曹丕を正統としていた。

ただし、曹丕は、『典論《てんろん》』論文篇《ろんぶんへん》において、「文章（文学）は経国《けいこく》の大業」であると述べている。これは、国家の経営にとって、文学こそ重要であるとも読み取り得る。

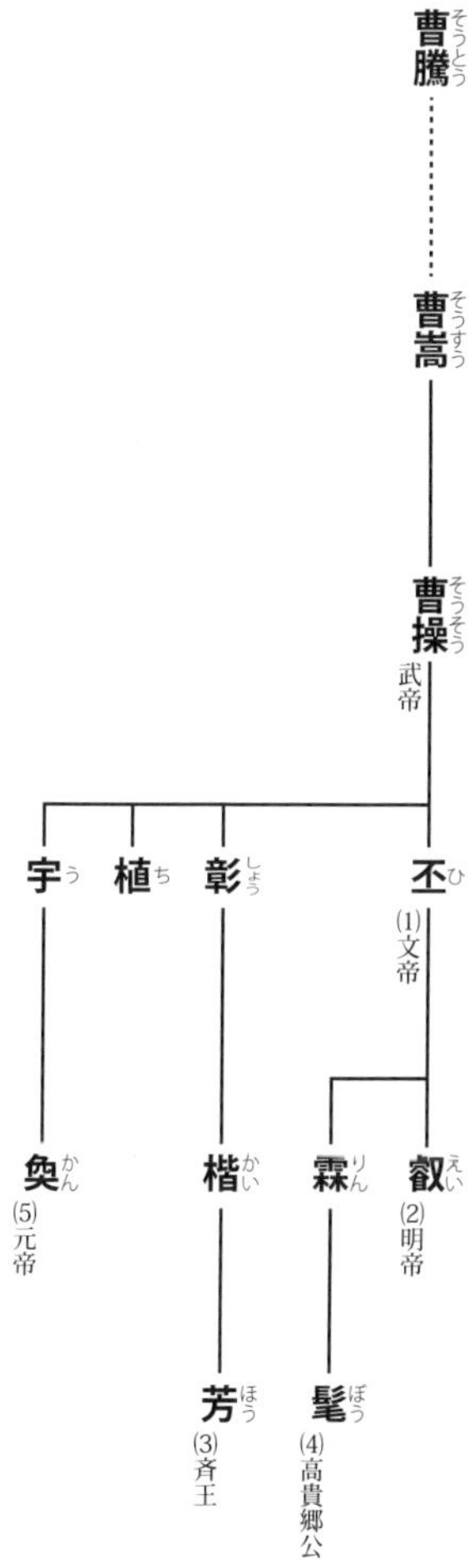

曹氏系図

論文（文を論ず）

文章は**経国の大業**〔国を治める上で重大な仕事〕であり、**不朽《ふきゅう》の盛事《せいじ》**〔永遠に朽ちない営み〕である。寿命は尽き、栄華もその身限りであるが、文章は永遠の生命を持つ。周の文王《ぶんおう》は易《えき》の原理を推《お》し広め、周公旦《しゅうこうたん》は礼《れい》を制定した。むかしの人は時間の過ぎ去ることを心配した。しかし、（今の）人々は努力をせず、目先のことに追われ、千年のちにまで伝わる仕事を忘れてしまう。いま孔融《こうゆう》たちはすでに亡《な》く、徐幹《じょかん》だけが（『中論《ちゅうろん》』を著して）**一家の言**を立てている。

『文選』巻五十二　論二

この文章は、中国近代文学の祖である魯迅《ろじん》により、文学の儒教からの独立宣言である、と位置づけられ、近代的な文学観から見れば「文学の自覚時代」はここから始まる、と高く評価された。『典論』論文篇は、この文章以外に、「建安の七子」や張衡《ちょうこう》・蔡邕《さいよう》などの辞賦《じふ》・書簡文の長所と短所を述べる部分を持つ。中国における文学評論の始まりと言われる理由はそこにある。

しかし、そうした過大評価は慎むべきで、『典論』論文篇は、中国文学の独立宣言とは言えない。その文章不朽論も、近代的な意味での「文学」ではなく、「一家の言」〔その著作の独自の立場〕の不朽を言うものに過ぎない。しかも、その典拠は、儒教経典の『春秋左氏伝《しゅんじゅうさしでん》』に置かれている。

> 最上は①**立徳**［徳を立てること］である。その次は②**立功**［功を立てること］である。その次は③**立言**［言を立てること］である。（言は）久しく廃《すた》れることはない。これを**不朽**という。ただ名を受け継ぎ先祖を祀《まつ》るだけでは、ありふれたことで不朽とはいえない。
>
> 『春秋左氏伝』襄公《じょうこう》伝二十四年

『典論』論文篇の根底には、『春秋左氏伝』の「立言不朽《りつげんふきゅう》」説が置かれている。だからこそ、これを儒教からの文学の独立宣言、などと言うことは難しい。あくまでも儒教理念に基づく①立徳が最上位におかれ、国のために功績をあげる②立功の下に、③立言の不朽は位置づけられている。

弟の曹植《そうち》は、「楊徳祖《ようとくそ》［楊脩］に与えるの書」のなかで、兄の『典論』論文篇を承けながら、さらに明確に①立徳→②立功→③立言という『春秋左氏伝』の優先順位を踏まえて、「一家の言」を立てることを目標に掲げている。「辞賦《じふ》」は「小道《しょうどう》［取るに足りない道］」であると述べて、文学が儒教の徳行や政治の功績に優先することを否定しているのである。

さらに、曹丕の『典論』論文篇は、こうした儒教の立言不朽説を根底に置いたうえで、周の文王と周公旦という君主の「文章」、しかも儒教経典である易と礼を「不朽」としている。すなわち、曹丕の文章不朽論は、あくまで君主の「一家の言」の不朽に限定されたものであり、賦《ふ》・詩《し》などの近代的な意味での「文学」の不朽を主張したものではない。となれば、曹丕が、徐幹《じょかん》もまた「一家の言」を立てたとすることは、徐幹の『中論』を文王の易・周公旦の礼と同格に位置づけたことになる。それは徐幹の『中論』が、曹操の政策を正統化・理論化していたためである。

曹丕の『典論』もまた、「一家の言」として自らの政治姿勢を著したものであった。『典論』は、第一に嫡長子である自らの即位を正統化し、第二に政策の典範・淵源をまとめ、第三に、文化的諸価値を収斂することを目的に著された。曹操が建安文学を宣揚するなかで、自ら作詩した楽府《がふ》により表現した政治的な志を「論」として表現したものと言えよう。

さらに、『典論』は、文化的諸価値の収斂も目的としていた。その一つとして、曹丕は、父が宣揚し、自らも愛好した文学という新しい文化に対する価値基準を『典論』論文篇に示したのである。王太子の時に著した『典論』を典範とし、皇帝に即位した後、それに基づき政策を実行していく。曹丕の『典論』は、嫡長子相続の正統性を主張するとともに、政策の典範・淵源を「一家の言」として集大成する目的も持っていた。

「経国の大業、不朽の盛事」と称賛された「文章」とは、父曹操と曹丕の政治を正統化・理論化した「一家の言」である『中論』と『典論』のことであった。それを「不朽」に残すため、明帝（曹叡・魏の二代皇帝）は『典論』を石に刻んだ。

このように、君主権力にすべての文化を収斂し、文化の専有によって文化を存立基盤とする名士に対抗しようとする曹丕の営みは、梁《りょう》の武帝《ぶてい》・唐の太宗《たいそう》などの対貴族政策の先駆となる。父曹操の文学の宣揚と曹植の寵愛という意図に対して、曹植の後継を許さなかった曹丕の文才は、高く評価すべきであろう。

5. 儒教経義の根底にある「孝」との格闘

墓道に住む……曹操が嫌った「偽善」

曹操の文学宣揚は、曹丕にも継承され、文学は文化として承認された。とはいえ、曹丕はあくまで儒教を優先している。曹操が儒教への対抗として文学を掲げたことは、曹丕には継承されなかったと考えてよい。儒教はそれほどまでに強靱であった。それは、儒教の経義の根底に「孝《こう》」という人間の自然な情が置かれているためである。だからこそ、後漢「儒教国家」は、常挙の人事基準を「孝廉」に求めていた。

しかし、それは、後漢末には不自然な「孝」を生み出していた。曹操が激しく反発した偽善の「孝」である。

心を形にすることは、いつの時代も難しい。親への孝も同じである。後漢では、親が亡くなったときに、必要以上に喪に服すために衣食住を制限して病気になり、あるいは巨大な墓に厚《こう》葬《そう》をして孝を形に表そうとした。しかし、それらの中には、次のような偽善もみられた。

（楽安郡の）民に趙宣《ちょうせん》という者がおり、親を葬っても墓道を閉じず、その中に住んで、喪に服すること二十年余りであった。郷邑の者はその孝を称《たた》え、**州郡はしばしばこれを辟召した**。郡内の者が陳蕃に推薦すると、陳蕃は（趙宣と）面会し、質問して妻子のことに及んだ。すると趙宣の五人の子は**みな服喪中に生まれた子**であった。陳蕃は大いに怒って、……その者を獄に下した。

『後漢書』列伝五十六　陳蕃伝

党人の指導者であった陳蕃《ちんばん》は、曹操を評価した許劭《きょしょう》も憚る目利《めき》きであった。このため、郷里で孝を称えられ、郡の孝廉や州の茂才に察挙されていた趙宣《ちょうせん》の偽善を見破って処罰した。注目すべきは、官僚でもない「民」の墓が、二十年も暮らせるほどの墓道を備えていたことにある。盛大な墓をつくり、金銀財宝を納める厚葬は、自らの孝を示す何よりの証《あかし》であった。そこで、財産を傾け壮麗な墓をつくり、長らく喪に服することが官民を問わず流行していた。

曹操は、この悪弊を打破したかった。曹操が若き日の志を語った十二月己亥《きがい》令にも、「墓穴に暮らして（孝心を示す）名を知られるような士ではなかった」という記述があり、曹操もこれを知っていたことが分かる。曹操は、薨去する際、こうした形骸化した孝に、さらには孝を根底におく儒教そのものに反発して、薄葬《はくそう》を命じた。その墓が、約一八〇〇年の時を超えて、二〇〇九年に発掘された。曹操高陵《こうりょう》である。

自らの意志を伝える「曹操高陵」

河南《かなん》省安陽《あんよう》市の西北約一五㎞の安陽県安豊郷西高穴村《あんほうきょうにしこうけつむら》。二〇〇八年、発掘が始まった西高穴二号墓が、曹操高陵である。

発掘当初は、西高穴二号墓を曹操高陵に比定する河南省文物考古研究所の見解に疑義も提示されていた。しかし、調査の進展と共に、曹操高陵であることは確実視されている。

発見の契機は、四世紀の後趙《こうちょう》に仕えた魯潜《ろせん》の墓誌が発掘されたことにある。墓誌には、曹操墓が魯潜墓の東南三〇〇m余の範囲内にあることが記されていた。西高穴二号墓は、それに該当する。また、西高穴村の東七㎞には、高陵の位置の目印となる西門豹《せいもんひょう》の祠の遺跡があり、一四㎞余には魏王曹操の都であった鄴城《ぎょうじょう》遺跡がある。

高陵について、曹操の終令《しゅうれい》［亡くなる前の命令］は、次のように記している。

むかしの埋葬は、必ずやせた土地に行った。西門豹の祠の西の高台を計測して寿陵《じゅりょう》を造成せよ。高さを利用して基礎とするだけで、**土盛りも木を植えることも必要ない**。……

発掘された曹操高陵（西高穴二号墓）

曹操の終令の典拠は、儒教経典の『周易《しゅうえき》』繋《けい》辞《じ》下伝《かでん》である。ただし、『周易』が、土盛りも木も必要ないという記述の後に、後世の聖人がこれを変えて丁寧な埋葬を行った、と続ける部分を曹操は引用しない。

すなわち、儒教の聖人が始めた丁寧な埋葬、それをさらに念入りに行ったものが厚葬であるが、それは採らず、儒教の聖人以前の薄葬にせよ、と命じているのである。

むろん、曹操は魏王《ぎおう》であるため、墓の規模は小さくはない。西高穴二号墓は、横穴式の墓陵で、墓道の長さは三九・五m、最深部は地表から約一五mに及ぶ。墓室は磚《せん》（レンガ）を積んで造られ、前後二室に分かれて、それぞれに側室が二つある。後室は、東西の長さ三・八二m、南北の幅三・八五mで曹操の頭蓋骨は、ここに埋葬されていた。後室内には、若い女性と老齢の女性の二人の頭蓋骨もあり、後者が曹丕・曹植の母である卞《べん》氏と考えられる。このように二室四側室を備える西高穴二号墓は、後漢末・三国時代の王墓に相応しい規模と格式を持つ。しかし、西高穴二号墓からは、王墓に備えられるべき金銀・珠玉は、平服に用いられていたもの以外は出土せず、「金縷玉衣《きんるぎょくい》」〔三〇〇〇枚以上の玉を金で繋ぎ合わせた衣服〕の痕跡もない。曹操は、遺令〔遺言〕でも薄葬を命じている。

魏王（曹操）が洛陽において崩御した。行年六十六歳であった。遺令に、「天下はなお安定せず、（葬儀を）古式に則ることはできない。**埋葬が終われば、みな服喪《ふくも》を止めよ**。将兵で駐屯している者は、屯営を離れてはならない。役人はそれぞれの職分を執り行え。**遺体を棺《ひつぎ》に納めるには平服を用い、金玉や珍宝を入れるな**」とある。諡《おくりな》して武王という。二月丁卯《ていぼう》、高陵に葬った。

『三国志』巻一　武帝紀

曹操は、遺令において、喪服《そうふく》〔喪服《もふく》を着て、哀悼すること〕の期間を短くせよとし、遺体を棺に納めるには平服を用い、金玉や珍宝を入れるなと薄葬を命じている。曹操の故郷である譙《しょう》〔亳州市〕にある曹操宗族墓からは、「銀縷玉衣《ぎんるぎょくい》」が発掘されている。曹操の祖父曹騰《そうとう》・父曹嵩《そうすう》は費亭《ひてい》侯という諸侯であり、銀縷玉衣を着て埋葬される資格があった。それでも、曹操は、こうした葬礼を拒否し、薄葬を命じた。曹操の孝への批判は、死後も続いたのである。

曹丕の終制

曹魏を建国した文帝曹丕は、曹操の遺志を継ぎ、薄葬を曹魏の墓制として次のように定めている。

盛土と植林をする葬制は、上古からのものではなく、吾《わたし》は採用しない。寿陵は（首陽）**山（の自然な地形）にもとづいて本体を作り、封樹をしてはならない。……金銀・銅鉄を納めず、もっぱら瓦器だけを用いよ**。……（遺体の）口に珠玉《しゅぎょく》を含ませず、**珠襦《しゅじゅ》・玉匣《ぎょくこう》を施してはならない**。これらは愚かな俗習である。……もし今の詔に違反して、みだりに（終制を）改変して（盛土・植林、厚葬を）実施すれば、吾は遺体を地下で侮辱され、侮辱に侮辱を重ね、死後に死を重ねることになる。臣や子が（盗掘を招き）君主や父に侮辱や（二度目の）死をもたらすことは、**不忠にして不孝である**。もしも死者に知覚があれば、きみたちに福を授けぬであろう。

『三国志』巻二　文帝紀

曹丕は、終令で、山を盛らず樹を植えず、金銀を納めず、瓦器《がき》だけを用いよと命じている。曹操の終令の継承である。「珠襦《しゅじゅ》・玉匣《ぎょくこう》」すなわち金縷《きんる》玉衣《ぎょくい》を用いないことも明記されている。ただし、曹丕は、終制［埋葬方法を命じた遺言］に背いて厚葬をして、墓を暴かれ死体を晒《さら》されることを不忠・不孝と位置づけている。ここには、曹操の薄葬が持っていた孝への挑戦はない。薄葬は、儒教理念である忠孝のために行われている。ここに曹操との違い、すなわち文帝の限界を見ることができる。

6. 守成の難しさ

文学から儒教への揺り戻し

曹操の死後、曹丕は魏王の位を継承した。そして、後漢に代わって曹魏を建国する漢魏革命を成功させる。その際、荀彧《じゅんいく》の娘婿であった陳羣《ちんぐん》は、九品中正《きゅうひんちゅうせい》制度という官僚登用制度を献策、曹丕はそれを承認した。宮崎市定によれば、九品中正制度は、郡に置かれる中正官《ちゅうせいかん》が官僚就任希望者に、郷里の名声に応じて一品［一品の授与例は少なく、事実上は二品が最高位］から九品の郷品《きょうひん》と状《じょう》［四言の人物評価］を与え、郷品から原則として四品下がった官品《かんぴん》の起家官《きかかん》［初任官］に就き、そののち四品分を出世していく制度である。後漢の秩石制は、ここに官品制へと変更される。

たとえば、郷品二品の者は、六品の起家官に就き、二品官まで出世する。官僚の地位は、最初に授けられる郷品により規定されるため、郷品を定める中正官が強い権限を持つ。その就官者は、人物評価を掌握してきた名士層が中心であった。したがって、曹操のもと権力を掌握していた名士は、新たに建国された曹魏においても、自らの価値基準に基づく人事によって、支配者層に就くことができたのである。

ただし、曹魏では、後世のように家柄だけではなく、才能に応じて郷品が定められていたので、能力主義に基づく官僚登用を目指した曹操の唯才主義に近い側面も持っていた。

しかし、九品中正制度は儒教に基づいて構築されており、儒教を超えようとした曹操の唯才主義とは一線を画する。曹操が批判した孝廉科で重視し、儒教理念の根本に置かれる孝を無《なみ》することが、郷品を下げる際の理由とされているからである。たとえば、『三国志』を著した陳《ちん》寿《じゅ》は、服喪中に薬を飲み、郷品を下げられている。儒教の経義によれば、服喪中は孝の表れとして体調が悪化しても、薬を飲んではならないためである。

また、九品中正制度が人を九「品」に分類するのは、その根本に儒教の「性」説が置かれることによる。性とは、人間に生得的に具わる自然の性質であり、孟子《もうじ》はそれを善［性善説］、荀子《じゅんし》はそれを悪［性悪説］と考えた。前漢の董仲舒《とうちゅうじょ》学派は、人間の性を上・中・下の三種類に分ける「性三品説《せいさんぴんせつ》」を唱えた。上智［聖人］と下愚［小人］の性は変わることはなく、ただ中

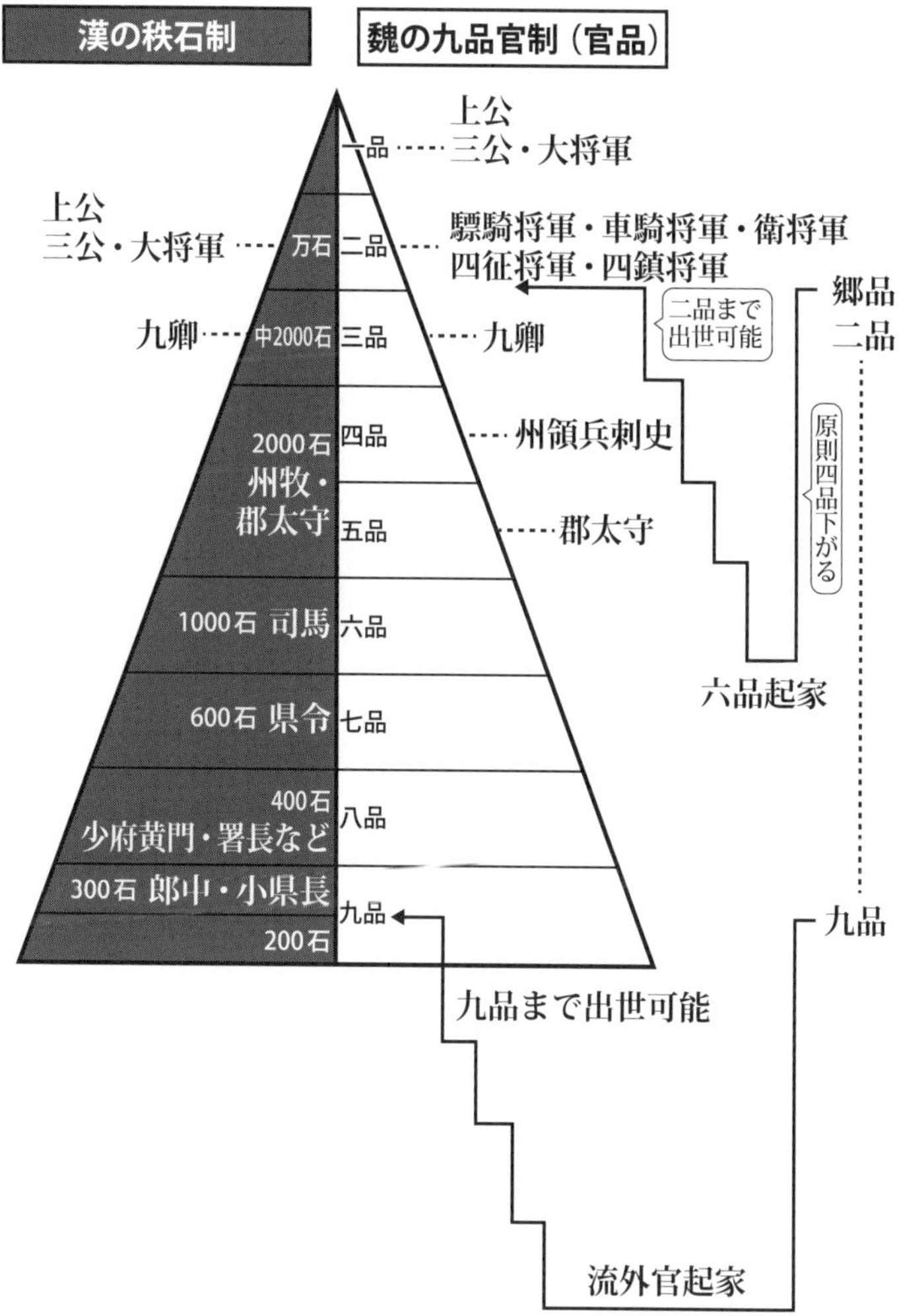

魏の九品中正制度の概略

人の性だけが、教えの有無により善にも悪にもなる。このため天は王（皇帝）を立てて中人を教化させる、としたのである。

後漢末において、性三品説を受け継いでいた荀悦《じゅんえつ》〔荀彧の従兄〕と陳羣とは、単に姻戚なだけではなく、共に肉刑復活を主張するなど、学問的にも密接な繋がりを持つ。したがって、陳羣は荀悦の性三品説の影響のもと、人の徳性により生じた名声によって、官僚就官希望者を九品に分け、郷品を与える制度を提案した。陳羣は、こうして官僚登用制度の基準を文学ではなく、儒教に置き直すことに成功したのである。

君主権力と名士層のせめぎあい

だが、こうした陳羣の努力にも拘らず、荀彧から継承した「潁川グループ」の優越は、やがて解消される。次章で述べる蜀漢において、諸葛亮の人事基盤となった荊州《けいしゅう》名士がみせるような優越性を潁川グループは保ち得なかった。それは曹操・曹丕という君主権力側からの切り崩しと、政権に参入した名士層の広範な拡がりを理由とする。荊州と益州を中心に形成された蜀漢政権に比べて、曹魏政権には全国から幅広く名士が参入していた。しかも、名士層は、統一的な集団を組織して曹魏政権に参入したわけではない。地域的な限定性を持ちながら、それぞれ曹魏政権に参入している。曹操に荀彧が殺された潁川グループは、名士の頂点として突出した地位を専有し続けることはできなかったのである。

それは、曹魏において、君主権力と名士層との「せめぎあい」が厳しく行われた象徴である。

それでも文帝は、陳羣が提案した九品中正制度を拒否できなかった。九品中正制度は、人事基準の根底に儒教的価値観の中核である孝を置き、郷品と共に定められた「状」に名士の自律的秩序を継承する。かつて曹操が相対化を試みた儒教が組み込まれているのだ。文帝と陳羣とのせめぎあいは、潁川グループの存在感が希薄にされるという犠牲を払いながらも、九品中正制度により、名士の価値観と秩序を国家の官僚登用制度に反映し得たという点において、陳羣の勝利に終わったのである。

「鄭玄学」と革命の正統化

即位して七年という短さで文帝曹丕が崩御すると、帝位を継承した明帝曹叡《めいていそうえい》は、さらなる君主権力の確立を目指した。そのために採用したものが、鄭玄《じょうげん》の学説である。それは、鄭玄学の特徴でもある六天《りくてん》説が、漢魏革命を正統化し得るためであった。

鄭玄の六天説は、至高神である昊天上帝《こうてんじょうてい》のほかに、五行相生《ごぎょうそうしょう》説に基づく革命に応じて、歴代の王者の受命帝となる蒼帝霊威仰《そうていれいいこう》［木を主る］・赤帝赤熛怒《せきていせきひょうど》［火を主る］、黄帝含枢紐《こうていがんすうちゅう》［土を主る］、白帝白招拒《はくていはくしょうきょ》［金を主る］、黒帝汁光紀《こくていじゅうこうき》［水を主る］の五帝［五天帝］という、六種類の天帝を設定し、五天帝をそれぞれの国家の守護神として祭祀するものである。

革命の正統性は、五天帝により保証される。たとえば、周に昊天上帝の天命が下った際、昊

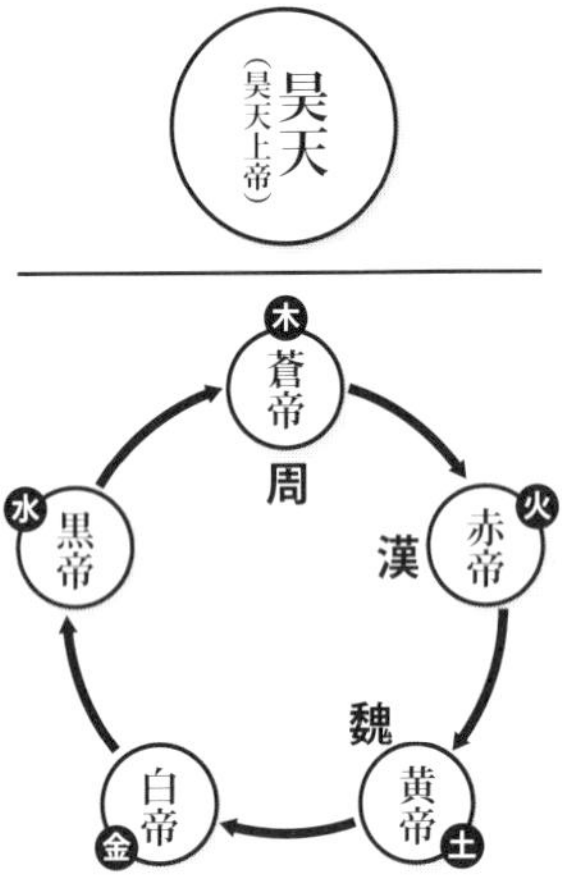

鄭玄の六天説

天上帝の下属神である蒼帝霊威仰は、感生帝《かんせいてい》〔帝王の母に子を生ませる天〕として周の始祖である后稷《こうしょく》を生ませた。やがて、周の支配が衰え、昊天上帝の命が漢に移ると、昊天上帝の下属神である赤帝赤熛怒は、感生帝として高祖《こうそ》劉邦《りゅうほう》を生ませる。やがて漢の支配が衰え、昊天上帝の命が魏に下ったので、昊天上帝の下属神であり、曹魏の守護神である黄帝含枢紐が、感生帝として生ませていた舜《しゅん》の子孫の曹氏が皇帝になった、とするのである。

このため、明帝は、景初《けいしょ》元（二三七）年の詔《みことのり》により、曹氏の始祖を舜と考え、圜丘《えんきゅう》に「皇皇帝天」（昊天上帝）を祀り、始祖となる舜を配すること〔圜丘祀天《えんきゅうしてん》〕、および南郊には「皇天の神」（五天帝、黄帝含枢紐）を祀り、太祖武皇帝（曹操）を配すること〔南郊祭天《なんこうさいてん》〕を定めたのである。

しかし、鄭玄の六天説は、革命を是認するため、漢から魏への革命を正統化するが、魏から晋への革命、さらには晋から次の国家への革命をも、次々と正統化する。隋《ずい》に革命を起こした唐《とう》が、初期には鄭玄学に基づいて天を祀りながら、国勢が衰えると鄭玄に反対した曹魏の王《おう》粛《しゅく》の学説に基づいて天を祀ったのは、革命を防ぐためである。このように、明帝による鄭玄学の導入も、曹魏の君主権力を絶対化することはできなかった。

引き継げなかった曹操の挑戦

文帝のときに導入された官僚登用制度である九品中正制度は、その根底に孝を置くものであった。また、原則として官品にマイナス四品で連動する郷品には、名士の存立基盤であった名声の持つ自律性が反映していた。曹操と荀彧の時から繰り返された君主と名士とのせめぎあいから見れば、文帝は陳羣ら名士の要求に屈伏する形で、後漢に代わって曹魏を建国し得たと言えよう。

こうした父の君主権力の低下に対して、明帝は鄭玄学を採用し、六天説に基づく漢魏革命の正統化を果たした。以後、鄭玄学に全面的に取って代わる朱子学《しゅしがく》が成立する南宋まで、禅譲《ぜんじょう》は繰り返される。すなわち、鄭玄学は曹魏の禅譲を正統化するが、曹魏からの晉への禅譲も正統化するものであった。

このように、文帝・明帝は、曹操の儒教への挑戦を継承できなかった。儒教はそれほどまでに強大であった。曹魏が司馬氏に権力を掌握されるのは、文帝・明帝の共に早すぎる死だけが原因ではない。文帝も明帝も、時代の変革者としての曹操の偉大さを継承できなかったためなのである。

第四章

伝統を受け継ぐ——蜀漢

三義宮
劉備・関羽・張飛が兄弟の契りを結んだ場所。創作から成立した遺跡である。

1. 劉備の情義

関羽・張飛との結びつき

小説の『三国志演義』は、桃園《とうえん》結義から始まる。黄巾の乱の平定のため、劉備《りゅうび》・関羽《かんう》・張《ちょう》飛《ひ》は、桃園で天地を祭って義を結ぶ。そのとき、三人は、天と地に同年同月同日に死ぬことを願う義兄弟となることを誓っている。しかし、陳寿《ちんじゅ》の『三国志』は、皇帝となった劉備と、臣下である関羽・張飛を「義兄弟」であったと記すことはない。ただ、それに極めて近い情義で結ばれていたことは事実である。

先主（劉備）は、二人［関羽・張飛］と寝るときには牀《しょう》［寝台］を共にし、**恩愛は兄弟のようであった。**

『三国志』巻三十六　関羽伝

陳寿は、あくまで「恩」は兄弟のようであったと記し、義兄弟とは伝えない。君臣関係は、たとえ実の兄弟であっても、決して並び立たせないものが上下関係を重んじる

儒教である。しかし、のちに劉備は、曹丕《そうひ》が後漢を滅ぼし、曹魏を建国したことに対抗して蜀漢を建国しながら、曹魏との戦いという「公」事よりも、関羽の仇討ちという「私」事を優先して孫呉に攻め込んでいる。それは、君臣関係というよりも、情義により結びついた「義」兄弟の振る舞いであった。その際、関羽の仇討ちを止めた趙雲《ちょううん》もまた、劉備と牀《しょう》を共にして眠ったと、関・張と同質の関係が記されている。

これに対して、『演義』では、劉備の東征を止めたことになっている諸葛亮は、実際には関羽の仇討ちを止めてはいない。劉備と関羽・張飛、そして趙雲との関係の中には、情義で結びついた者だけしか踏みこめなかった。諸葛亮を迎えるまでの劉備集団は、こうした情義を中核に置く、強力な傭兵集団であった。

情義と名声

これに対して、「公」事を優先すべしと教える儒教を身につけていた名士たちは、かれらとは価値観を異にする。荊州《けいしゅう》で曹操の辟召《へきしょう》（↓P112）を受けた後、劉備集団に参入した劉巴《りゅうは》と張飛との間には、次のようなエピソードが残る。

——張飛はかつて劉巴の家に遊びに行ったが、劉巴は張飛と話もしなかった。張飛は怒ってしまった。そこで、諸葛亮は劉巴に、「張飛は武人ではありますが、あなたを敬愛しているのです。あなたが、高い志をお持ちのことは分かりますが、どうかもう少し下の者にも優しくしてあげてください」と言った。劉巴は、「立派な人物が世の中で生きる理由は、**天下の英雄**と交際するためである。どうして、**兵隊野郎**と共に語ることなどできようか」と答えた。

『三国志』巻三十九 劉巴伝注引『零陵先賢伝《れいりょうせんけんでん》』

劉巴の言う「天下の英雄」とは、武力的なそれではなく、高い名声を持つ名士という意味である。かれらから見れば、張飛のような「兵隊野郎」〔原文は「兵子《へいし》」〕など、共に語るに足りない存在に過ぎなかった。ここには、情義によって結びつく劉備たちの社会階層への蔑視をみることができよう。

それでも張飛は、名士に迎合し、その反動なのか、兵には厳しく部下をよく鞭《むち》で打った。張飛の最期は、それを怨んだ部下の寝返りを原因とする。一方、関羽は、兵に優しい反面、名士に対抗意識を持ち、自らも晩年『春秋左氏伝《しゅんじゅうさしでん》』を学んだ。しかし、荊州の陥落は、その対抗意識から名士である士仁《しじん》〔関羽の部下〕や糜芳《びほう》〔糜竺の弟〕を軽んじ、それを恨んだかれらが、呉の呂蒙《りょもう》に降服したことを原因とする。名士への対応は正反対だが、張飛も関羽も名士への劣等感から敗れていく。

『演義』は、武将の戦いを物語の中心に据えるが、史実としての三国時代の主役は、名士である。三国に続く両晉南北朝《りょうしんなんぼくちょう》は、中国における貴族制の最盛期となる。西欧・日本の「武」の領主が、土地の所有を存立基盤とすることに対して、中国の貴族は、文化資本を存立基盤に置く。むろん、中国の貴族も土地は所有する。それは、文化の習得のための必要条件であり、高官の世襲の結果、拡大するものであるが、一義的に貴族を存立させるものではない。名士や貴族の中には、存立基盤である名声を落とさないために、社会階層が異なる武将を見下すものもあったのである。

したがって、劉備が「兄」と慕った公孫瓚《こうそんさん》は、わざと名士を迫害し、商人を自らの支持基盤とした。これに対して、劉備は、同じく麋竺《びじく》という伝説的な大商人から妹を娶り、その財力を基盤としたが、名士を尊重する点において、公孫瓚とは異なる。

劉備は、曹操から豫州牧《よしゅうぼく》にされた際には、潁川名士の陳羣《ちんぐん》、徐州牧となった時には、徐州名士の陳登《ちんとう》という、ともに当時を代表する名士を辟召《へきしょう》して、尊重している。二人は辟召を受けて、劉備に隷属性を持つ故吏《こり》となった。

しかし、二人は、劉備がそれらの州を失うと随従せず、名士が劉備集団に留まり続けることはなかった。しかも、陳登は、劉備を「雄姿は傑出しており、王者・覇者《はしゃ》の才略がある」（『三国志』陳矯伝）と高く評価していながら、随従することはなかった。すなわち、名士が出身地を捨ててまで随従する魅力や将来性が、劉備とその集団には欠けていたのである。また、陳羣の献策に劉備が従わなかったように、情義で結びついた関羽・張飛を差し置いてまで、名士の進言に従い得る集団でもなかった。

こうして名士は集団に留まり続けず、劉備は一時的に支配地を得ても保有することができなかった。曹操とは異なり、劉備は情義を重んじるという集団の特性により、辟召をうまく利用できなかったと評してよい。こうした集団の特性を変えたのが、徐庶《じょしょ》の勧めにより、劉備が諸葛亮に尽くした「三顧の礼」である。

劉備集団の性格を変えた「三顧の礼」

『演義』では、徐庶は「単福《ぜんふく》」という偽名を用いている。『三国志』諸葛亮伝注に引かれた『魏略《ぎりゃく》』に、「徐庶は前の名を福といい、もともと単家《たんか》の出身であった（庶先名福、本単家子）」とあるので、「単家」の意味が分からなかった『演義』の作者が、徐庶のもとの名を「単福」と解釈した、という説もある。そうであろうか。『演義』がよく行う故意の読み間違えと考えた方がよい。『魏略』には、豪族出身ではない、すなわち単家の出身でありながら活躍した徐庶などを集めた「単家列伝」があったという。「列伝」を編《あ》んで称《たた》えるほど、単家から名士になることは難しかった。あるいは、「列伝」が編めるほど、三国時代にはなお、単家から名士に変貌できた人々がいた、と言い換えてもよい。西晋《せいしん》以降の貴族制の時代には、貴族と非貴族の固定化が進み、寒門《かんもん》〔後門《こうもん》ともいう。非貴族の豪族〕や寒素《かんそ》〔単家〕から貴族に参入できることは稀であった。

劉備に諸葛亮を勧めた徐庶は、亮の友人の中で最初に劉備に仕えた。単家の出身で、恩人のために人を殺して亡命した徐庶は、劉備たち情義で結びつく社会階層と出身を同じくする。『演義』では、徐庶は、老母が捕らわれ、曹操のもとに行く自分の代わりに、諸葛亮を推薦したことになっている。しかし、実際には、徐庶の老母が捕らわれるのは、長坂坡《ちょうはんは》の戦いの際であり、徐庶は劉備集団の一構成員として、友人の諸葛亮を次のように紹介したのである。

（徐庶は）先主（劉備）に、「諸葛孔明《しょかつこうめい》という者は臥龍《がりょう》です。将軍は孔明に会うことを願われますか」と言った。先主は、「**君と共に一緒に来てくれ**」と答えた。徐庶は、「この人は（こちらから）行けば会えますが、屈して至らせることはできません。**将軍はどうか（尊貴の身を自ら屈して）車をまわして孔明を訪れてください**」と言った。これにより先主は諸葛亮を訪ね、およそ三たび行って、ようやく会えた。

『三国志』巻三十五　諸葛亮伝

劉備は、諸葛亮を招聘するために、三たびその茅屋《ぼうおく》を訪れ、礼を尽くした。三顧の礼である。後漢を建国した光武帝《こうぶてい》は、三顧の礼によって迎える儒者のため、宰相の地位を用意した。劉備は、名目上とはいえ、このとき左将軍《さしょうぐん》である。左将軍は比卿《ひけい》将軍で、開府できた。それが、布衣の諸葛亮を自ら訪ねることは、重過ぎる礼、過礼である。「過ぎたるは猶《な》ほ及ばざるがごとし」と『論語』先進篇にもある。もちろん劉備も、当初は三顧の礼を尽くすつもりなどなかった。

自分に臣従する徐庶が、友人を推薦してきた。「君と共に一緒に来てくれ」という劉備の回答は、真っ当である。劉備は荊州に客居してから六年間、ただ髀肉《ひにく》の嘆をかこっていただけではない。「荊州の豪傑で先主に従う者は日々にますます多く、劉表はその心を疑って、秘かにこれを防いだ」とあるように（『三国志』先主伝）、自分の勢力扶植に努めていたのだ。そんな中で、徐庶が友人を連れてくることに驚きはない。

『資治通鑑《しじつがん》』を著した北宋《ほくそう》の司馬光《しばこう》は、劉備が諸葛亮に三顧の礼を尽くした理由を劉備が徐庶を尊重したことに求める。それは否定できないが、劉備が最初から諸葛亮に三顧の礼を尽くそうとしていないことには注目したい。徐庶が「将軍はどうか車をまわして孔明を訪れてください」と述べて、劉備を説得したのである。徐庶は、そして徐庶の言を受け入れた劉備は、名声という目に見えない名士の存立基盤を三顧の礼という形で可視化することで、劉備集団の変容を内外に宣言したのである。

これにより劉備は、関羽や張飛が悦ばないほど、諸葛亮を優遇せざるを得なくなった。信頼し合う君臣関係を表現するために用いられる「君臣水魚の交わり」という言葉は、本来的には関羽と張飛に対する劉備の言い訳であった。こうして劉備は、三顧の礼による諸葛亮の招聘、それを契機とする荊州名士の集団への加入により、自らの集団を「情」で劉備と結びついた傭兵集団から、諸葛亮ら名士を中核とする政権へと、質的に変容させることができたのである。

劉備の仁

『演義』は劉備を「仁」の人として描く。仁は、儒教《じゅきょう》の最高の徳目であるが、孔子《こうし》は『論語』の中で、質問者に応じて異なった答えをしており、一言で表現できるものではない。孔子の門下の中では知力に劣る樊遅《はんち》が、仁とは何かを尋ねると、孔子は、「人を愛することである」（『論語』顔淵篇）と易しく答えている。これに対して、最も秀でた顔淵《がんえん》（顔回《がんかい》）が仁を尋ねると、孔子は、「己《おのれ》を克《つつ》しみ礼《れい》に復《かえ》ることを仁とする〔「克己復礼《こっきふくれい》」の語源。日本では朱子《しゅし》の解釈に基づき「克」を「かつ」と解釈する。後漢末の大儒鄭玄《じょうげん》は「克」を「つつしむ」と解釈する〕」（『論語』顔淵篇）と答えている。樊遅よりも要求が高くなっている。樊遅と顔淵への答えを合わせ考えると、孔子は仁について、人を愛し、己のわがままを慎み、社会的規範たる礼に従うこと、と考えていたようである。

それでは『演義』は、どのように劉備の「仁」を描いているのだろうか。

『演義』は、講談の中から次第に形成された文学なので、『演義』が描く「仁」は、中国の人々が望んだ「仁」のあり方と考えることもできよう。『演義』の劉備は、督郵を鞭打たないこと〔2、数字は『演義』の回数、以下同〕を「仁」と称されることから始まり、孔融《こうゆう》を助け〔11〕、徐州《じょしゅう》を譲られ〔12〕、劉琮《りゅうそう》を殺さず〔39〕に「仁」と称され、劉表《りゅうひょう》〔34〕・徐庶《じょしょ》〔35〕・徐庶の母〔36・37〕・崔州平《さいしゅうへい》〔37〕・諸葛亮〔39〕・魏延《ぎえん》〔41〕・鞏志《きょうし》〔武陵太守金旋に劉備に降伏するよう進言、53〕・魯粛《ろしゅく》〔54〕・喬国老《きょうこくろう》〔大喬・小喬の父、54〕・苗沢《びょうたく》〔馬騰の謀議を密告、57〕・張松《ちょうしょう》〔劉備の入蜀を手引きした劉璋の臣下、57〕・法正《ほうせい》〔64〕・糜竺《びじく》〔83〕から「仁」と評価され、諸葛亮が孫呉に同盟に説きに行った際にも、劉備の「仁」は連呼されている〔45〕。

このほか、劉備の即位理由の中に「仁」が掲げられるが〔73〕、これは『三国志』にも記録される。また、曹操と比較する中で、自ら「仁」でありたいと述べること〔60〕は、裴注《はいちゅう》に引用される『九州春秋《きゅうしゅうしゅんじゅう》』を典拠とする。したがって、劉備の「仁」は、虚構とは言えない。しかし、入蜀の際に劉璋《りゅうしょう》軍を破り、宴会で大喜びをして、龐統《ほうとう》に、「人の国を破って喜ぶものは、仁者の兵ではありません」と窘《たしな》められるなど〔62、『三国志』龐統伝〕、史実の劉備は、つねに仁に満ち溢《あふ》れる人物とは言いがたい。『演義』の作者たちは、劉備のどこに「仁」を感じたのであろうか。

赤壁の戦いの後、荊州南部を拠点として益州に攻め込んだ劉備は、劉璋の軍事的基盤である東州兵《とうしゅうへい》を粉砕し、さらには曹操を破って漢中《かんちゅう》を切り取る。曹操が死去して、曹丕《そうひ》が漢を滅ぼして魏〔曹魏〕を建国すると、それを認めず漢〔季漢《きかん》。季は末っ子という意味〕を建国した。しかし、それ以前に、荊州を守っていた関羽は、劉備に呼応して曹操に攻め込み、呉の裏切りにより挟撃されて、呂蒙《りょもう》に敗れていた。そのため劉備は、皇帝に即《つ》いても鬱々《うつうつ》として楽しまない。

ついに劉備は、関羽の仇討ちのため、諸葛亮の基本方針に背いて呉に攻め込む。この時の劉備は、いままで被《かぶ》せられていた聖人君子の仮面を脱ぎさり、誰の制止も聞かず、関羽の仇討ちに向かって一直線に行動する。傭兵隊長だったころの力強い劉備の姿をここに見ることができる。

『演義』では、趙雲《ちょううん》のほか、諸葛亮も劉備の東征を止めている。しかし、『三国志』には、諸葛亮が東征に反対した記録はない。実は、諸葛亮は劉備の軍事能力を高く評価していた。後世の軍師のイメージからは意外であるが、諸葛亮は劉備の生前、軍を直接指揮をしたことはない。劉備の軍事能力を信頼していたからこそ、諸葛亮は反対しなかったと考えてよい。

しかし、それだけではない。趙雲が呉への侵攻に反対したように、蜀漢の不倶戴天《ふぐたいてん》の敵は曹魏であって、関羽の仇討ちは劉備の個人的な感情の暴走に過ぎない。一国の皇帝たる者が、臣下の戦死を理由に、自ら軍を率いて本来の敵国ではない呉に攻め込むことなど、政治的判断からすれば正しくないことを諸葛亮は百も承知でいたはずである。

だが、諸葛亮は東征を止めなかった。止められなかったのである。関羽のために仇討ちをすることは、劉備の生きざまの「すべて」であった。関羽・張飛は挙兵以来、命と引き換えに劉備を守ってきた。かれらの「情義」に基づく強い結びつきに諸葛亮は、入っていけなかったのである。

結局、劉備は夷陵《いりょう》の戦いで呉の陸遜《りくそん》に敗退して、白帝城《はくていじょう》でその生涯を閉じる。息子の劉禅《りゅうぜん》が心配なためであろう。諸葛亮を警戒する遺言を残しているが、自分の生涯には満足していたのではないか。関羽・張飛と共に戦いをはじめ、関羽、そして関羽の仇討ちの前に殺された張飛のためにも戦って死んでいく。情義に生きた劉備の生涯を閉じるに相応しい死に様である。

劉備は、関羽・張飛との情義・情愛を生涯貫いたことが分かる。『論語』で孔子の言う、「人を愛すること」としての「仁」をここに見ることができる。このため、『演義』は、劉備の「仁」を関羽・張飛との情に描こうとした。桃園の誓いから物語が始まり、関羽・張飛の仇討ちに劉備が生涯を閉じるのは、そこに桃園の誓いを最後まで全うしようとした劉備の情愛を見ることができるからである。人々は、こうした劉備に人を愛する仁の本質を見た。ここには、仁君として民を愛する政治を求める中国の人々の思いがある。

草廬対の真意

三顧の礼により厚遇を約束された諸葛亮は出仕する。その際、劉備の策問《さくもん》に答えたものが、草廬《そうろ》対《たい》、もしくは隆中対《りゅうちゅうたい》である。諸葛亮は、隆中で草廬〔粗末な庵〕に暮らしており、草廬対でも隆中でも変わりはない。重要なものは「対」である。「対」とは、本来、郷挙里選《きょうきょりせん》の制挙《せいきょ》で行われる皇帝からの「策問《さくもん》」〔質問〕への「対策《たいさく》」〔回答〕を意味する。したがって、草廬対は、劉備の策問に沿って回答されている。

（先主は）そこで人払いをして、「漢室は傾き崩れ、姦臣《かんしん》（の曹操）が（天子の）命令を盗み、主上（の献帝）は都（の洛陽）を離れられて（許に）いる。孤《わたし》は（自分の）徳や力（の少なさ）を量らずに、大義を天下に示そうとしたが、知恵も戦術も浅はかで疎く、このために失敗して、今日に至った。それでも（漢室復興の）志《こころざし》がなお已《や》むことはない。君が考えるに、さてどのような計略が出るであろうか」と尋ねた。

『三国志』巻三十五 諸葛亮伝

劉備の策問は、三点にまとめられる。①後漢末の情勢「漢室は傾き崩れ～（許に）いる」、②自らの敗退理由「孤は（自分の）徳や力～今日に至った」、③これからの基本戦略「それでも（漢室復興の）志《こころざし》～どのような計略が出るであろうか」である。草廬対はこれに次のように答えている。

諸葛亮は答えて、「①**董卓《とうたく》（が起こした混乱）以来、豪傑が並び起こり**、州をあわせ郡を連ね（て自立し）た者は、数え切れないほどです。②曹操《そうそう》は袁紹《えんしょう》に比べると、名望はわずかで軍勢は少ないものでした。それなのに曹操がよく袁紹に勝ち、弱者から強者になったのは、ただ天の時だけではなく、**人が定めた謀略によります**。③いま**曹操は**百万の兵を擁し、天子を立てて諸侯に命令を下しています。これは（正面から）**矛先を争うことはできません**。**孫権《そんけん》は**江東《こうとう》を拠点として、すでに三代を経ており、国は（長江の）険を持ち民はなつき、賢人や才能のある者は孫権の手足となっています。これは**味方とすべき**で計るべきではありません。荊州《けいしゅう》は北方では漢水《かんすい》と汴水《べんすい》に拠りながら、南海に達する利点を持ち、東では（江東の）呉郡《ごぐん》・会稽郡《かいけいぐん》に繋がり、西では（益州の）巴郡《はぐん》・蜀郡《しょくぐん》に通じております。（こうした交通の要所は）武力を用いるべき国ですが、主君（の劉表）は守ることすらできません。これはほとんど天が将軍を助けている証拠です。**将軍は（荊州を取る）**意志があるでしょうか。（また）益州《えきしゅう》は堅固な要塞の地で、豊かな平野が千里も広がる、天の倉庫です。高祖《こうそ》（劉邦）は益州に依拠して、帝業を成し遂げました。（ところが）劉璋《りゅうしょう》は暗愚で弱く、（敵対する）張魯《ちょうろ》が北方におり、民は盛んで国は富んでいながら、恩恵を加えることを知らず、智能ある士人は、明君を得たいと願っております。将軍は帝室の後裔であるうえ、信義は天下に現れ、英雄を掌握して、賢人を渇望しておられます。もし**荊州と益州を跨《また》いで持ち**、その要害を保ち、西では多くの西戎《せいじゅう》をなつけ、南では異民族や越族《えつぞく》を慰撫《いぶ》し、外では友好を孫権と結び、内では整った政治を行い、天下に変事があれば、一人の上将に**荊州の軍を率いて、宛《えん》県や洛陽《らくよう》県**（など河南省方面）に向かわせ、将軍は自ら**益州の軍勢を率いて、秦川《しんせん》**（陝西省方面）に出撃すれば、人々は飯を竹製の器に盛り飲物を壺に入れ、将軍を歓迎しない者はないでしょう。このようになれば、覇業は成就し、漢室は復興するのです」と答えた。

『三国志』巻三十五　諸葛亮伝

①後漢末の混乱については、董卓《とうたく》以来、豪傑が並び立ったことを挙げる。「出師表《すいしひょう》」に述べられる桓帝《かんてい》・霊帝《れいてい》の失政への批判は、ここには見えない。後漢がなお存在しているためであろう。

②劉備の敗退理由については、直接言及することを避け、曹操《そうそう》が袁紹《えんしょう》に勝ったことを「人の謀《はかりごと》」による、と答える。すなわち、劉備集団に、「謀」を指し示す名士がいないため、敗れ続けている、と指摘したのである。これは、自らの「謀」を採用すべしとの主張にもなっている。ここまでは短い。

そして、③これからの基本戦略として、曹操は強く単独では当たれないので、孫権《そんけん》と結び、荊州と益州《えきしゅう》を支配して天下三分の形をつくる。そのうえで、荊州と益州からそれぞれ洛陽《らくよう》と長安《ちょうあん》（秦川）を取れば、覇業《はぎょう》は成り漢室は復興する、という提案をしたのである。

これは当時において、常識的な戦略であった。後漢の光武帝《こうぶてい》は、漢の復興を唱え黄河《こうが》の北に拠点を造り、洛陽と長安を取り、蜀《しょく》の公孫述《こうそんじゅつ》を滅ぼして天下を統一した。これとは反対になるが、華北を曹操が掌握し、長江《ちょうこう》下流域に孫権が居る以上、残った荊州と益州を拠点に、洛陽と長安を取ろうとするのは、他に選択肢が思い浮かばないほど当然の戦略である。

また、草廬対は、よく「天下三分の計」と言われるが、三分は手段であって目的ではない。その証拠に、天下三分を実現した後にも、諸葛亮は曹魏《そうぎ》への北伐《ほくばつ》を止めなかった。天下三分を目的とした孫呉《そんご》の魯粛《ろしゅく》とは異なり、諸葛亮はあくまでも漢による中国統一を目指したのである。劉備と共に建国した国家は漢、あるいは季漢《きかん》が正式な名称であり、蜀漢といった場合の蜀は地域名である。

漢の儒教が最も尊重することは、「聖漢による大一統」であった。「大一統（一統を大《とうと》ぶ）」は、嫡長子相続と同じく、『春秋公羊伝』の隠公元年に記された「春秋の義」である。天下の統一を尊重することは、前漢の大儒董仲舒《とうちゅうじょ》以来、すべての儒者の大前提であった。しかも、統一は孔子《こうし》が尊重する「聖漢」により実現すべきである。

諸葛亮の草廬対は、その戦略だけではなく、それを支える根本的な思想そのものが、漢代的儒教の精神をそのまま受け継ぐ王道なのである。諸葛亮は、「聖漢による大一統」〔漢の中国統一が理想〕を尊重する漢代的精神の忠実な継承者であった。やがて、草廬対は、関羽《かんう》が荊州を奪われることで破綻する。しかし、諸葛亮は生涯、この戦略を貫き続ける。

2. 人脈を超える志

志を養う

諸葛亮の父珪《けい》は泰山郡《たいざんぐん》の丞《じょう》であったが、亮が十四歳のときに卒した。亮は弟の均《きん》と共に従父の玄《げん》に従って、荊州《けいしゅう》に移住した。十七歳のとき従父が卒すると、襄陽郡《じょうようぐん》の隆中《りゅうちゅう》で晴耕雨読の暮らしをしながら、梁父吟《りょうほのぎん》を口ずさんだという。

梁父吟

歩出斉城門　遥望蕩陰里
里中有三墳　纍纍正相似
問是誰家冢　田彊古冶子
力能排南山　文能絶地紀
一朝被讒言　二桃殺三士
誰能為此謀　国相斉晏子

歩みて斉《せい》の城門を出《い》づれば　遥《はる》かに蕩陰《たふいん》の里を望む
里中に三墳《ふん》有り　纍纍《るいるい》として正《まさ》に相《あい》似たり
問ふ是《こ》れ誰が家の冢《つか》ぞ　田彊《でんきょう》古冶子《こやし》なり
力は能《よ》く南山《なんざん》を排《はい》し　文は能く地紀《ちき》を絶つ
一朝　讒言《ざんげん》を被《こうむ》れば　二桃《たふ》もて三士を殺す
誰《たれ》か能く此《こ》の謀《はかりごと》を為《な》す　国相《こくせう》の斉の晏子《あんし》なり
『藝文類聚《げいもんるいじゅう》』巻十九　人部三　吟《ぎん》

梁父吟は、春秋《しゅんじゅう》時代の斉《せい》の宰相晏嬰《あんえい》の智謀を称《たた》えた歌である。斉に仕える豪傑の古冶子《こやし》・田開彊《でんかいきょう》［字数の都合で開を省略］・公孫接《こうそんせつ》［字数の都合で歌われず］の三人が力を合わせることを危険と考えた晏嬰は、二個の桃を与え、功績のある者はこれを取れ、と三人の自尊心を煽《あお》る。公孫接と田開彊がそれぞれ理由を述べて桃を取ると、古冶子も功績を述べて二人に桃を渡せと剣を抜く。二人は、われらの勇は古冶子に劣る。ここで桃を譲らなければ貪欲《どんよく》と言われ、死ななければ勇気がないことになる、と言って、桃を返し二人とも自害する。古冶子も、自分ひとり生きることは不仁《ふじん》である、と言って、桃を取らずに自害した、という故事を歌っている。

　諸葛亮は「梁父吟」を歌うことで、豪勇の功を頼んで、傍若無人に振る舞った三人の豪傑に、「二桃《にとう》の計」をめぐらして禍《わざわい》の芽を摘《つ》んだ郷里の先達《せんだつ》晏嬰の政治的手腕を慕ったのであろうか。

　やがて、諸葛亮は、自らを管仲《かんちゅう》・楽毅《がくき》に準《なぞら》えるようになる。管仲も斉の宰相で、桓公《かんこう》を輔佐して最初の覇者《はしゃ》とした。楽毅は、戦国《せんごく》時代の燕《えん》に仕え、斉の七十余城を攻め落とした名将である。諸葛亮は、儒教を学ぶ知識人が等しく目指した「出《い》ては将、入りては相《しょう》」として活躍する儒将《じゅしょう》を志《こころざ》した。具体的には、相として晏嬰・管仲を、将として楽毅を目標としたのである。

　諸葛亮が自分を管仲《かんちゅう》と楽毅《がくき》に準《なぞら》えることを認めたものは、崔州平《さいしゅうへい》・徐庶《じょしょ》だけであったという。それでも亮は、自らの名声を梃子《てこ》に、荊州名士の間に婚姻関係を広げていく。自らは、沔南《べんなん》の名士黄承彦《こうしょうげん》の娘を娶り、姉を龐徳公の子龐山民《ほうさんみん》に嫁がせている。黄承彦は、襄陽の名士蔡瑁《さいぼう》の姉を妻としており、蔡瑁の妹は劉表に嫁いでいる。諸葛亮は、荊州牧の劉表と血縁関係を持っているのである。

　諸葛亮が、黄承彦の妻を娶った時のこと、その「郷里」は次のように囃《はや》し立てたという。


（黄承彦が）諸葛孔明に、「君は妻を探していると聞く。わたしに**醜女**《しこめ》［醜《みにく》い娘］がいる。

未熟で色黒の娘だが、才智は君とお似合いだ」と言った。孔明が承知したので、娘を車に載せて送りとどけた。**時人**［そのときの人々］はこれを笑い楽しみ、**郷里**はこれのために諺《ことわざ》をつくり、「孔明の妻えらびをまねてはいけない、**阿**《あ》**承**《しょう》［承どん］の醜女をもらうはめになる」と言った。

『三国志』巻三十五　諸葛亮伝注引『襄陽《じょうよう》記《き》』

ここに述べられている「郷里」は、諸葛亮のみならず、荊州沔南《べんなん》の名士である黄承彦を「阿承」と呼び、その娘が「醜女」であることを聞き知っている者たちから構成される。そこは、諸葛亮の本籍地である徐州琅邪郡《じょしゅうろうやぐん》ではない。後述するように、諸葛亮は「臥龍《がりょう》」という名声を遠く離れた荊州襄陽郡《じょうようぐん》で得ていた。名士は、その存立基盤を名声に置くため、名声の場こそ名士の「郷里」となる。したがって、諸葛亮は、名声の場を出身地の徐州ではなく、荊州に持つ「荊州」名士と考えられる。諸葛亮の地縁が荊州を中心とする理由である。

しかし、諸葛亮は妻の人脈を利用して劉表に仕えることはしなかった。諸葛亮は荊州学《けいしゅうがく》を修めるなかで、乱世を治め、漢を復興するという志を劉表では実現できないと判断したためである。

実践的かつ天下を論じた「襄陽グループ」

荊州学は、漢の経学〔儒学の経典である四書五経を研究する学問〕を集大成した鄭玄《じょうげん》に対する最初の異議申し立てで、魏晉経学の先駆けである。

鄭玄の学問は、『周礼《しゅらい》』・『儀礼《ぎらい》』・『礼記《らいき》』の「三礼《さんらい》」、中でも『周礼』を頂点に諸経を体系化する。これに対して、荊州学は『春秋左氏伝《しゅんじゅうさしでん》』を中心に据える。戦乱の春秋時代を歴史的に描く『春秋左氏伝』は、乱世を治めるための具体的な規範を多く含む。このため、荊州学は実践的な性格を帯びた。学問のために学問するのではなく、乱世を平定するために学問を修めるのである。

また、荊州学の経典解釈の特徴は、人間中心の合理的な解釈にある。漢の儒教と、その集大成である鄭玄の経典解釈で重視された緯書《いしょ》の宗教性に疑義を呈したのである。これは、曹魏の王粛《おうしゅく》に継承され、宗教的で体系的な鄭玄の経学に対して、合理的で現実的な王粛学を形成していく。

荊州学でも大きな役割を果たした司馬徽《しばき》は、襄陽に居住しながらも劉表と一線を画する名士グループの中心であった。司馬徽とその友人の龐徳公《ほうとくこう》を指導者と仰ぐかれらを襄陽グループと呼ぼう。襄陽グループは、学問的には荊州学の一翼を担う。そして、それと同時に、天下・国家を論じ、互いに人物評価をしていた点が、宋忠たち劉表に仕える学者とは大きく異なっていた。こうした中、劉備は、襄陽グループに接近する。

司馬徽は、かれら自身を時局の要務を知る「俊傑」と位置づけ、単なる学者である「儒生」と峻別した。そして、司馬徽の友人である龐徳公《ほうとくこう》から次代を担う名士として、「伏龍」と評されていた諸葛亮、「鳳雛」と評されていた龐統の名を司馬徽は劉備に告げる。『演義』では、い

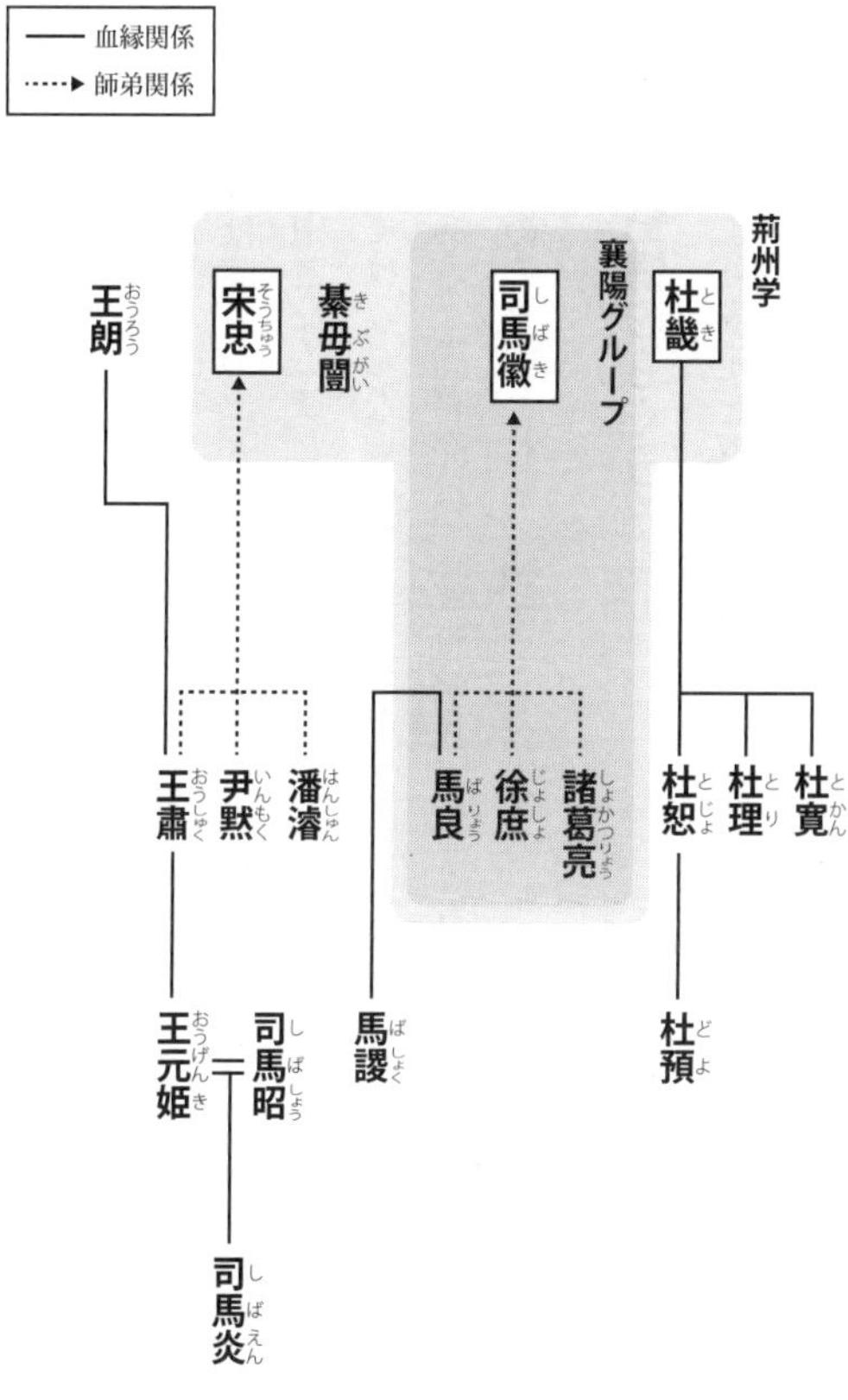

荊州学の系譜

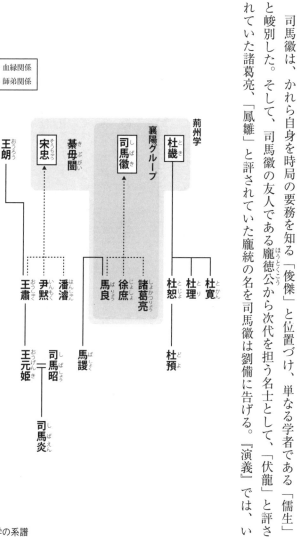

つも「好《ハオ》。好」と言って、かれらの名を教えない水鏡先生も、史実では劉備に二人を売り込む良い先生であった。

二人が高く評価されたのは、諸葛亮が「自ら管仲・楽毅《がくき》に比」し、龐統《ほうとう》が「帝王の秘策」を論じたように、二人は国家の経営を抱負としていたからである。同学の者が「章句《しょうく》」と呼ばれる経典の解釈に夢中となることに対して、諸葛亮は大まかな意味を知るに止めていた。学問のための学問になってはならない。経典の指し示す理想を実現し、儒教により乱世を平定せんと志《こころざ》していたのである。諸葛亮は、「経世済民《けいせいさいみん》」〔世を経営して民を救う、経済という日本語の語源〕の理想を実現するための君主として、劉備を選択する。

諸葛亮の理想、劉備のもくろみ

諸葛亮は、曹操により安定を取り戻した華北へ帰ろうとする孟建《もうけん》に、次のように述べている。

中国〔中原〕では**士大夫が余っている**。学び活躍する場は、どうして故郷でなければならないことがあろうか。

『三国志』巻三十五　諸葛亮伝注引『魏略』

「中国」を支配する曹操のもとには、荀彧《じゅんいく》たち名士が溢《あふ》れており、自分たちの活躍する余地

はない、と諸葛亮は考えていた。献帝を擁立し、華北を統一しつつある曹操政権は、若者が自らの理想に従って自由に腕を振るえる場所ではなかった。

これに対して、劉備の臣下には、著名な名士は居らず、自らの志を実現できる可能性がある。劉備は、疎遠ながらも漢室の末裔である。さらに、献帝の密詔を受けた董承《とうしょう》と共に曹操の誅殺を謀っている。漢室復興の大義名分と行動力を持つうえに、王者の資質を備え、曹操も認める当世の英雄なのである。にもかかわらず単なる傭兵集団に留まっていたのは、関羽・張飛らとの情義に基づく結びつきが強すぎて、陳羣《ちんぐん》ら名士の献策を聞き入れる余地がなかったことによる。だからこそ劉備に厚遇を約束させて出仕できれば、抱負に近づくことができる――。諸葛亮にとって三顧の礼は、その突破口であった。

一方、劉備は、司馬徽に「世事」を尋ねているように、襄陽グループに対して積極的な働きかけをしていた。そこに、徐庶が諸葛亮を勧めたため、劉備は、諸葛亮を呼びつけ、襄陽グループに劉備を認めさせ、さらには優位に立とうとしたのである。ところが、襄陽グループの徐庶は、諸葛亮、ひいては自分を含む襄陽グループを高く評価させるため、それを妨げて、劉備の側から諸葛亮を訪れさせた。諸葛亮は、徐庶の働きにより、劉備に対して当初から優位に立つことができたのである。

劉備が諸葛亮に期待したことは、曹操が荀彧に求めたことと同様、名士が劉備集団に加入するよう促すことにあった。劉備が客将の時には表立った動きを見せなかった諸葛亮も、劉表政権が崩壊すると人脈を活用して、積極的に荊州出身者の劉備集団への取り込みを図る。その結果、「曹公〔曹操〕が荊州を征服すると、先主〔劉備〕は江南に逃走した。荊楚《けいそ》〔荊州〕の群士でこれに従うものは雲のよう（に大勢）であった」（『三国志』劉巴伝）とあるように、劉表政権崩壊後、多くの荊州名士や豪族が劉備に従ったのである。

さらに諸葛亮は、名士としての人脈を活用して使者となり、孫権に同盟を説く。降伏論に傾いていた孫呉の輿論を諸葛亮が説得していく様子は、『演義』の「群儒舌戦」だけではなく、『三国志』にも記される。果たして、同盟は結ばれ、孫権の武将である周瑜は、赤壁の戦いで曹操を撃破する。

志か安定か

赤壁の戦いの後、劉備が荊州南部に根拠地を保有し得たのは、諸葛亮の外交力による。諸葛亮の持つ外交・内政能力も、劉備には必要不可欠なものであった。赤壁の戦いにおける孫権との同盟も、その後の荊州南部の統治も、諸葛亮の力量に負うところが多かったのである。

諸葛亮の存在は、荊州名士の影響力を劉備政権の統治の支柱となすことに重要な役割を果たした。こうして劉備は、三顧の礼による諸葛亮の招聘、それを契機とする荊州名士の集団への加入により、挙兵以来初めて荊州を本格的な根拠地として保有できたのである。

ただし、これにより荊州名士の優越が、直ちに実現したわけではない。劉備は、荊州名士の取り込みは図るが、それを関羽・張飛ら以上に優遇する考えはなかった。たとえば、龐統《ほうとう》は、襄陽グループでは諸葛亮と並称されていたが、一時、周瑜《しゅうゆ》に仕えていたためか、劉備に任命された官は県令に過ぎない。龐統はろくに仕事もせずに免官される。諸葛亮は、孫呉の魯粛《ろしゅく》の書簡とともに、龐統は「百里（を支配する県令）の才」ではありません、と劉備に諫言することで、治中従事《じちゅうじゅうじ》に任命させている。

このように、諸葛亮が劉備に積極的に働きかけることで、次第に荊州名士が劉備集団のなかで重要な位置を占めていくのである。このため、劉備の荊州客居期（二〇一～二一一年）に臣従した臣下として名が分かる一六名（亮との関係が不明な者を除く）中一二名に、諸葛亮との交友関係を認め得るのである（巻末・付表2を参照）。諸葛亮の存在ゆえに、荊州名士は劉備集団に加入し、その勢力拡張に大きな役割を果たしたのである。

もちろん、諸葛亮の勧誘により、すべての荊州名士が劉備に臣従したわけではない。劉表政権の中核を成した蔡瑁《さいぼう》ら荊州名士をはじめ、荊州に客居していた華北の名士たちも、次々と曹操政権に加入した。また、諸葛亮と親交の深かった襄陽グループでも、曹操が支配する華北の出身である崔州平《さいしゅうへい》・石韜《せきとう》・孟建らは、曹操に出仕した。しかし、かれらは曹操政権で枢要な地位に就けなかった。のちに、徐庶と石韜の官が、それぞれ御史中丞《ぎょしちゅうじょう》と典農校尉《てんのうこうい》に過ぎないことを聞いた諸葛亮は「魏はとくに名士が多いのであろうか。なんとかれら二人の用いられていないことか」（『三国志』諸葛亮伝注引『魏略』）と嘆いた。こうして、志の実現のため劉備に賭けた者は苦難の道を切り開き、一方、安定を求め曹操に従った者はそれなりの地位を得たのである。

3．君自ら取るべし

益州に拠る

後漢末、宗室の劉焉《りゅうえん》は、州牧《しゅうぼく》の設置を建言すると共に、「天子の気」〔天子が新たに即位する気配〕がある地域、と言われていた益州の州牧となった。しかし劉焉は、入蜀の当初、益州豪族の力を借りなければ、益州を混乱させていた「馬相《ばそう》の乱」すら平定できなかった。乱の平定後、劉焉は乱の参加者を許し、「東州兵《とうしゅうへい》」〔西州＝益州の兵ではなく、劉焉直属の兵という意味〕に編制して、自らの軍事的基盤を構築した。黄巾を編制した曹操の青州兵と同質の軍事集団である。

東州兵を組織した劉焉は、一転して豪族を抑圧し、益州支配を確立する。さらに、長安への道中にある漢中《かんちゅう》に勢力を持つ五斗米道《ごとべいどう》の張魯《ちょうろ》の母と通じ、朝廷には「米賊《べいぞく》が道を塞ぎました」と報告して税を送らず、勝手に自ら天子の礼制を用いて、独立政権としての形を整えた。

興平《こうへい》元（一九四）年、劉焉が卒すると、支配者としての資質に乏しい第三子の劉璋《りゅうしょう》が益州牧を継承する。それを機に、東州兵の武力により益州豪族を抑え込む、という政権の構造に起因する両者の対立が激化し、益州豪族の趙韙《ちょうい》が反乱を起こす。この乱により、劉璋政権は崩壊寸前にまで追い込まれてしまう。東州兵の「死戦」により乱は平定されたが、政権の求心力は低下した。

さらに、張魯も劉璋の愚昧を理由に従わず、劉焉には従っていた巴夷《はい》〔巴（重慶市周辺）に居住する異民族〕を背かせた。これに対して、劉璋が張魯の母と弟を殺すと、両者は強く敵対する。劉璋は、龐羲《ほうぎ》に張魯を攻撃させるが、逆に巴郡を奪われ、劉璋政権は張魯の脅威にも晒《さら》されることになった。

こうした益州の状況に不満を持つ張松《ちょうしょう》や法正《ほうせい》は、劉備の入蜀を画策した。これに乗じて、劉備は張魯討伐を名目に益州に軍を進め得た。劉備の入蜀に対して、東州兵は苛烈な抵抗をみせる。かれらは、涪《ふう》・綿竹《めんちく》・葭萌《かぼう》で激しく交戦し、軍師《ぐんし》中郎将《ちゅうろうしょう》の龐統を戦死させるなど、劉備の益州平定に二年余の歳月を費やさせた。劉璋政権を支え続けた東州兵の強大な武力をここにみることができる。

劉備入蜀後の人材登用

劉備の旧劉璋政権構成員への対応は、蜀郡太守でありながら亡命した許靖《きょせい》をその名声ゆえに高い地位につけた態度を典型とする。つまり、名士や豪族の影響力を尊重し、なるべく多くの名士を政権に参加させようとしたのである。劉備を迎えることに反対した黄権《こうけん》や、張飛を罵倒した厳顔《げんがん》を優遇したことも、かれらの持つ益州への影響力を利用するためであった。

益州名士や豪族は、東州兵の横暴により、劉璋政権に失望していた。それが、さしたる正統性を持たない劉備の益州支配を受け入れた主因であった。かれらは、政権への参与により、郷里における社会的勢力を保持することを願っていた。したがって、劉備による蜀漢政権の益州統治のあり方が、かれらの今後の動向を決することになる。

一方で、諸葛亮の「草廬対」は、天下統一策であった。このため入蜀の当初、諸葛亮、そして劉備にとって益州は、天下統一のための拠点の一つに過ぎず、益州を特別扱いする必要はなかった。もちろん劉備は、入蜀後、諸将に成都城内の宅地と周辺の田地を分与しようとする案を退けるなど、新領土の支配に行き届いた配慮をみせている。しかし、益州出身者を優遇して、益州に安住するための基礎を築く、といった政策は積極的には行われていない。

先主（劉備は荊州牧のほか）また益州牧《えきしゅうぼく》を兼任した。諸葛亮は股肱《ここう》であり、法正は謀主であり、関羽・張飛・馬超は爪牙《そうが》（にたとえられる武臣）であり、許靖・糜竺《びじく》・簡雍《かんよう》は賓友《ひんゆう》（の扱いを受ける臣下）であった。および董和《とうか》・黄権《こうけん》・李厳《りげん》たちは、もと劉璋が用いていた者であり、呉壱《ごい》〔呉懿〕・費観《ひかん》たちはまた劉璋の姻戚であり、彭羕《ほうよう》はまた劉璋が排斥した者であり、劉巴は（劉備が）むかしから恨みに思っていた者である。みなこれを高位につけ、その才能を発揮させた。志を持つ士で、競って忠勤しないものはなかった。

劉備が益州牧となった建安十九（二一四）年の人材登用を称えた記録に挙げられた益州出身者は、黄権〔のち曹魏に降服〕と彭羕《ほうよう》だけである。彭羕は、益州広漢《こうかん》郡の名士であり、入蜀後、劉備の寵遇を受けた。治中従事《じちゅうじゅうじ》に抜擢されて、一時は諸葛亮・法正と並称されるほど重用されたが、諸葛亮により彭羕の勢力伸長は抑え込まれた。劉備政権において、益州出身者が優遇されたとは言い難い。

法正を寵用した理由

諸葛亮に次いで記される法正は、司隷扶風《しれいふふう》郡から戦乱を益州に避けた名士である。劉璋に仕えたが志を得ず、劉備の入蜀を劉璋の側から画策した。龐統の戦死後は、代わって謀議に与《あず》かり、益州の平定に多大な功績を挙げた。また、孟達《もうたつ》・郤揖《げきゆう》など地縁で結びつく勢力基盤を持ち、その才能も、「諸葛亮はいつも法正の智術を優れているとした」（『三国志』法正伝）と伝えられ、諸葛亮に十分対抗し得た。

劉備の入蜀後、法正は、「外は（蜀郡太守として）畿内《きだい》を統治し、内は謀主とな」るほど劉備に寵愛され、「ほしいままに、かつて自分を非難した者を数人殺す」ほどの専権を振るった。こうした法正の専権に対する非難が諸葛亮に寄せられても、諸葛亮は、「先主がつねづね法正を愛信していることを知」っていたので、法正の専横を抑えることができなかった（『三国志』法正伝）。

法正と諸葛亮とは、個人的には親しくない。ただ、「諸葛亮は法正と好み尊ぶところが同じではなかったが、公の立場から（法正を）受け入れていた」（『三国志』法正伝）という。しかも、法正と同じく劉璋《りゅうしょう》に仕えていた呉懿《ごい》〔呉壱〕の妹を后《きさき》とすることを進言した者も、漢《かん》中《ちゅう》討伐を劉備に勧め、従軍して策を立てた者も法正であったように、入蜀後の劉備は、法正の献策により行動を決することが多かった。そして劉備は、法正の進言を受けて漢中王となると、法正を尚書令《しょうしょれい》に任命する。

尚書令は、後漢の官制を踏襲する劉備政権では、行政の中心となる尚書台の長官という要職である。対して、このときの諸葛亮は軍師将軍《ぐんししょうぐん》に就いていた。軍師将軍の前に就いていた、軍師中郎将を帯びて、諸葛亮は孫呉への使者となっている。使者に出る中郎将は、後漢では五《ご》官中郎将《かんちゅうろうしょう》であり、学識を必要としていた。曹丕《そうひ》は、五官中郎将として官属を持ち、丞相《じょうしょう》の副となっている。軍師中郎将の位置もそれなりに高かったと考えてよい。

さらに諸葛亮は、軍師将軍となって左将軍の府事を統括したので、劉備の左将軍府では責任者であった。とはいえ軍師将軍は、正当に権力を振るい得る尚書令に比べれば伝統的に権力の掌握できる地位ではなく、実際にも法正の主導により劉備は行動していた。

劉備が法正を寵用して、諸葛亮の対抗勢力を作ろうとしたことは明白である。ここに、三顧の礼より続く、諸葛亮と劉備とのせめぎあいを見ることができよう。

劉備と諸葛亮のせめぎあい

せめぎあいと対立とは異なる。諸葛亮と劉備が対立しているのであれば、曹操が荀彧を殺害したように、諸葛亮を殺すことも可能であった。しかし、諸葛亮と劉備とは、漢室復興という目的では完全に一致し、互いに信頼しあっている。ただ、どのように漢を復興していくのか、という手段においては差異があったのである。

たとえば、劉備の入蜀時、インフレーションに喘《あえ》ぐ経済を立て直した劉巴は、張飛を「兵隊野郎」と見下したこともあり、劉備は嫌っていた。一方、諸葛亮は、荊州出身の経済官僚である劉巴を重く用いたい。こうした両者の思惑が、せめぎあいを惹き起こす。「君臣水魚《すいぎょ》の交わり」の印象では、諸葛亮は加入後即座に劉備集団の最高位に就いたと考えがちであるが、入蜀後も「班位《はんい》」〔朝廷の席次〕は糜竺《びじく》の下であり、名実ともに最高位に就くのは、法正《ほうせい》の死後である。それまでの間、諸葛亮は、自分の勢力基盤として、また名士を中核とする政権の樹立という自己の志の実現のためにも、荊州名士を劉備に勧めて重用させていく。

ただし、入蜀を機に荊州名士は減少していた。龐統は戦死し、馬良《ばりょう》・廖立《りょうりつ》・向朗《しょうろう》・潘濬《はんしゅん》らは、荊州に残留していた。劉備の寵愛を背景とする法正の勢力拡大、そして入蜀を機に自らの勢力基盤が弱体化した諸葛亮は、益州在住の荊州名士を積極的に登用・優遇して、勢力基盤の補強をはかる。

蜀漢政権では、諸葛亮の輔政期〔二二三～二三四年〕を中心に、荊州出身者が政権内の要職を占めていたが、注目すべきことは、荊州から劉備とともに入蜀した荊州出身者のみで優越は形成されず、李厳《りげん》・董和《とうか》・費禕《ひい》など益州に在住していた荊州名士と相俟《ま》って優越が成立していることである。かれらを政権に参加させ、重用した者は諸葛亮である。劉備の入蜀以降に加入した臣下の中に、劉璋政権には仕えず、劉備政権になって新たに仕えた益州在住の荊州人士が一一名も確認できるのは（巻末・附表2を参照）、諸葛亮がかれらの登用を図った結果と考えられる。

諸葛亮は、かれらを登用するだけではなく、抜擢していく。「部隊編成は流れるように秩序を保ち、進退に渋滞することがないのは、正方《せいほう》〔李厳の字《あざな》〕の性〔本質〕に基づく」と、諸葛亮は李厳の人物評価を行い、尚書令《しょうしょれい》・中都護《ちゅうとご》に至らせた（『三国志』李厳伝）。また、南征より凱旋した際には、費禕を特別に優待して、「多くの人は（費禕への）見方を変えない者はなかった」ようにし（『三国志』費禕伝）、のちに後継者の一人に指名している。

このように諸葛亮は、益州在住の荊州名士を人物評価することで、自らを中心とした荊州名士社会に仲間入りをさせようとした。そしてかれらを優遇して政権の要職に就けていくことで、自らの勢力基盤を補強した。蜀漢政権における荊州名士の優越の原因は、益州在住の荊州人士だけをとくに優遇するつもりのなかった劉備に、諸葛亮がそれを優遇させたことに求められるのである。

漢室復興

劉備は、成都を落とすと、すでに曹操が占領していた漢中《かんちゅう》に攻め込む。漢中を持たなければ、蜀は中原への出口を得られないためである。この戦いで黄忠が夏侯淵を斬り、援軍に来た曹操を破って、劉備は漢中を領有した。

その後曹操が死去し、曹丕《そうひ》が漢を滅ぼして曹魏を建国した際、劉協《りゅうきょう》〔曹魏の諡では孝献皇帝〕が殺されたと伝わった。だが、これは蜀側による意図的な誤報と考えてよい。劉協が生きていては、蜀漢建国の正統性が得られないためである。劉備は、「孝愍《こうびん》皇帝」と諡を贈り、喪に服した。群臣は帝位に就くことを勧めたが、劉備は許諾しない。諸葛亮は、次のように即位を勧めている。

……いま**曹氏は漢を簒奪《さんだつ》し、天下には主君がおりません**。大王〔漢中王の劉備〕は劉氏の苗裔《びょうえい》で、その血筋を継いで起こりました。いま帝位に即くのは、当然のことなのです。

『三国志』巻三十五　諸葛亮伝

諸葛亮は、曹丕が漢を禅譲《ぜんじょう》〔平和的な政権移譲〕したことを簒奪《さんだつ》〔逆臣による政権強奪〕と位置づけ、劉協〔献帝〕の崩御により天下に主君がいないことを理由に即位を勧進《かんじん》した。

こうして劉備は即位して漢室復興という志を実現した。

しかし、劉備は志を実現しても鬱々《うつうつ》として楽しまない。荊州を守っていた関羽が、孫呉の裏切りによって戦死していたのである。

劉備と情を同じくする張飛は、関羽の仇討ちを泣いて劉備に頼み込む。情義に生きてきた劉備は、関羽の仇討ちのため、諸葛亮の基本戦略に背いて孫呉に攻め込む。趙雲が征呉に反対したように、蜀漢の不倶戴天《ふぐたいてん》の敵は曹魏であって、関羽の仇討ちは劉備の個人的な情の暴走に過ぎない。

それでも、諸葛亮が東征に反対したという記録はない。諸葛亮は、劉備の魅力と危険性をよく理解していたし、国是よりも関羽への情義を優先する劉備のカリスマ性に人々が集まっていることも知っていただろう。だが、「宋襄《そうじょう》の仁」という言葉もあるように、仁であることは、人としては正しくとも、政治的には誤っている場合もある。その両面性をよく理解していた諸葛亮は、評価していた劉備のカリスマ性と軍事的才能に、自らの拠点でもある荊州奪回の可能性を賭けたのである。しかし、劉備は夷陵《いりょう》の戦いで孫呉の陸遜《りくそん》に大敗する。

劉備は白帝城に逃れ、そのまま臨終を迎える。君主権力の最重要基盤である軍事力は、壊滅状態にあった。一方、諸葛亮の対抗勢力であった法正は、尚書令就任の翌年に卒し、孟達《もうたつ》も曹魏に降服して、法正勢力は消滅していた。諸葛亮は、後任の尚書令に劉備の嫌っていた劉巴を就けるなど、益々《ますます》勢力を伸長させた。劉備が即位すると、諸葛亮は丞相《じょうしょう》・録尚書事《ろくしょうしょじ》に任命され、名実ともに初めて文武百官の頂点に立った。

「君自ら取る可し」の真意とは

こうしたなか、劉備は、諸葛亮に遺言を告げる。

君の才能は曹丕《そうひ》の十倍である。必ずや国家を安んじ、最後には（天下統一の）大事業を成し遂げよう。もし後継ぎ［劉禅《りゅうぜん》］が輔佐するに足りれば、これを輔佐せよ。もし才能がなければ、**君が自ら天子の位を取るべきである。**

『三国志』巻三十五　諸葛亮伝

「君が自ら天子の位を取るべきである」（書き下し文は「君自ら取る可し」）という言葉は穏やかではない。これは、遺令《いれい》であるため、強い拘束力がある。劉禅が輔佐するに足りないことは衆目の一致するところである。そのうえで、劉備は諸葛亮に即位せよと命じているのである。

それでも、陳寿は、この遺言を「その国をすべてまかせて孤《みなしご》（の劉禅）を諸葛亮に託し、心になんの疑いも持たなかったことは、まことに『君臣の至公《しこう》』［君臣の私心なきあり方として最高のものであり］、『古今の盛軌《せいき》』［古今を通じての盛んな行い］である」と絶賛している（『三国志』先主伝）。尋常でないほどの信頼関係があるから、即位せよという命令を遺せたとするのである。そして、陳寿は、これを表現するために『諸葛氏集《しょかつししゅう》』を編纂し、それが司馬昭《しばしょう》に認められて『三国志』を編纂することになった。陳寿の『三国志』の中核部分は、旧敵国であっても蜀漢の丞相《じょうしょう》諸葛亮は、西晋に生きる人々が学ぶべき対象となる、君主との篤い信頼関係を持っていたとする、とここの主張に置かれている。

　これに対して、明《みん》末の思想家王夫之《おうふうし》〔王船山〕は、「君自ら取る可し」を君主として出してはならない「乱命」であるという。劉禅を殺して即位せよという命令は、実行できないからである。さらに、王夫之は、陳寿が「君臣の至公」で「古今の盛軌」と称える君臣の信頼関係をも批判し、諸葛亮は関羽ほど劉備に信頼されてはいなかった、と述べている（『読通鑑論《どくつがんろん》』三国）。信頼関係があれば、守れるはずもない「乱命」を出す必要がないためである。

　三顧の礼をめぐる「せめぎあい」から、法正の寵用による対抗勢力の育成までをみてくると、王夫之の洞察力の高さに気づく。漢室復興を志とする諸葛亮は、もちろん最期まで劉備の遺児劉禅を輔佐し続けた。しかし、この遺言には、劉備と諸葛亮との緊張関係が凝縮されている。

　劉備の志は、関羽・張飛らとの情義を貫くことにあった。それは、関羽の仇討ちに倒れるという最期まで貫かれた。これに対して、諸葛亮の志は、自分たち名士が政権の中心となり、理想の国家を建設することにあった。そのためには、君主とせめぎあってでも政策を推進していく。そのせめぎあいに備えて築きあげた諸葛亮の勢力基盤は、「君自ら取る可し」と劉備に言わしめるほど確固不抜なものとなり、それと共に蜀漢政権における荊州人士の優越も確立していたのである。

4. 地縁を超えて

諸葛亮による荊州人士の優遇

劉備が建国した蜀漢は、諸葛亮輔政期〔二二三～二三四年〕を中心に、荊州を失い支配領域が益州一州になりながらも、尚書系統の官職を中心に荊州人士が政権を左右し得る優越的な地位に就任していた。それは、劉備親政期〔二二一～二二三年〕から現れていた現象である。この時期の蜀漢政権では、益州出身者は、尚書郎《しょうしょろう》〔行政の中心である尚書台の構成員〕に一名、九卿《きゅうけい》〔蜀漢では、名目的な大臣職〕に三名、将軍に一名が任命されただけであり、ほとんどの者が、州郡の属吏に止まっていた。劉備の尊重する彭羕《ほうよう》を排斥したように、諸葛亮は、法正《ほうせい》を寵用して亮を牽制《けんせい》する劉備に対して、益州在住の荊州名士を優遇して、自らの政治基盤とすることを優先していたのである。

劉備の即位にともない、諸葛亮は、軍師将軍から使持節《しじせつ》・丞相《じょうしょう》・録尚書事《ろくしょうしょじ》に任命され、張飛の死去により欠員となった司隷校尉《しれいこうい》を領《りょう》〔兼任〕した。さらに、劉禅の即位直後、武郷《ぶきょう》侯《こう》に封ぜられて丞相府を開き、まもなく益州牧《えきしゅうぼく》も領した。したがって、開府した時の諸葛亮は、使持節・丞相・録尚書事・領司隷校尉・領益州牧・武郷侯ということになる。

諸葛亮の本官は、丞相である。丞相諸葛亮は、使持節を帯びることにより、外交権、そして軍隊に対する指揮権を持つ。そして、録尚書事を加官されることにより、政務の中心であった尚書台の業務を統括する。さらに、司隷校尉を兼任して、首都成都の治安の最高責任者となり百官を弾劾できる権限を持ち、益州牧を兼任して、成都を含む益州全体の行政権を有した。最後の武郷侯は、封爵《ほうしゃく》〔領地を名目的に封建される爵位〕である。陳寿が記述するとおり、「政治は大事も小事もなく諸葛亮が決定した」と言い得る権力である。

こうして蜀漢の全権を掌握した諸葛亮が、政務を遂行するために開いたものが丞相府である。丞相府は、いかなる人的構成を持っていたのであろうか。

丞相府の筆頭幕僚は長史《ちょうし》である。長史には、王連《おうれん》〔荊州南陽〕・向朗《しょうろう》〔荊州襄陽《じょうよう》〕・楊儀《ようぎ》〔荊州襄陽〕の三名が就官している。諸葛亮は、徐州《じょしゅう》琅邪《ろうや》の出身であるが、その名声の場を荊州の襄陽に持つ、「荊州」名士であった。したがって、丞相府の属官の長官である長史には、司塩《しえん》校尉《こうい》として塩の専売で実績をあげ諸葛亮の信頼が厚い王連や、襄陽時代からの友人である向朗、その財務・事務の才能を諸葛亮が高く評価する楊儀を配して、荊州人士で権力の中枢部を構成していたことが理解できる。

また、諸葛亮が北伐を行う際に、成都に残り丞相府の留守を担当するために留府長史《りゅうふちょうし》が置かれた。それには、益州人士の中でも信頼の厚い張裔《ちょうえい》〔益州蜀郡〕、諸葛亮の後継者となった蔣琬《しょうえん》［荊州零陵］があてられた。張裔が留府長史の時には、蔣琬が留府参軍《りゅうふさんぐん》としてこれを輔佐しており、諸葛亮は北伐時の後事を蔣琬に託していることが分かる。諸葛亮の蔣琬への信頼の厚さを理解できよう。そして、かれら長史を中心として、丞相府の行政業務は、荊州人士を中心として遂行されたのだ。ちなみに、録尚書事として諸葛亮が総攬する尚書台の官職も、侍中も荊州人士が多く、これが蜀漢政権の人的構成の特徴となっている。

蜀漢名士社会の形式

諸葛亮が丞相府の留府長史に益州人士の張裔を辟召しているように、益州だけを統治する蜀漢政権において、益州人士を登用していくことは必要不可欠であった。

諸葛亮は、荊州名士社会に益州出身者を組み込むことで「蜀漢名士社会」の構築を目指していく。もちろん、蜀漢政権以前の益州にも、董扶《とうふ》や任安《じんあん》などの学者集団や、王商《おうしょう》らを中心とする名士社会の萌芽は存在した。しかし、劉焉《りゅうえん》・劉璋《りゅうしょう》政権はそれを育成し、支持基盤とすることはなかった。東州兵《とうしゅうへい》の武力に依存する支配に、董扶は官を去り、任安は出仕しなかった。王商ら名士も許靖《きょせい》を迎えて一時活気づいたが、益州全体を束ねる名士社会が形成されることはなかったのである。

諸葛亮は、蜀学の学者たちや名士を丞相府に辟召することで、かれらを自分の名士社会に組み込んでいく。諸葛亮の丞相府《じょうしょうふ》の属官に二八名［数字は延べ数、以下同］の荊州出身者とともに、一五名の益州出身者が見られるのはそのためである。

諸葛亮が、益州出身者を自分の名士社会にどのように位置づけたかを直接語る史料はない。しかし、第一次北伐の際に涼州《りょうしゅう》で帰順した姜維《きょうい》の事例から、それを推測できる。

姜伯約《きょうはくやく》〔姜維〕は**忠勤時事、思慮精密**である〔その時々の仕事を忠実に勤め、思慮は精密である〕。その才能を考えると、永南《えいなん》〔李邵《りしょう》〕・季常《きじょう》〔馬良《ばりょう》〕の諸君も及ばない。この人は、涼州の上士である。

『三国志』巻四十四 姜維伝

諸葛亮が、姜維の人物評価を書き送った相手は、ともに丞相府の留府長史《りゅうふちょうし》〔成都に残った丞相府の留守居役〕であった張裔《ちょうえい》〔益州名士〕と蔣琬《しょうえん》〔荊州名士〕である。「忠勤時事、思慮精密」は曹魏の九品中正制度でいう「状《じょう》」〔郷品に附された人物評価、四字句または八字句で表現される〕にあたり、「永南・季常」との比較が「輩《はい》」〔九品中正制度において他人との比較によりその人物の位置を示すもの〕にあたる。

諸葛亮は、姜維〔涼州名士〕を「永南」〔李邵、益州名士〕と「季常」〔馬良、荊州名士〕に輩《くら》べている。これにより、益州名士の李邵が、諸葛亮を中心とする名士社会の構成員として、（荊州名士の）馬良と「輩」と位置づけられたことが分かる。こうして諸葛亮は、益州名士を荊州名士社会に組み込み、荊州と益州を一体化した「蜀漢名士社会」を形成していったのである。

益州統治の妙

蜀漢名士社会に位置づけられた益州名士は、その名声に応じて政権の要職に就官していく。曹魏の九品中正のように制度化されなかった理由は、諸葛亮の人物評価がそのまま官職に反映し、君主権力の劉禅ともせめぎあうことがなかったからであろう。

劉備親政期には、九卿という名誉職に就きこそすれ、多くの者が地方の属吏に止まっていた益州出身者が、諸葛亮輔政期〔二二三～二三四年〕には、政治の中枢である丞相府の留府長史や尚書僕射《しょうしょぼくや》〔尚書台の次官〕などの要職に進出し、都督《ととく》や郡太守の多くを益州出身者が占めるに至るのである。こうして益州名士を蜀漢名士社会に組み込み、その影響力を統治の支柱とすることに成功した諸葛亮は、「西土《せいど》〔益州〕はみな諸葛亮が、その時々の人の才能を尽くすことに服した」（『三国志』楊洪伝）と高い評価を受けるほど、益州統治を安定させることができたのである。

諸葛亮の益州統治は、経済的に益州豪族の利害と競合しない努力がなされたことにも特徴がある。その典型が北伐の準備として行われた南征《なんせい》と南中《なんちゅう》〔現在の雲南省〕統治である。

諸葛亮は、草廬対《そうろたい》において、「西方では異民族と連和し、南方では異民族を慰撫《いぶ》する」という異民族政策を述べていた。これは、後漢「儒教国家」の異民族政策の継承である。劉備がこの方針に基づき、異民族政策を進めたことは、孫呉を攻撃した際に、馬良《ばりょう》が武陵蛮《ぶりょうばん》に蜀漢の官印と称号を与え、蜀漢の味方につけたことより確認できる。こうした兄の影響であろうか。弟の馬謖《ばしょく》は、南征へ向かう諸葛亮に対して、「心を攻める」ことを献策したという。

南中《なんちゅう》はその地が険しく遠いことを頼んで、久しく帰服しておりません。今日これを破ったとしても、明日にはまた背くだけです。……異民族を滅ぼし尽くして後の憂いを除くようなことは、仁者の情ではありませんし、かつまたすぐにできることでもありません。そもそも用兵の道は、心を攻めることを上とし、城を攻めることを下といたします。心で戦うことを上とし、兵で戦うことを下とします。どうか（諸葛）公は**異民族の心を服従**させられますように。……諸葛亮が世を終えるまで南中はあえて背くことはなかった。

『三国志』巻三十九 馬良伝附馬謖伝注引『襄陽記』

馬謖は、南中を攻めようとする諸葛亮に異民族の心を服従させることを勧めている。ただし、「諸葛亮が世を終えるまで南中はあえて背くことはなかった」という結論が史実に反するため、史料的価値に疑問は残るが、諸葛亮の南征は「異民族を滅ぼし尽く」すものではなかった。

南土が平定されると、李恢《りかい》は軍功が多いことにより、漢興亭侯《かんこうていこう》に封建され、安漢《あんかん》将軍を加えられた。後に（南征の）軍が（成都に）帰ると、南夷《なんい》はまた背き、守将を殺害した。李恢は自ら行って討伐し、悪党を殺し尽くし、その豪帥を成都に徙民し、賦を叟《そう》・濮《ぼく》の**耕牛・戦馬・金銀・犀革《さいかく》より出し、軍資を充実させた**ので、その時には（国家の）費用は乏しくなかった。

『三国志』巻四十三　李恢伝

諸葛亮の南征後も、軍が帰ると南夷の乱は続いた。『襄陽記《じょうようき》』の「南中はあえて背くことはなかった」が修辞であることを理解できよう。それでも、南中統治を担当した李恢や張嶷《ちょうぎょく》たちは、乱の首謀者のみを処罰するにとどめ、可能な限り寛容な統治を行うことで、「耕牛・戦馬・金銀・犀革《さいかく》」といった北伐のための軍資を南中より供出させ続けた。

蜀漢が、武力により南蛮を制圧し尽くさなかった理由には、当初、南中で乱が起きた際に、孫呉が交州道《こうしゅうどう》〔長江下流域から交州を経由して南中に至る道〕を経由して南中の乱を支持したこともある。そのため乱の平定後も、蜀漢はなかなか南中を直接統治できなかった。諸葛亮の南征後も越巂《えっすい》太守は、郡治を「八百余里」も遠くに置かざるを得なかった。『漢晋春秋《かんしんしゅんじゅう》』に記される、諸葛亮が漢人を官僚として南中に残さなかったという伝説は、あながち嘘ではない。南中統治のために派遣していた庲降《らいこう》都督が、夷狄《いてき》の地にその治所を移したのは、諸葛亮の晩年であった。

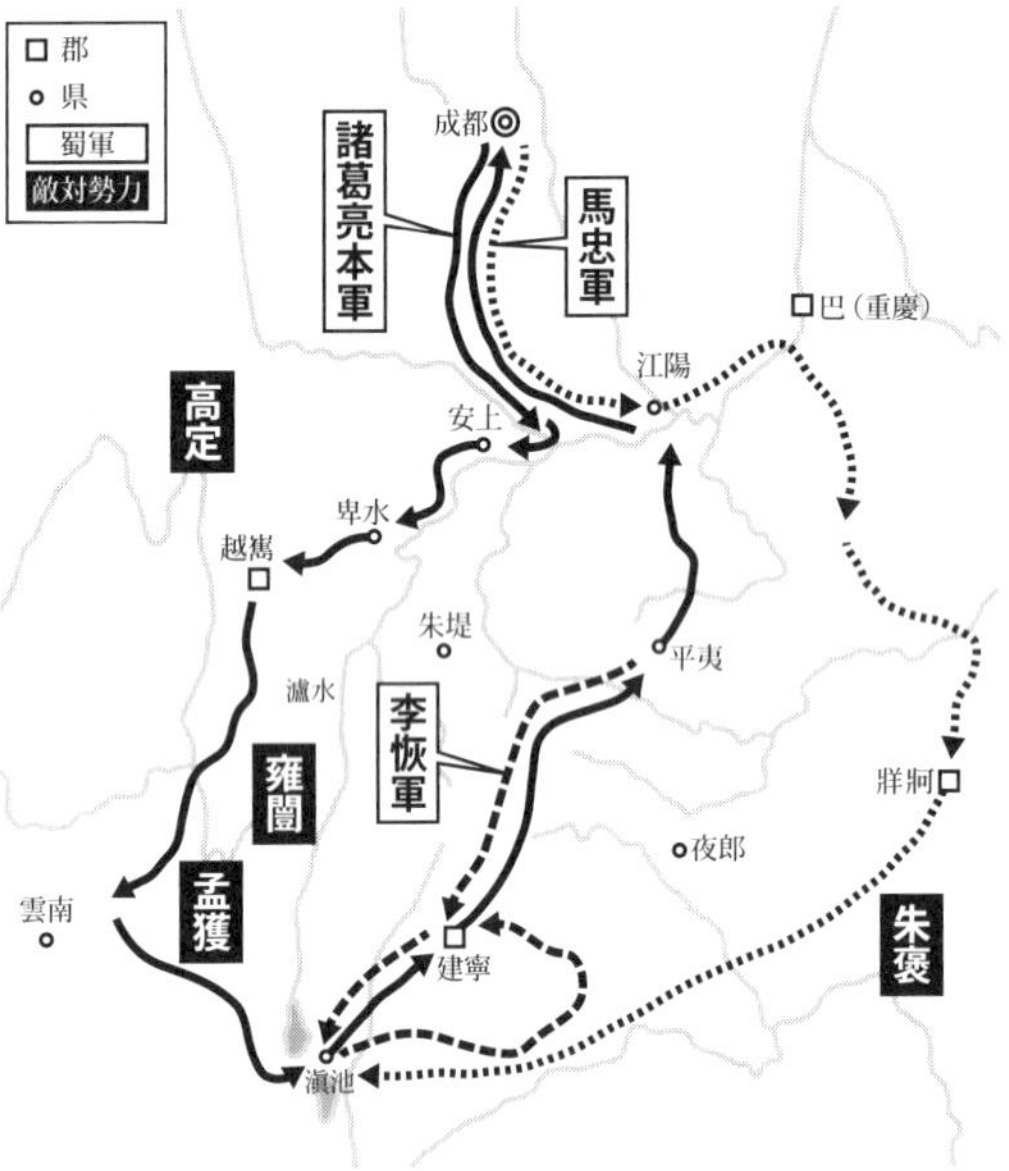

諸葛亮の南征

建興《けんこう》十一（二三三）年、馬忠《ばちゅう》が劉冑《りゅうちゅう》の反乱を平定したことを機に、ようやく庲降都督の治所は建寧郡（味県《みけん》）に移り、南中への直接統治が進展する。それでも、蜀漢の南中統治は、孫呉の山越《さんえつ》政策のように、武力により強制的に異民族を軍隊に組み込もうとするものではなく、塩・鉄などの軍資を獲得し、「西南シルクロード」と呼ばれる交易路を確保することに主眼が置かれた。こうした蜀漢の南中統治は、草廬対で示された南方では異民族を慰撫するという諸葛亮の異民族政策を基本に置くものであった。

諸葛亮は、自らの荊州勢力にある程度有利な形で、益州名士を名士社会に組み込んだ。そして、荊州出身者の優越を益州出身者を含めた蜀漢名士社会の自律的秩序として、益州出身者に認めさせた。こうした支配のあり方こそ、諸葛亮輔政期の特徴である。

ここでは、益州出身者は、蜀漢名士社会の位置づけに応じた官に就くことができる、という期待を抱きながら、荊州名士の優越を認めることになる。荊州名士の政治的優越という貴族制の萌芽が、諸葛亮輔政期には益州出身者に支持された主因は、諸葛亮が益州出身者を自分の名士社会へ組み込み、蜀漢名士社会を形成したことにある。もちろん、その際に、益州の名士・豪族の既得権を侵害しないことに努めた南中統治に代表される経済政策や、法の公正な適用に代表される政治的安定の実現、さらには蜀学《しょくがく》を保護する文化政策など諸葛亮の努力を見逃すことはできない。こうして諸葛亮は、北伐に耐え得る益州統治を築き上げたのである。

5. 諸葛亮の志

国の存立意義

諸葛亮の志は、漢室の復興だけに止まらず、「聖漢による大一統」にあった。諸葛亮は、建《けん》興《こう》五（二二七）年、出陣にあたって北伐の正統性を天下に示すために「出師《すいし》の表」を上奏する。

先帝《せんてい》（劉備）は始められた事業〔聖漢の大一統〕がまだ半分にも達していない中道で**崩殂**《ほうそ》されました。いま天下は三分し、益州《えきしゅう》は疲弊しております。これは誠に危急存亡の秋《とき》です。それでも陛下のお側を守る臣下が宮中の内で警戒を怠らず、忠義の志を持つ臣下が外で粉《ふん》骨砕身《こっさいしん》しているのは、先帝の格別の恩顧を追慕し、これを陛下にお返ししようと考えるためです。（ですから陛下は）必ずお耳を開き、先帝の遺《のこ》された徳を輝《かがや》かし、志士の気持ちを広げるべきです。決してみだりに自分を卑下して、誤った喩《たと》えを引き、道義を失い、忠言・諫言の道を閉ざしてはなりません。

『三国志』巻三十五　諸葛亮伝

「表」とは、天子に捧げる上奏文の中で、最も公開性の高い文章である。諸葛亮は、「出師の表」により、「聖漢」による「大一統」の実現という北伐の目的を明らかにする。

それは、劉備の死去を諸葛亮が表現した「崩殂」という字句に端的に現れる。「崩殂」は、天子の死去を表現する「崩御」と、漢の祖先と考えられていた堯《ぎょう》の死去を表現する「殂落」（『尚書《しょうしょ》』堯典《ぎょうてん》）を合わせた字句である。これにより、劉備が堯、すなわち聖漢の後継者として天子となり、「その事業が半分にも達していないうちに崩殂された」という際の事業が、「聖漢の大一統」であることを読み取り得るのである。

それは、そのまま北伐の正統性を示し、戦争目的を明示する役割を果たす。それだからこそ、益州が疲弊しても出兵しなければならないのである。

旧蜀臣であった陳寿は、曹魏を正統とする『三国志』の中で、劉備の死去を「殂《そ》」と表現している。諸葛亮の出師の表を典拠としながらも、曹魏を正統とするために「崩」の字を省いたと考えてよい。なお、秋を「とき」と読むのは、一年のうち収穫の秋が最も重要な「とき」であることによる。

出師の表は、こののち後漢の衰退理由を桓帝・霊帝の失政に求め、劉禅のもとに残していく者たちを信用すれば、漢室が復興することを述べる。

そして、一転して自らの私情を吐露する。

臣はもともと無官の身で、自ら南陽《なんよう》で晴耕雨読の生活をし、乱世において生命を全うするのがせいぜいで、諸侯に名声が届くことなど願っておりませんでした。しかし、先帝は臣の卑《いや》しきことを厭《いと》わず、みずから身を屈して、三たび臣を草廬《そうろ》に顧みられ、臣に当世の情勢をお尋ねになりました。**これによって感激し、先帝のもとで奔走することを承知いたしました**。そののち（長坂《ちょうはん》の戦いに）大敗を喫し、任務を敗戦の中に受けて、危難の最中に命令を奉じて（呉との同盟に）尽力し、いままで二十一年が経過しました。

『三国志』巻三十五　諸葛亮伝

襄陽市古隆中の三顧堂

裴注《はいちゅう》に引かれる『魏略《ぎりゃく》』と『九州春秋《きゅうしゅうしゅんじゅう》』は、三顧の礼などはなく、諸葛亮から劉備を訪ねたと伝える。しかし、裴松之《はいしょうし》は、ここに「三顧」が明記されていることを理由に、前二書の記事を否定する。「表」とは、公開を前提とする上奏文であり、そこに嘘を書くことはできない。諸葛亮は、三顧の礼を受けて感激して、劉備に仕えることを決意したと自らの情を述べる。智の人諸葛亮が垣間見せる情が人の心を打ち、古来より忠を代表する文章として出師の表は読み継がれてきた。

諸葛亮が居住していた隆中《りゅうちゅう》は、南陽郡鄧県《とうけん》であるが、建安十三（二〇八）年、曹操が荊州を領有すると、襄陽《じょうよう》郡鄧県とされた。『資治通鑑《しじつがん》』などで諸葛亮が住んでいた場所を「襄陽の隆中」とするのは、正しくない。襄陽郡に鄧県が編入された段階では諸葛亮は、隆中に住んでおらず、かつ曹操が定めた南陽から襄陽への変更に諸葛亮が従う必要はないからである。だからと言って、現在南陽市にある武侯祠は諸葛亮が居住していた隆中ではなく、現在の湖北《こほく》省襄陽《じょうよう》市にある「古隆中《こりゅうちゅう》」と称する遺跡こそ、諸葛亮の旧居である。

> 先帝は臣の慎み深いことを認められ、崩御されるにあたり臣に国家の大事をまかされました。ご命令を受けてより、日夜憂悶《ゆうもん》し、委託されたことへの功績をあげず、先帝のご明哲を傷つけることを恐れています。そのため五月に瀘水《ろすい》を渡り、不毛の地（である南中）にも入りました。いま南方はすでに平定され、軍の装備もすでに充足しましたので、三軍を励《はげ》まし率《ひき》いて、北に向かって中原の地を平定するべきであります。願わくは愚鈍《ぐどん》の才をつくし、凶悪な（魏の）ものどもをうち払い、漢室を復興し、旧都（洛陽）に帰りたいと思います。**これこそ臣が先帝のご恩に応え、陛下に忠を尽くすために果たさねばならぬ職責なのです**。……臣は大恩を受け感激にたえません。いま遠く離れようとするに当たり、表を前にして涙が流れ、申し上げる言葉を知りません。
>
> 『三国志』巻三十五　諸葛亮伝

瀘水《ろすい》は、チベット高原に源を発する長江本流の古称で、現在の金沙江《きんさこう》である。北伐して曹魏を滅ぼし、漢室を復興して洛陽に帰ることを掲げたあと、「これこそ臣が先帝のご恩に応え、陛下に忠を尽くすために果たさねばならぬ職責」と述べる一文が、「出師の表」の眼目である。

すべての軍事行動は、陛下劉禅への忠のために行われることを高らかに宣言する文が「出師の表」なのである。南宋の安子順が、「諸葛亮の出師の表を読んで涙を堕《おと》さない者は、その人必ず不忠である」と述べたように、「出師の表」は、晋の李密《りみつ》の「陳情表《ちんじょうひょう》」が「孝」、唐の韓《かん》愈《ゆ》の「祭十二郎文《さいじゅうにろうぶん》」が「友」を代表することに対して、「忠」を表す名文として『文選《もんぜん》』にも収録され、中国、そして日本でも読み継がれてきた。たしかに、「忠」という語彙が五回使用され、漢室復興のための北伐を先帝に受けた恩に報い、陛下に忠を尽くす職責と位置づける一文が表の中心であるため、「出師の表」は、諸葛亮の「忠」が煌《きら》めく文章である。

ただし、諸葛亮の「忠」は、文中に十三回も登場する先帝劉備への追憶に支えられ、七回しか登場しない陛下〔劉禅〕への「忠」は、劉備との結びつきの延長として尽くされる「忠」であることには留意したい。

一方、先帝の多用と並んで、「宜《よろ》しく」が六回、「必ず」「願はくは」と合わせると十回に及ぶ劉禅への注文からは、先帝の権威を借りて、諸葛亮が留守中の劉禅に訓導を行おうとしている姿勢を見ることができる。そのなかで諸葛亮は、自らが信任する宮中の侍中たちと丞相府を預かる留府長史たちに国務を相談すべきことを繰り返し述べている。

こうした諸葛亮の配慮が通じたのか。幸いにして、劉禅は諸葛亮を固く信じ、輔弼《ほひつ》の臣下の言に従い続けた。「亡国の暗君」として有名な劉禅であるが、諸葛亮を「相父《しょうほ》」〔丞相である父〕

と慕い、全く疑わなかったことは、諸葛亮が忠臣たり続けられた大きな要因である。

北伐の第一の目的は、「聖漢による大一統」の実現にある。蜀漢滅亡時、その「男女の人口は九十四万、武装した将士は十万二千」であった（『三国志』後主伝注引王隠《おういん》『蜀記《しょくき》』）。蜀漢は、総人口の約一割を兵士が占める軍事国家なのである。しかも、その軍隊は「一州の所有ではない」（『三国志』諸葛亮伝注引『漢晉春秋《かんしんしゅんじゅう》』）とされるように、非益州出身者を多く含んでいた。そうした言わば、外来の征服者を益州に養ってもらうための正統性が、「聖漢による大一統」という国是《こくぜ》であった。「聖漢による大一統」という国是を遂行しない蜀漢は、存立の意義がない。諸葛亮は、国家の存在意義を賭けて、北伐に臨んでいたのである。

北伐のもう一つの目的

北伐の二つ目の目的は、諸葛亮が名士として軍事力を掌握することである。劉備の生前、諸葛亮は軍隊を指揮していない。龐統の戦死により劉備の入蜀が頓挫《とんざ》しかけた時、荊州より救援に向かったことが唯一の例外である。これは、劉備にとって已むを得ない事態であった。このとき以外は、君主権力の物理的な基盤である軍事力は、劉備およびその一族に比せられる関羽・張飛が掌握し続けていた。

孫呉では、孫策《そんさく》以来の信頼関係を持つ名士周瑜《しゅうゆ》が、軍事力を掌握していた。それほどまでの信頼関係を、諸葛亮は劉備との間に持っていなかったのである。

劉備の死後、南征・北伐を行うなかで、諸葛亮は軍事力を完全に掌握した。諸葛亮の丞相府は、蜀漢の実質的な政府として機能しており、朝廷さえも包含するような巨大軍府となっていた。それは、曹操の魏王国府のように、禅譲革命の際に出現する覇府《はふ》の様相を呈している。諸葛亮は、自らの持つ漢代的精神により、季漢から禅譲を受けて自らの国家を起こすことはなかった。しかし、それすら可能であるほどの権力を北伐を通じて掌握していたのである。

諸葛亮が自ら「益州 疲弊せり」と認めて行った北伐は、蜀漢という国家の存立意義をかけた「聖漢の大一統」の実現と、諸葛亮の軍事力の掌握という二つの目的を実現するために行われた。そして諸葛亮は、北伐に可能な限りの知を尽くしていく。

唯一の勝機

「出師の表」を奉った諸葛亮は、五万の兵を率いて漢中《かんちゅう》に駐屯した。漢中と曹魏の支配する関中《かんちゅう》平原との間には秦嶺《しんれい》山脈が連なり、行く手を阻む。山間を抜けて関中に達する道には、子午《しご》道《どう》・駱谷《らくこく》道《どう》・褒斜《ほうや》道《どう》〔斜谷道《やこくどう》〕・故道《こどう》・関山道《かんざんどう》の五つがあった。最も東側の子午道は漢中と長安を結ぶ最短の道で、駱谷道はその西を並行して走る。褒斜道は褒水《ほうすい》に沿って北に進み郿《び》へと到る道であり、褒斜道が関中平原に抜ける所に五丈原《ごじょうげん》がある。故道は、散関《さんかん》を経て関中西辺の要衝である陳倉《ちんそう》へ通じ、関山道はさらに西方の天水《てんすい》郡にぬける比較的平坦な道であった。

当初、諸葛亮の草廬対では、益州から長安を攻めるだけではなく、荊州から洛陽を目指す予

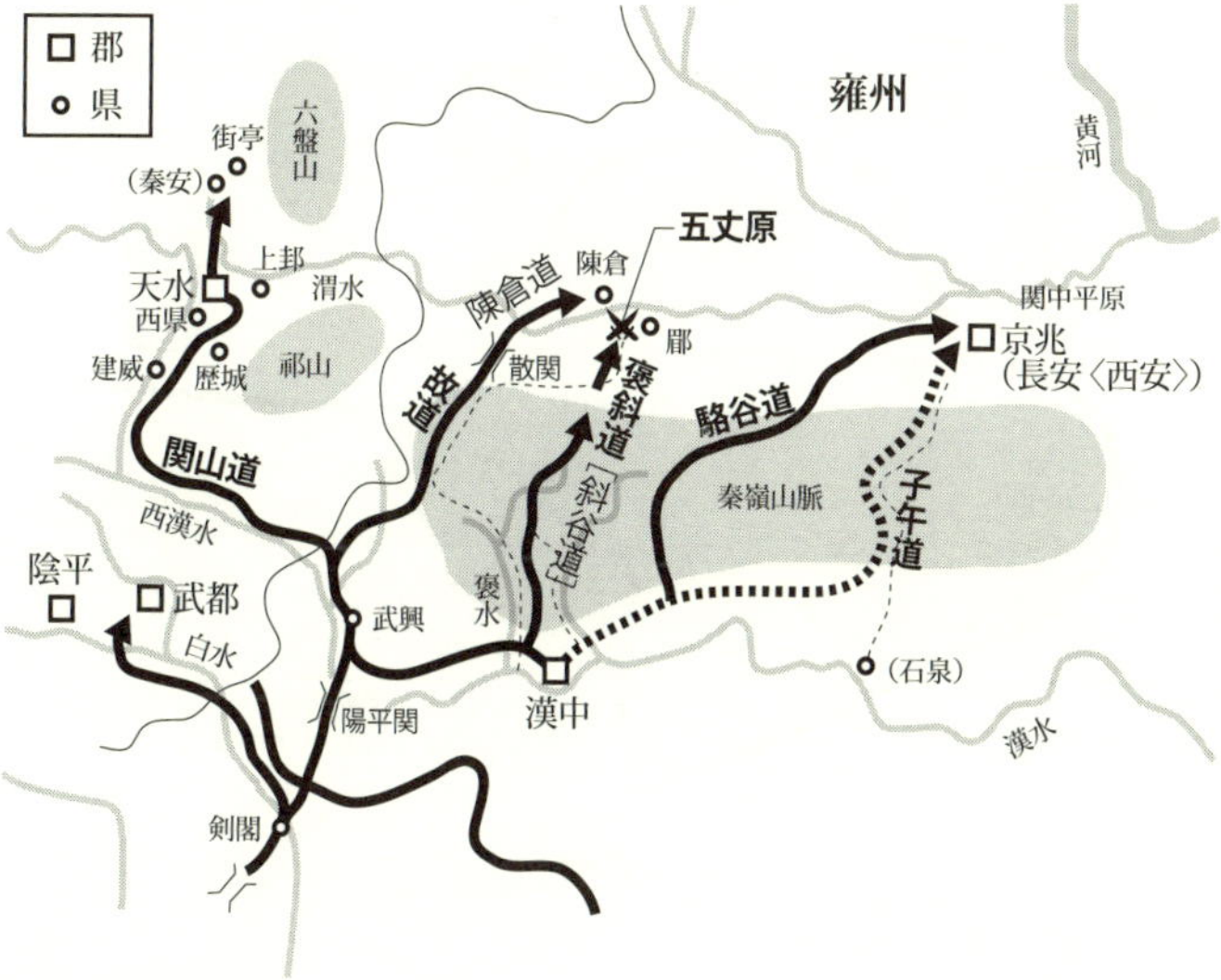

諸葛亮の北伐路

定であった。

　だが、関羽が殺され、劉備が敗れて、荊州は失われた。それでも諸葛亮は、両面作戦を模索する。関羽を救援せずに劉備に怨まれ曹魏に亡命し、曹丕に寵愛されたが、その死後、自らの地位に不安を持っている孟達《もうたつ》に、曹魏に背いて呼応するよう説得したのである。内応工作は成功し、孟達は反乱を起こした。しかし、瞬く間に司馬懿によって平定され、荊州北部から中原への進路は、司馬懿に抑えられた。

　諸葛亮が、二正面作戦に固執したのは、秦嶺《しんれい》山脈を越えるには、行軍がままならない桟道《さんどう》を通らざるを得ないためである。それでも、諸葛亮は、北伐を敢行する。建興六（二二八）年、諸葛亮四十八歳の時である。

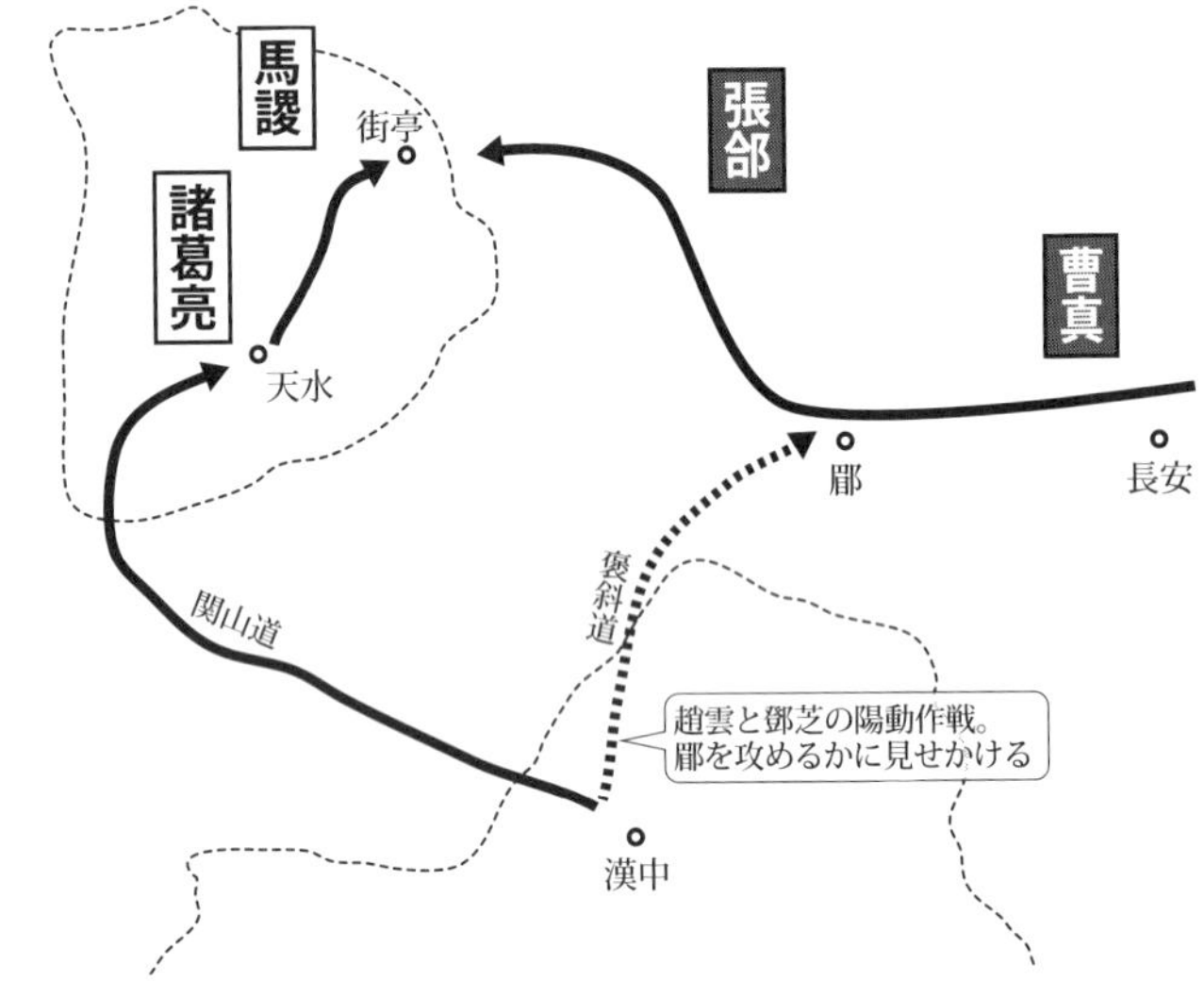

第一次北伐

勇猛で知られる魏延《ぎえん》は、子午道を通って一挙に長安を落とす戦術を主張した。しかし、これは成功すれば果実は大きいが、挟撃されると桟道を焼かれ全滅する危険性も高い。諸葛亮は採用せず、桟道が少なく大軍を動かすのに最も安全な関山道を通って、天水郡の攻略を目指し、趙雲と鄧芝《とうし》には、褒斜道から郿《び》をうかがう陽動作戦を行わせた。国力の優る曹魏に対して、直接長安・洛陽を攻めるのではなく、長安から涼州に至る道を遮断して涼州を確保し、西域への道や異民族を掌握して、曹魏と戦う後方拠点を作ろうとしたのである。非凡な戦術と言えよう。諸葛亮の勝機は、第一次北伐だけにあった。

この作戦は功を奏し、曹真《そうしん》が主力を郿に集めている隙に天水郡を占領、南安《なんあん》・安定《あんてい》郡をも支配し、涼州を分断することに成功した。しかし、隴西太守《ろうせいたいしゅ》の游楚《ゆうそ》は守りを固めて援軍を待ち（『三国志』張既伝注引『魏略』）、涼州刺史《りょうしゅうしし》の徐邈《じょばく》も州兵に金城太守《きんじょうたいしゅ》の軍を併せて東方に動員した（『三国志』徐邈伝）。

曹魏の明帝は、自ら長安に出陣すると共に、孫呉戦線にいた張郃《ちょうこう》を呼び返して涼州を救援させる。諸葛亮の本軍が涼州を陥落させるまで、張郃を食い止めれば、張郃を全軍で迎え撃つことができる。逆に張郃を食い止められなければ、涼州の軍と張郃に挟み打ちにされ、諸葛亮の本軍は大敗することになろう。諸葛亮は、張郃を食い止める場所を街亭《がいてい》と定め、ここで馬謖を起用する。

与えられた条件で最善を尽くす

馬謖は、天水郡東北の街亭で張郃を迎え討ったが、策に溺れて水のない山上に布陣した。諸葛亮は馬謖の出陣の際に、「山上に陣取るな」と命じていた。街道を守れば、少数の兵でも大軍を防げるためである。ところが馬謖は、大勝を求めて命令を無視し、山上に陣を布いた。諸葛亮の後継者と周囲に認めさせるためには、亮に命ぜられた以上の戦功を挙げたいと焦ったのである。副将の王平《おうへい》は、諸葛亮の指示どおり、街道に陣を布くよう再三諫めるが、馬謖は聞く耳を持たない。

街亭に到着した張郃は、山上に馬謖軍がいることを見て、水を断ち、水を断たれた蜀軍の士気が下がると攻撃を仕掛け、大いに馬謖を打ち破った。しかし、王平の軍が軍鼓を打ち鳴らし整然と踏みとどまったので、張部は伏兵を警戒して追撃を断念した。

馬謖の失態により、第一次北伐は失敗し、諸葛亮は軍をまとめて漢中に戻り、涙を振るって責任を問い、馬謖を斬った。また、自らも罰して三等下げて右将軍《ゆう》となり、敗戦の責任を明らかにした。

建興《けんこう》六（二二八）年、第二次北伐に際して、諸葛亮が上奏したという「後出師《こうすいし》の表《ひょう》」は、古来、真偽の議論が喧《かまびす》しい。陳寿の『諸葛氏集』・『三国志』には収録されず、孫呉の大鴻臚《だいこうろ》であった張儼《ちょうげん》『默記《もくき》』により伝わり、表中の趙雲《ちょううん》の死亡年が『三国志』の記述と異なることもあって、古来、偽作の疑いが掛けられてきたのである。

しかし、曹魏への現状認識、先帝という言葉の頻度、「賊である曹魏を伐たなければ王業は滅びてしまう」という北伐の意義表明、そして「ひたすら死力を尽くし、死ぬまで勤めて片時もやめない（鞠躬尽力《きくきゅうじんりょく》し、死して後已《や》む）」という北伐への強い決意は、諸葛亮の真作と判断するに足る内容を含んでいる。

曹魏が石亭《せきてい》で孫呉に大敗を喫したことを機に開始した第二次北伐は、故道を通り散関を越え、陳倉を攻撃した。曹魏の守将は郝昭《かくしょう》であった。難攻不落の陳倉攻略のため、諸葛亮は雲梯《うんてい》と呼ばれる梯子車《はしご》や、城門を破壊する衝車《しょうしゃ》を利用した。さらに、井闌《せいらん》という櫓《やぐら》から城内に矢を浴びせ、土を運んで堀を埋め、激しく攻めたてたが、二重の城壁に阻まれた。最後には、トンネルを掘って地下からも攻めたが、郝昭はすべてに怠《おこた》りなく対応し、諸葛亮も万策が尽きた。

長安から曹真が援軍を率いて押し寄せ、自軍の兵糧も底をついたため、諸葛亮はあきらめて兵を引いた。当時の武器の能力では、城を陥落させるためには、多くの日数が必要であった。しかし、補給の困難さは、十分な日数を諸葛亮に与えなかった。

建興七（二二九）年、諸葛亮は、曹魏の武都《ぶと》郡・陰平《いんぺい》郡を陳式《ちんしょく》に攻撃させた。実は、第二次北伐は、第三次北伐のための陽動作戦であった。第一次北伐によって、涼州を経由すれば、険しい桟道を避けて漢中から長安に向かえる、すなわち、逆に言えば長安から漢中に攻め込めることを魏に見せてしまったため、その通り道を塞ぐ必要があったのである。加えて、この地方には、チベット系の異民族である氐《てい》族・羌《きょう》族が居住していたので、かれらを味方につける目的もあった。曹魏は、郭淮《かくわい》を派遣して陳式を迎え撃たせた。そこで、諸葛亮は自ら軍を率い、曹真の先鋒である王双《おうそう》を倒し、郭淮を退けた。この功績により、諸葛亮は右将軍から再び丞相の地位に返り咲いた。街亭での敗戦を取り戻すために、涼州への道を探り続けているのである。涼州天水郡出身の姜維の重用も、この戦術に沿うものであった。これに対して曹魏は、曹真に子午道より攻め込ませたが、諸葛亮に撃退されている。

建興九（二三一）年、諸葛亮は第四次北伐を行う。今回は、木牛《もくぎゅう》を利用して兵糧を輸送し、関山道を通って祁山《きざん》を包囲した。前哨戦の後、司馬懿が率いる曹魏の主力と決戦を行い、大勝を得た。五回の北伐中、主力の決戦は、唯一この戦いのみである。

しかし、諸葛亮は撤退する。兵糧が続かなかったのである。その責任者は李厳であった。李厳は、諸葛亮が才能を高く評価した荊州名士である。高い能力を持つ李厳でも、桟道《さんどう》を通って兵糧を補給する作業は困難を極めた。その失敗には同情の余地がある。しかし、李厳は補給の失敗をごまかそうとした。李厳は罪に問われ、庶民に落とされる。それでも李厳は、諸葛亮がいつか許してくれると信じていた。やがて、諸葛亮の死去を聞き、李厳は病死する。自分が用いられる日は二度とこないであろうと。

建興十二（二三四）年、諸葛亮は、斜谷道より五丈原《ごじょうげん》に進んだ。兵糧不足に鑑み、第五次北伐では、木牛・流馬《りゅうば》で運搬に当たったほか、斜谷水《やこく》の河辺に土地を開墾し、付近の農民とともに屯田《とんでん》を行い、兵糧の確保に努めた。この軍屯により、諸葛亮を悩ませた兵糧の問題は解消しつつあった。

しかし、持久戦を強《し》いる司馬懿の前に、諸葛亮は陣没する。それでも、第四次北伐の際、追撃してきた張郃《ちょうこう》を倒した効果もあり、軍は追撃を受けず、漢中に退くことができた。

このように北伐の経緯をみてくると、諸葛亮の軍事的能力の高さに気づく。外交により孫呉の協力を引き出し、困難と言われる撤退を無傷で行い、兵糧補給の困難さを克服し、敗戦の後も責任の所在を明らかにして士気を維持した。与えられた条件のなかで、最善を尽くした司令官と言えよう。

「泣いて馬謖を斬」らざるをえぬ

北伐の勝機は、第一次だけにあった。その敗戦の原因は、諸葛亮による馬謖の抜擢にある。劉備は臨終の折、諸葛亮に「馬謖はいつも実力以上のことを口にしている。重く用いることはできない。君もその点を十分に考えるとよい」（『三国志』馬良伝附馬謖伝）と忠告していた。街亭の守将には、魏延か呉懿《ごい》が任命されると周囲も考えていたという。それでも、諸葛亮は馬謖に重任を授けた。

馬謖の兄で「白眉《はくび》」と称えられた馬良《ばりょう》は、孫呉との夷陵《いりょう》の戦いで死去し、龐統《ほうとう》も入蜀の際に戦死、徐庶《じょしょ》は曹魏に仕えており、襄陽グループの旧友は数少なくなっていた。長期戦化するであろう曹魏との戦い、四十八歳の諸葛亮は、自分の後継者と成り得る若い才能に賭けた。だからこそ諸葛亮は、「泣いて馬謖を斬」らざるをえなかった。荊州名士の馬謖の失敗を諸葛亮が庇《かば》えば、益州出身者の支持の上に成り立っている蜀漢は瓦解してしまうからである。

臣《わたし》は弱才でありながら、みだりに分不相応な（丞相という）位をぬすみ、みずから指揮をとって三軍を進めました。（しかし）軍規を教え軍令を明らかにできず、大事に臨んで怖《お》じ気《け》づき、街亭では命令に背かれる失態を犯し、箕谷《きこく》では戒めないための失策を犯しました。その罪はすべて臣の任命に方針がなかったことにあります。臣には人を見分ける明哲さがなく、事態に対処するのに盲目でありました。**『春秋』では、「責めは帥《すい》**〔総司令官〕**にある」としております**。臣の職はまさにそれに当たります。どうか位を三等級下げ、その罪を糾《ただ》してください。

『三国志』巻三十五　諸葛亮伝

丞相より三等降って右将軍となる上奏文で、諸葛亮が典拠とした『春秋』は、『春秋左氏伝』宣公《せんこう》伝十二年の条に引かれる、韓献子《かんけんし》が桓子《かんし》〔荀林父〕に、「元帥」の責任を説いた言葉である。諸葛亮が修めた荊州学は、儒教を実践的にするために『春秋左氏伝』を尊重していた。諸葛亮が、『春秋左氏伝』を刑罰の基準に用いていることが分かる。こうして諸葛亮は馬謖を斬り、自らをも罰して丞相《じょうしょう》から右将軍《ゆうしょうぐん》へと退き、益州に敗戦を侘《わ》びた。このため、諸葛亮への益州からの支持は揺るがなかった。「公」を旨とした諸葛亮の人事の特徴がここにある。

陳寿は諸葛亮を次のように評している。

諸葛亮は丞相《じょうしょう》として、人々を慰撫し、踏むべき規範を示し、官職を省き、時宜にかなった政策を行い、真心を開き、公正な政治を行った。忠を尽くしその時に利益となる行為をした者は、仇であっても必ず賞を与え、法律を犯し怠慢な者は、身内であっても必ず罰し、罪に服して反省の情をみせた者は、重罪であっても必ずゆるし、言い訳をしてごまかす者は、軽い罪でも必ず死刑にした。善行は微小なことでも賞さないことは無く、悪行は些細なことでも罰しないことは無かった。あらゆる事柄に精通し、物事はその根源をおさえ、名目と事実が一致するかを調べ、嘘偽りは歯牙にもかけなかった。こうして領内の人々は、みな**諸葛亮を畏《おそ》れながらも亮を愛し、刑罰と政治は厳格であったのに怨む者がなかったのは、亮の心くばりが公平で、賞罰が明確であったからである。**政治を熟知している良才であり、（春秋時代の）管仲《かんちゅう》・（前漢の）蕭何《しょうか》（といった名宰相に）匹敵するものと言えよう。

『三国志』巻三十五　諸葛亮伝評

このあと陳寿は、「毎年軍勢を動かしながら、成功をおさめられなかったのは、考えるに臨機応変の軍略は、亮の得意とするところではなかったからであろうか」と続ける。この部分は、諸葛亮を貶めるものだとして、後世の学者から陳寿は厳しく批判されているが、陳寿の諸葛亮評価は、引用した部分より読み取るべきであろう。

6. 理念に殉ずる

丞相の継承

諸葛亮没後の蜀漢を率いた者は、蔣琬《しょうえん》と費禕《ひい》であった。

蔣琬・費禕輔政期〔二三五〜二五二年〕の蜀漢は、曹魏に対する出兵を行わず、益州土着の政権として、政権の存続をはかった。したがって、蜀漢名士社会における益州名士の重要性は高くなり、馬忠《ばちゅう》が平尚書事《へいしょうしょじ》〔国政の中心である尚書台の責任者〕に就任したことを筆頭に、政権の要職に益州名士の進出が見られる。一方、荊州名士の勢力は減退したが、それでも蜀漢名士社会が存続していたため、そこで高い評価を受けていた蔣琬・費禕の支配は、なお安定を保っていた。

こうした状況のなかで、蜀漢を運営していくには、荊州名士と益州名士の対立を生み出さないような度量の広さが必要であった。蔣琬は、卓越した実務能力のほかに、大きな度量を兼ね備えていた。

たとえば、東曹掾《とうそうえん》の楊戯《ようぎ》は、大まかな性格で、蔣琬に返事をしないこともあった。ある人が楊戯を貶《おとし》めようと、「楊戯が目上の者を馬鹿にする態度はひど過ぎます」と蔣琬に告げた。しかし蔣琬は、楊戯が蔣琬の議論に反対の時には返事もしないことを「それが楊戯の快さである」と受け入れている（『三国志』蔣琬伝）。また、督農《とくのう》の楊敏《ようびん》は、蔣琬を「事を行う際に右往左往し、まったく前任者（の諸葛亮）に及ばない」と謗《そし》っていた。ある者がこれを蔣琬に報告し、取り調べたいと願い出た。ところが蔣琬は、「わたしが前任者に及ばないことは当然であり、取り調べる必要はない」と問題にしない。のちに楊敏は、別の事件で獄に繫がれた。人々はかねてから楊敏が蔣琬の悪口を言っていたので、死刑は免れないと思ったが、蔣琬は個人的な感情により楊敏を重い刑罰に処すことはなかった（『三国志』蔣琬伝）。丞相を継ぐには、このくらいの度量の大きさが必要なのである。

蔣琬以外にも、優秀とされる荊州名士は存在した。

たとえば、かつて廖立《りょうりつ》は、諸葛亮より、「龐統《ほうとう》と廖立は楚《そ》の良才」という人物評価を受け、龐統と並称された荊州名士である。ところが、才能・名声ともに諸葛亮に次ぐ、と自負していたにもかかわらず、李厳《りげん》の下に置かれた廖立は、鬱々《うつうつ》として楽しまず、やがて多くの名士を誹《ひ》謗《ぼう》する。これを放置すれば、荊州名士間だけではなく、益州名士との関係も悪化しよう。諸葛亮は、廖立を庶民に落とし、汶山郡《ぶんざんぐん》に流している（『三国志』廖立伝）。あるいは襄陽《じょうよう》グループの生き残りとしては、向朗《しょうろう》もいた。しかし、向朗は街亭《がいてい》の戦いで馬謖《ばしょく》が敗れた際に、その逃亡を黙認した。同じ荊州名士の襄陽グループであるため庇《かば》ったのである。こうしたことを諸葛亮は、最も嫌う。これがまかり通れば、益州名士からの支持を失うためである。亮は、馬謖を斬るとともに、向朗を免官して、その罪を明らかにした（『三国志』向朗伝）。

諸葛亮の後継者に最も近い、と自分で思っていた者は、楊儀《ようぎ》であろう。楊儀は北伐に随行して諸葛亮を支え、部隊の編成や軍糧の計算に卓越した能力を示していた。しかし、蔣琬とは対照的に度量が狭く、かつては上司の劉巴《りゅうは》と反《そ》りが合わずに左遷され、北伐では魏延《ぎえん》と対立して、亮の死後は魏延を反乱へと追いやった。蔣琬が後継者に選ばれてからは、不満をぶちまけ、庶民に落とされて漢嘉郡《かんかぐん》に流されている。それでも上書して蔣琬を誹謗したので逮捕され、最期は自殺を遂げた（『三国志』楊儀伝）。

カリスマ亡きあとの調停型とバランス型

このように見てくると、諸葛亮の人を見る目の確かさと、蜀漢の人材不足が分かる。それでも蔣琬《しょうえん》は、諸葛亮亡《な》きあとの蜀漢を維持し、没する年には、川を下って曹魏を征討する計画までを立てた。国力が回復した証《あかし》であろう。しかし、蔣琬はそれを実行する前に病死し、曹魏への反攻は、費禕《ひい》と姜維《きょうい》に委ねられることになる。荊州名士の優越している蜀漢政権において、カリスマ的指導者の諸葛亮が没したあとには、益州名士との融和を実現できる調停型の政治家が必要であった。それが蔣琬であり、また費禕であった。

かつて北伐の際、魏延《ぎえん》と楊儀《ようぎ》が争うと、魏延は刀を振りあげて楊儀に突きつけ、楊儀は涙を流して反発していた。そのとき、いつも両者に割って入り、諫め諭して分かれさせていた者が費禕である。諸葛亮が卒するまで、二人に能力を発揮させたのは、費禕の努力による。このように費禕は、諸葛亮が好む、実務能力に秀でた調停型の政治家であった。

蔣琬を継いだ費禕は、北伐を望む姜維《きょうい》に、「われらは丞相《じょうしょう》（諸葛亮）に遥《はる》かに及ばない。その丞相ですら、中原の地を平定することはできなかった。僥倖《ぎょうこう》を頼んで一戦で勝敗を決しようなどと考えてはならない」と言い聞かせ、姜維に一万の兵しか与えなかった（『三国志』姜維伝注引『漢晉春秋』）。姜維は不満であったろうが、費禕は、攻めなければ国是を失い、攻めすぎても危険な蜀漢の対外政策を抜群のバランス感覚で統制していた。そのバランス感覚は内政にも及んだ。諸葛亮輔政期からの荊州名士の優越は、費禕のときにも継続していた。費禕は、馬忠《ばちゅう》・張翼《ちょうよく》といった益州名士を積極的に要職につけ、荊州と益州のバランスを取っていく。この結果、姜維が政権を担当するときには、荊州名士の優越は、ほぼ見られなくなる。

費禕は、陽気で開放的な性格であった。このため、正月の大宴会で、楽しく飲み、無警戒に酔い潰れたところを曹魏からの降将郭循《かくじゅん》に刺殺された。費禕が死去することで、蜀漢政権の内部崩壊が始まっていく。

志を受け継ぐ

姜維は曹魏に仕えていたが、第一次北伐で諸葛亮に帰順し、抜擢された。中護軍《ちゅうごぐん》・征西将《せいせいしょう》軍《ぐん》にまで出世した姜維は、西方の風俗に習熟し、軍事の才能を自負していたので、羌族を味方につけ、隴《ろう》より西を曹魏から奪おうと考えていた。諸葛亮の第一次北伐の志と発想の継承である。

延熙《えんき》十六（二五三）年に費禕が卒し、姜維の軍事行動を抑制する者がいなくなると、衛将《えいしょう》軍《ぐん》の姜維は毎年のように出兵した。

延熙十七（二五四）年には、隴西《ろうせい》へ出撃し、狄道《てきどう》県の李簡《りかん》の降服を受け、曹魏の徐質を破り、河関《かせき》・狄道・臨洮《りんとう》の民を移住させた。翌年、車騎《しゃき》将軍の夏侯覇《かこうは》とともに、洮水《とうすい》の戦いで曹魏の雍州刺史《ようしゅうしし》である王経《おうけい》を撃破し、狄道城に王経を包囲した。しかし、曹魏の征西将軍の陳泰《ちんたい》［陳羣の子］が救援に来たので、包囲を解いて退却した。

延熙十九（二五六）年、姜維は、功績により大将軍に昇進した。そして、また曹魏を攻め、鎮西《ちんぜい》大将軍の胡済《こせい》と上邽《じょうけい》で落ち合う予定を立てた。だが、胡済は到《いた》れなかった。このため、段谷《だんこく》の戦いで、曹魏の鄧艾《とうがい》に大敗を喫し、多数の戦死者を出し、国内からの怨嗟《えんさ》の声が大きくなった。姜維は、敗戦を謝して、自ら官を下げることを申し出て、後《こう》将軍・行大将軍事［大将軍代行］となった。

景耀《けいよう》元（二五八）年、姜維は大将軍に返り咲いた。そして、録尚書事《ろくしょうしょじ》として国政を総覧する立場を得たものの、諸葛亮が形成した蜀漢名士社会は、分裂していく。姜維は、涼州天水《りょうしゅうてんすい》郡《ぐん》の出身で、亮の人物評価を受けて、蜀漢名士社会の一員となった者である。したがって、益州には地縁も血縁もなく、その勢力基盤は弱体であった。蜀漢名士社会においても、頼りとするものは亮の評価だけであり、蔣琬・費禕が地縁に基づき基盤とする荊州名士から受けたのと同様の支持を期待することは不可能であった。

志の分裂

姜維輔政期の荊州名士は、平尚書事《へいしょうしょじ》の諸葛瞻《しょかつせん》〔諸葛亮の子〕・董厥《とうけつ》、尚書令の樊建《はんけん》、右大将軍の閻宇《えんう》などが代表である。かれらは、地縁による結びつきを保ち、一つの政治勢力であり続けた。それは、初めて朝廷を統《す》べることになった諸葛瞻のもとへ、宗預《そうよ》〔荊州名士〕を誘って訪問しようとした廖化《りょうか》〔荊州名士〕の行動からも理解できる。

そしてこれらの荊州勢力は、費禕以来、姜維の止むことのない対外積極策に批判的であった。また、陳寿の師であり、この時期の蜀学《しょくがく》を代表する譙周《しょうしゅう》は、蔣琬・費禕輔政期には、典学従事《てんがくじゅうじ》として蜀漢の学問を統括する地位に就き、蔣琬・費禕の政治に協力していた。ところが、姜維輔政期に北伐が相継ぐと、「仇国論《きゅうこくろん》」を著して出兵に反対する。こうしたなかで、蜀漢の成立以来、蜀学のタブーとなっていた、「漢に代わる者は当塗高《とうとこう》である」という予言が囁《ささや》かれていく。蜀漢滅亡の前年、宮中の大樹が理由もなく倒れると、譙周は、「衆〔曹〕にして大〔魏〕であれば、期日を約束して集まってくる。具《そな》〔備〕わって授《さず》〔禅〕けたならば、どうして復《もど》せようか」と柱に書きつけた（『三国志』杜瓊伝）。その背景には、次のような蜀学に基づく予言があった。

『春秋伝』に、「晉《しん》の穆侯《ぼくこう》は、太子を名付けて仇《きゅう》といい、弟を成師《せいし》といった。師服《しふく》は、『間違っている、君の子の名づけ方は。良いつれあいを妃《ひ》といい、悪いつれあいを仇という。いま君は太子を名付けて仇といい、弟を成師「師《いくさ》を成す」とした。ここに始めて乱が兆《きざ》した。兄は廃《すた》れよう』と言った。そののち果たして師服の言葉のようになった」とある。漢の霊帝《れいてい》が二子を名付けて史侯《しこう》・董侯《とうこう》としたことは（侯の字を用いるさらに悪い名付け方で）、すでに即位して皇帝となっても、のちにみな廃位されて諸侯となった。師服の言とよく似ている。先主は諱《いみな》を備といい、其の訓《くん》は具《そな》わるである。後主の諱は禅といい、その訓は授《さず》けるである。劉はすでに具わり、人に授け与うべしと言っているようなものである。思うに穆侯と霊帝が子を名付けたよりも（その弊害は）甚だしい。

『三国志』巻四十二　杜瓊伝

蜀学はここに、諸葛亮の保護を機とした蜀漢との結びつきを断ち切り、本来の予言である「漢に代わる者は当塗高《とうとこう》である」に立ち戻った。劉備が具備した蜀漢という国家が、劉禅のときに禅譲される、という蜀学の見解に基づき、譙周は蜀漢の曹魏への禅譲を予言した。そして、自ら予言を実現する行動に出る。譙周は劉禅に降服を勧めるのである。

姜維に反発した益州名士は、蜀学の学者だけではない。姜維輔政期、益州出身者の最高位に就いていた左車騎将軍《さしゃきしょうぐん》の張翼《ちょうよく》は、益州を疲弊させる姜維の出兵に正面から反対した。姜維は、張翼の勢力を無視できず、つねに帯同してその離反を警戒していた。姜維が唯一の基盤とする中央軍においても、益州名士は北伐に反対していたのである。

こうして蜀漢名士社会は、対曹魏積極策をとる姜維、姜維に協力しない荊州名士、益州の保全を願う益州名士の三者に分裂する。これに乗じて、劉禅の寵愛を受けた陳祗《ちんし》と宦官の黄晧《こうこう》が実権を握った。しかし、かれらの権力は、土地や農民の把握や軍事力の再建という国家基盤の強化を背景としたものではない。蜀漢名士社会の分裂に伴う宮廷内での権力闘争の結果、掌握したものに過ぎなかった。蜀漢には弱体・滅亡の途《みち》しか残されていなかった。

伝説のはじまり

かつて諸葛亮を防いだ司馬懿は、そののち曹魏の実権を掌握した。その子である司馬昭《しばしょう》は、曹魏から禅譲《ぜんじょう》を受けるため、鍾会《しょうかい》と鄧艾《とうがい》を用いて、蜀漢滅亡という功績をあげることを目論《もくろ》む。そのとき姜維は、沓中《くっちゅう》で屯田をしていた。魏軍の出発を知った姜維は急報を打つも、すべて宦官の黄晧に握り潰されてしまう。

援軍はおろか、返書すら受け取れない姜維は、苦戦の後やむなく剣閣《けんかく》に立て籠もる。鍾会が剣閣を攻めている間に、姜維の背後にまわった者が鄧艾である。鄧艾は陰平《いんぺい》より道無き道を進み江由《こうちゅう》を取った。綿竹《めんちく》が落ちれば、成都まで一直線である。

劉禅は、諸葛亮の子である諸葛瞻《しょかつせん》に七万の兵を与えて綿竹で鄧艾を迎え撃つ。諸葛瞻は、自

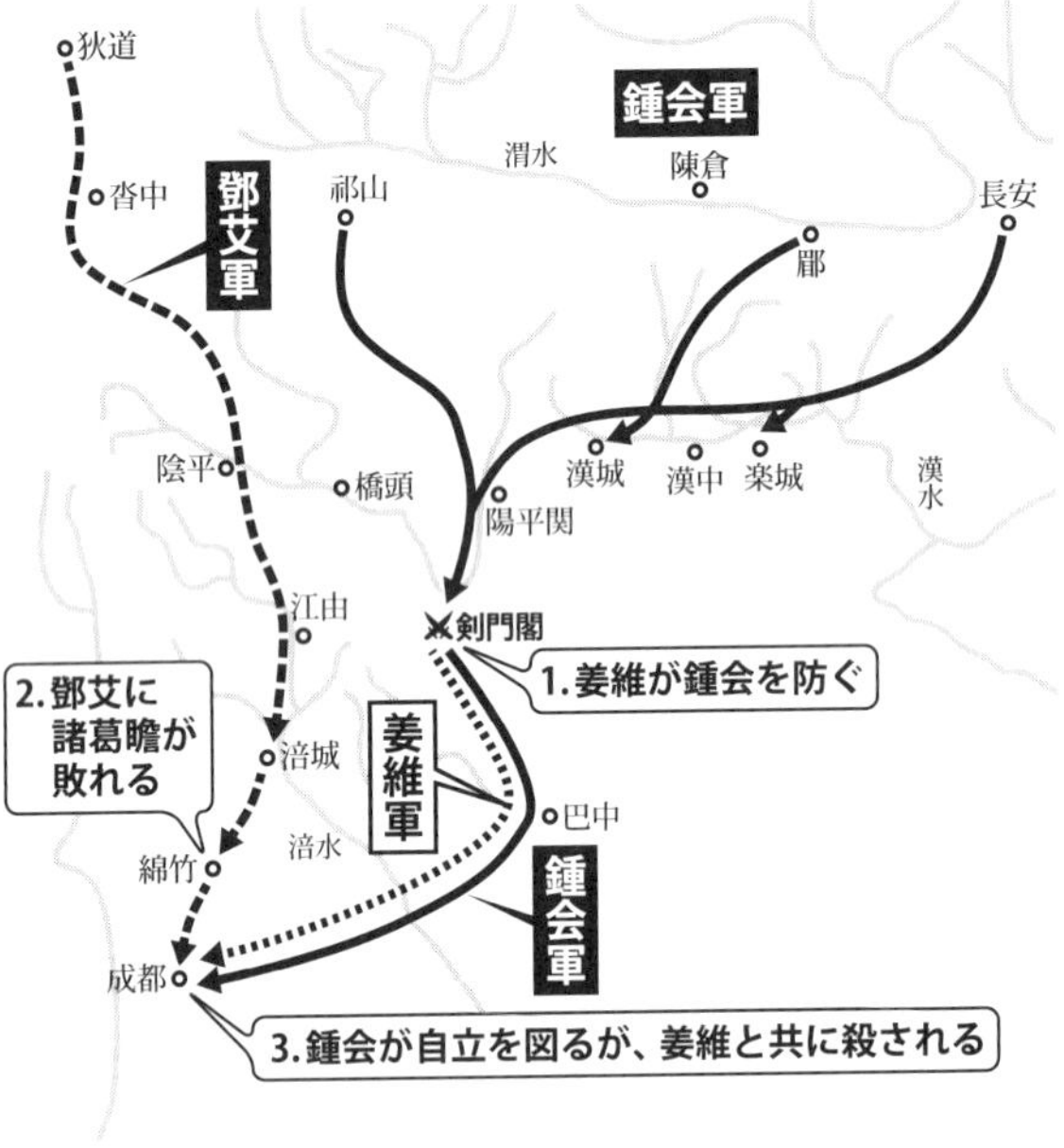

蜀漢の滅亡

ら軍勢を率いて鄧艾軍へ突撃。だが、諸葛瞻は矢に当たって落馬する。そして絶叫した。「わたしは力尽きた。死んで国家にご恩返しをするまでである」（『三国志』巻三十五 諸葛亮伝附諸葛瞻伝）。こうして剣を抜き、自刎《じふん》して果てた。城壁の上にいた諸《しょ》葛尚《かつしょう》は、父の死を見届けると、馬に鞭《むち》打って出撃し戦場で死んだ。鄧艾はその忠義に感動して、諸葛瞻父子を合葬した。

　こののち劉禅は、譙周の勧めに従って降伏することを決める。五男の劉諶《りゅうじん》は、反対したが、劉禅は鄧艾に降伏した。劉諶は、劉備「昭烈《しょうれつ》帝《てい》」を祀る昭烈廟《しょうれつびょう》で自刎する。蜀漢はここに滅亡したのである。

昭烈廟は、現在、諸葛亮を中心に祀る成都の武侯祠《ぶこうし》に変わっている。もちろん、劉諶が自刎した昭烈廟そのものではなく、後世の再建である。ただし、武侯祠の中には、劉備の陵墓である恵陵《けいりょう》が存在し、門の扁額には、「漢昭烈廟」と大書してある。ここに、漢に殉じなかった劉禅が祀られていないのは、有名な話である。

単に「昭烈廟」ではなく「漢」昭烈廟と書かれているように、「漢」は中国の古典となった。武侯祠には、「漢」を滅ぼした劉禅像も、かつては存在したようだが、何回も破壊されて置かれなくなった。これに対して、五男の劉諶《りゅうじん》は祀られている。かれは「古典中国」である「漢」の存続という理念に殉死したためである。このように、漢という国は中国にとって特別であり、諸葛亮は、その漢という古典中国の最後の守り手であった。ここから蜀漢を正統とする『三国

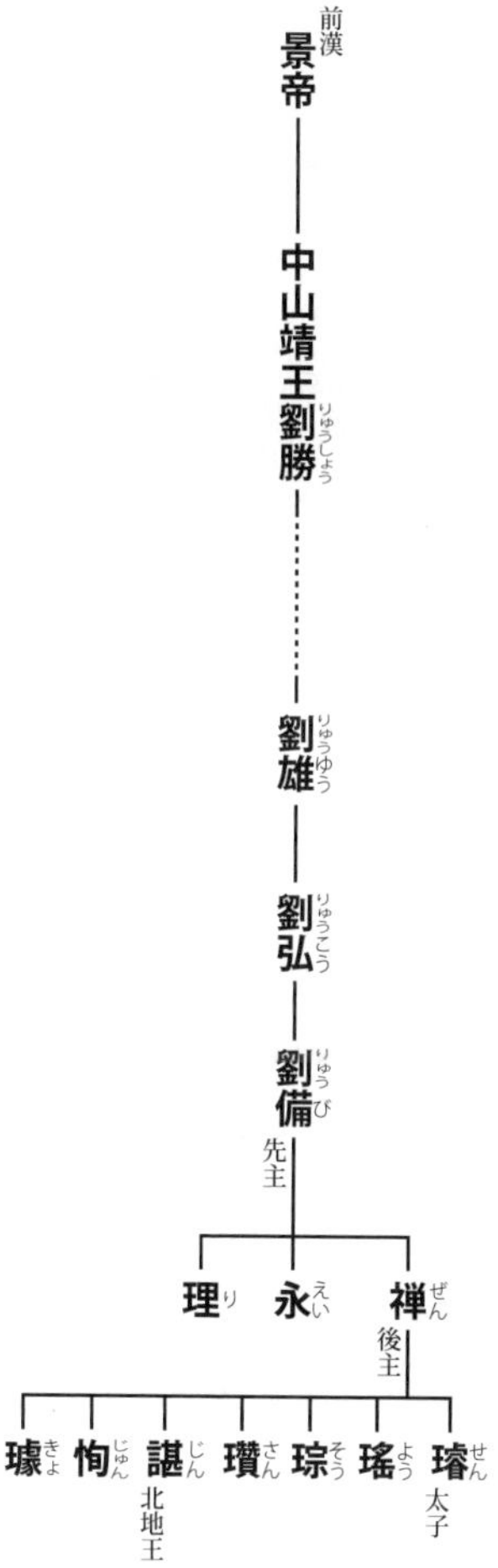

劉氏系図

成都の武侯祠にある劉備の陵墓の門

涿県の三義宮にある「少三義殿」。劉禅はこちらには祀られている

志演義』ができ、関羽が神として関帝廟《かんていびょう》に祀《まつ》られるようになるのである。

なお、臣下の中では、劉巴と法正が共に群臣の中に加えられていない。清の道光《どうこう》二十九（一八四九）年に、劉沅《りゅうげん》の思想に基づき現在の武侯祠の原型が定められたときに、「昭烈の純臣ではない」として省かれたのである。劉備に寵用され諸葛亮と勢力争いをした法正、劉備にうとまれながらも諸葛亮に用いられた劉巴は、共に祭祀を受けてない。劉備と諸葛亮のせめぎあいは、痛み分けということか。

ちなみに劉備の故郷である涿県《たくけん》の三義宮《さんぎきゅう》では、劉備・関羽・張飛の三人の像を祀る「三義殿」のかたわらに、「少三義殿」がある。劉禅はそこに、関興《かんこう》・張苞《ちょうほう》と共に祀られている。

第五章

地域と生きる——孫呉

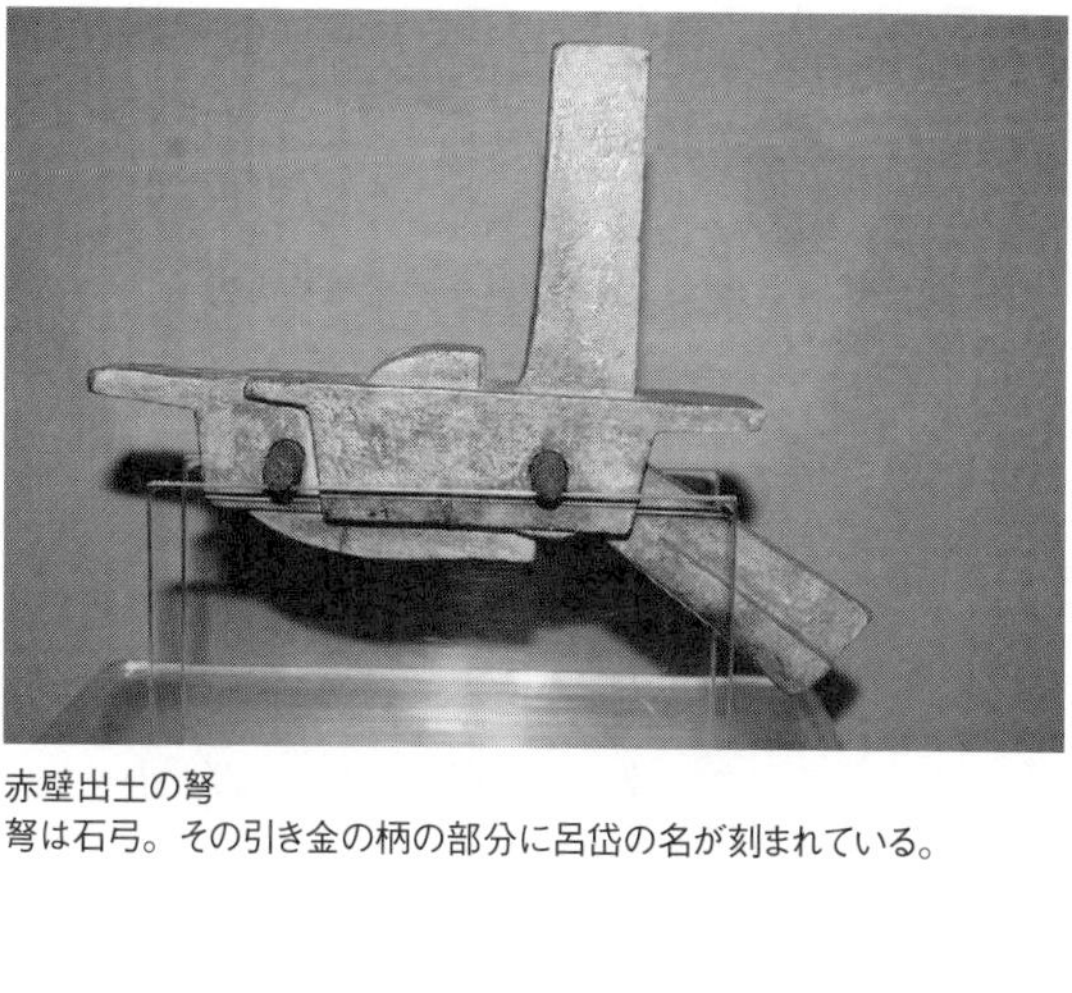

赤壁出土の弩
弩は石弓。その引き金の柄の部分に呂岱の名が刻まれている。

1. 六朝の始まりとしての呉

中国史における孫呉の位置づけ

三国時代における残りのひとつは呉であるが、呉の歴史的意義を考えるためには、まず中国史におけるこの地域の位置づけを確認しなければならない。そうすることではじめて呉を深く理解できるからである。

そもそも、漢《かん》帝国と隋唐《ずいとう》帝国に挟まれた二二〇年から五八九年までを、中国史では魏晋南北《ぎしんなんぼく》朝《ちょう》という。ここでは、三国時代は、「魏」の一言で済まされ、蜀漢・孫呉の存在は歴史に埋没させられている。曹魏を正統とする陳寿『三国志』の歴史観の反映である。

これに対して、この時代を六朝《りくちょう》時代と呼ぶことがある。一つの時代に二つの呼び方があるのは珍しい。六朝とは、現在の南京《ナンキン》に首都を置いた呉・東晋《とうしん》・宋《そう》・斉《せい》・梁《りょう》・陳《ちん》のことであり、宋から陳までは南朝と同義であるが、孫呉と東晋は魏晋南北朝の魏晋と同じではない。

曹魏は二二〇〜二六五年に華北を支配し、晉は二六五年に建国した西晉が二八〇年から三一七年までは中国全体を支配し、三一七年からは東晉として江南だけで四二〇年まで続く。一方、孫呉は二二九年の建国で二八〇年に滅ぼされているので、六朝時代という名称は、西晉の統一

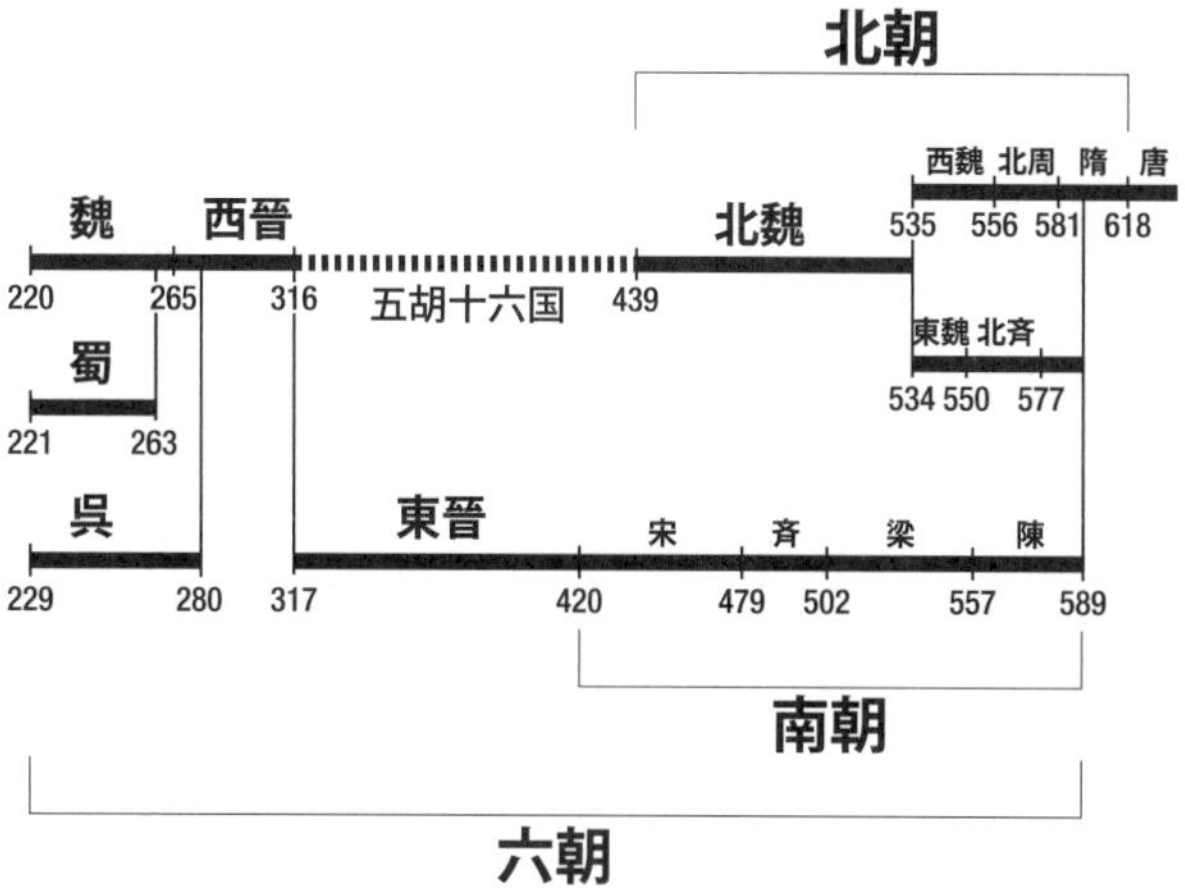

六朝時代（魏晋南北朝時代）

期が抜けるなど時代が連続しないのである。

したがって、通常は、そこで発達した漢民族の文化が、北方民族が建国した北朝の文化と異なるため、六朝文化と呼ぶと説明する。しかし、孫呉のときには、北方も西方も漢民族国家であり、また西晋の文化も排除される呼び方である。それでは、どうしてこのような呼称が成立したのであろうか。

六朝という呼称は、東晋から陳までの国家が、自らの起源を孫呉に求めることにより生まれた概念である。ここには、地域と生きた孫呉が、江南の開発に果たした意義の大きさが反映されている。

これは、歴代の三国正閏《せいじゅん》論〔三国の中で曹魏と蜀漢のどちらが正統か〕から排除されてきた孫呉が、そして『演義』で道化の役割しか与えられない孫呉が、三国のなかで自分たちの国家の起源であると捉えられた時期が確かにあった、という証拠なのである。それは孫呉の人々が地域と共に生きた証《あかし》でもある。それを考えるために、干宝《かんぽう》の『捜神記《そうじんき》』から話を始めよう。

呉を正統視する干宝の『捜神記』

東晋の初期、干宝が著した『捜神記』は、天子・士人・神仙・方士・魑魅《ちみ》・妖怪《ようかい》や動植物の怪異などに関係する四七〇余りの説話を分類して収録した書物である。近代に魯迅《ろじん》が「中国文学史」を創作したとき、小説の祖の一つとして「志怪《しかい》小説」〔怪談など架空の話を記した小説〕と分類したため、文学作品とされることもある。だが、『捜神記』は、天子に起因する瑞祥《ずいしょう》と災《さい》異《い》については、天人相関説《てんじんそうかん》に基づき、それぞれ説話に対する解釈と事応《じおう》〔天の褒貶に対する人の反応〕を示す五行志《ごぎょうし》〔史書の中で、瑞祥と災異を五行の理論により解釈する部分。『漢書』から始まる〕に近い記述を持つ史書である。ただし、天人相関説《てんじんそうかん》を揺るがすような瑞祥《ずいしょう》と災異《さいい》について、たとえば妖怪の生成理由などの解明を事例をあげながら試みたところに、小説にも通ずる新しさがある。

『捜神記』が収録する事例には、三国時代に取材するものがあり、なかでも東晋と建国地域を共にする孫呉に関わるものが多い。それらのなかには、孫呉に否定的な事例もある。

たとえば、『演義』に取り入れられた于吉《うきつ》に呪い殺される孫策《そんさく》の話は、その代表である。そのため、孫呉に批判的な著作とされる場合もある。しかし、曹操が左慈《さじ》に翻弄され、また神異を示した梨の木を斬ったために病に伏し［この二つの話も『演義』に採用されている］、さらに曹丕《そうひ》と曹叡《そうえい》もその無学を笑われているように、道士《どうし》や方士《ほうし》に批判される君主は、孫氏に限定されない。しかも、『捜神記』は、孫呉を正統視することに繋がる孫策と孫権《そんけん》の異常出産を次のように伝えているのである。

（孫堅《そんけん》の）夫人は妊娠して**月がその懐《ふところ》に入ることを夢にみて、孫策《そんさく》を生んだ**。孫権《そんけん》がお腹にいるようになると、**太陽がその懐に入ることを夢にみた**。そして孫堅に告げて、「むかし策を孕《はら》み、月が自分の懐に入ることを夢にみました。今また太陽が自分の懐に入ることを夢にみたのは、どうしてでしょうか」と尋ねた。孫堅は、「太陽と月というものは、陰陽の精であり、貴を極める象徴である。わたしの子孫は勃興するであろう」と答えた。

『三国志』巻五十　孫破虜呉夫人伝注引『捜神記』

これは、天命を受けた国家の創始者の母が、その国家の守護神である五帝と交わることで帝王を孕むという「感生帝説《かんせいていせつ》」に近い異常出産の記録である。すでに述べたように、感生帝説は、鄭玄《じょうげん》の六天説の前提となる考え方である。こうした話を『捜神記』に収録することは、干宝が孫呉を建国した孫権、そして兄の孫策が天命を受けたと認識していることの表明である。

さらに、『捜神記』は、孫呉の君主に天人相関説を適用する事例も収録する。

呉の景帝《けいてい》［孫休］より以降、衣服の制は、上衣《じょうい》を長くし下裳《かしょう》を短くした。……帰命侯《きめいこう》［孫晧］が欲情を上で露《あら》わにし、人々は（貧困に）下で傷んだ象《しょう》である。

『唐開元占経』巻一百十四　器服休咎城邑宮殿怪異占引『捜神記』

『宋書《そうじょ》』五行志には、これに対する干宝の解釈が残っている。干宝は、孫休《そんきゅう》［景帝］の時に上衣が長く下裳が短い服制が行われたことについて、上が贅沢《ぜいたく》で、下が貧困の象を示す服妖《ふくよう》である、と解釈する。服妖とは、天が人の悪政に感応して、人々におかしな服装をさせるという天譴《てんけん》［天罰］である。天譴という天からの戒めを慎んで受け、政治を善政に改めなければ、革命が起こる。事実、孫晧は、孫呉を滅ぼす最後の君主となった。『宋書』五行志に記される干宝の解釈は、孫呉の滅亡をその事応《じおう》としている。これが天人相関説［天と人は互いに密接に関わっていて、影響を与え合うという儒教の教義］に基づく災異《さいい》思想である。

もちろん、ここには孫晧《そんこう》［帰命侯］への批判を見ることができる。ただし、それを天人相関説に基づく災異思想で説明する限りにおいて、孫呉という国家を天譴を受ける対象、すなわち、天人相関説が適応される、天命を受けた正統な国家と認識していることになるのである。干宝の『捜神記』は、それを踏まえたうえで、三国を対等に扱う事例を掲げる。

三国は対等

旧蜀漢臣下の陳寿《ちんじゅ》は、『三国志』において、曹魏を正統として本紀《ほんぎ》を立て、蜀漢・孫呉には列伝しか置かなかった。すなわち、曹魏を君主、蜀漢・孫呉を臣下として扱った。ここでは三国は対等ではない。

これに対して、旧孫呉臣下である陸機《りくき》は、後述するように、曹魏・孫呉・蜀漢の三国を対等に扱う三国鼎立《さんごくていりつ》の歴史観を示した。

旧孫呉系の臣下である干宝も、陸機と同様、西晋が直接禅譲《ぜんじょう》を受けた曹魏だけではなく、孫呉・蜀漢も正統な国家と認識する。晋は鼎立する三国のすべてを継承したと考えるのである。

呉は建国してから日が浅く、信頼関係が堅くないので、辺境に駐屯する守将は、皆その妻子を人質とし、名付けて保質《ほち》といった。童子や少年で、同じ境遇で共に遊ぶものが、毎日十数人はいた。永安《えいあん》二（二五九）年の三月、一人の見慣れぬ子が現れた。……眼に光があり、ランランと外に溢《あふ》れている。こどもたちはその子を怖がり、ここに来た理由を尋ねた。その子はそこで、「君たちは僕を嫌いなの。僕は人じゃなくて、熒惑星《けいわくせい》［火星］なんだ。君たちに告げたいことがある。**「三公は鉏《ほろ》び、司馬が如《いた》るであろう」**とね」と言った。……このとき呉の政治は峻厳であったので、あえてこれを報告するものはなかった。こののち五年で蜀は亡び、六年で（魏が滅んで）晋が興り、このようにして呉が滅んで、司馬（氏の晋）がいたることになった。

『三国志』巻四十八　孫晧伝注引『捜神記』

この話では、火星〔熒惑星〕が子に姿を変え、「三公　鉏《ほろ》び、司馬　如《いた》らん」という予言を告げる。『捜神記』にも大きな影響を与えた後漢の思想家王充《おうじゅう》の『論衡《ろんこう》』によれば、世の童謡《どうよう》は、熒惑星が歌わせるものであるという。永安《えいあん》二（二五九）年の前年、景帝孫休は、孫綝《そんちん》を殺害して親政を開始した。その四年〔『捜神記』では五年〕後となる炎興《えんこう》元（二六三）年に蜀漢は滅亡し、六年後となる咸熙《かんき》二（二六五）年に曹魏は西晋に禅譲し、二一年後の天紀《てんき》四（二八〇）年に孫呉は滅亡した。多少のズレはあるものの、予言どおり三国は滅亡している。

熒惑星の予言で注目すべきは、「三公　鉏《ほろ》び、司馬　如《いた》らん」という言葉である。『宋書』五行志は、「三公」と「司馬」について、干宝の次のような解釈を伝えている。

干宝は、「こののち四年で蜀は亡び、六年で魏は廃《すた》れ、二十一年で呉は平定された。ここにおいて**九服**は晋に帰した。魏は呉と蜀と一緒に、並んで戦国をなしていた。三公は滅び、司馬がいたるであろうの意味である」と言っている。

『宋書』巻三十一　五行志二

九服《きゅうふく》は、『周礼《しゅらい》』に基づく世界観であり、京都《けいと》［天子の住む都］を中心とする王畿《おうき》［首都圏］と、①侯服　②甸服《でんふく》　③男服　④采服　⑤衛服（以上を中国）、⑥蛮服　⑦夷服　⑧鎮服　⑨藩服（以上を夷狄）の居住地域とするものである（『周礼』職方氏）。

九服に分類される天下は、中国だけではなく、夷狄の居住地をも含んでいる。それを晉は統一したのである、という。晉の統一以前に存在した「三公」を干宝は、曹氏・劉氏・孫氏と解釈している。すなわち、西晉の陳寿のように曹魏だけを正統とするのではなく、曹氏・劉氏・孫氏が争いあった時代と、三国時代を把握しているのである。三国鼎立の発想である。

ここには、孫呉の後継者として、実態としては江南しか支配していない東晉であっても、理念的には東晉は鼎立していた三国のすべてを継承した西晉の後継者として、中国、そして夷狄の居住地までの統一者である、という主張が含まれる。干宝は東晉の史家として、華北や蜀を五胡《ごこ》［匈奴《きょうど》・羯《けつ》・鮮卑《せんぴ》・氐《てい》・羌《きょう》という五種の異民族の総称］に占領されても、東晉はあくまでも天下［九服＝中国＋夷狄］の正統な支配者である、と述べているのである。三国を並立と捉え、西晉・東晉を分離せずに「三国・両晉」と歴史を括る考え方である。ここからは、呉―東晉と続く「六朝」の考え方は出てこない。ただし、呉を魏・蜀と対等と認識していることは重要である。

六朝意識の萌芽

「六朝」という歴史の括り方に大きな影響を与えたものは、『捜神記』に記録される蔣侯神《しょうこうしん》信仰である。干宝は、呉を魏・蜀と対等としたうえで、東晉との継承関係を説く話も収録したのである。

蔣侯神は、孫権の陵墓である蔣陵《しょうりょう》が造営された蔣山に、蔣王として祀られる地方神である。その祭祀の始まりは、『捜神記』の記述に基づき、孫権の時と考えられている。蔣侯神信仰は、六朝を通じて行われた。中でも、南北朝の対立を決定づけた太元《たいげん》八（三八三）年の淝水《ひすい》の戦い〔華北を一時的に統一した前秦《ぜんしん》の苻堅《ふけん》を東晉の謝安《しゃあん》が破った戦い〕以降、蔣侯神は、南朝の守護神となった。中原を支配する北朝だけを正統とせず、南朝の正統性を保証する信仰である。

このように、江南を支配することで中原と対等足り得るという自信は、はじめ孫権にはなかった。劉備〔蜀漢の昭烈帝〕と曹丕〔曹魏の文帝〕を撃退し、黄武《こうぶ》元（二二二）年、独自の元号を立てながらも、孫権は皇帝に即位しなかった。「黄」武という元号は、「黄」初という元号を用いた曹魏と同じく、漢の火徳〔赤をシンボルカラー〕を継承する土徳〔黄色をシンボルカラー〕であることを示す。同じ土徳の曹魏が土中〔世界の中心〕である洛陽で天を祀っている以上、江南で皇帝として天を祀ることはできないと孫権は判断した。このため皇帝に即位し、天子になったことを天に報告できなかったのである。

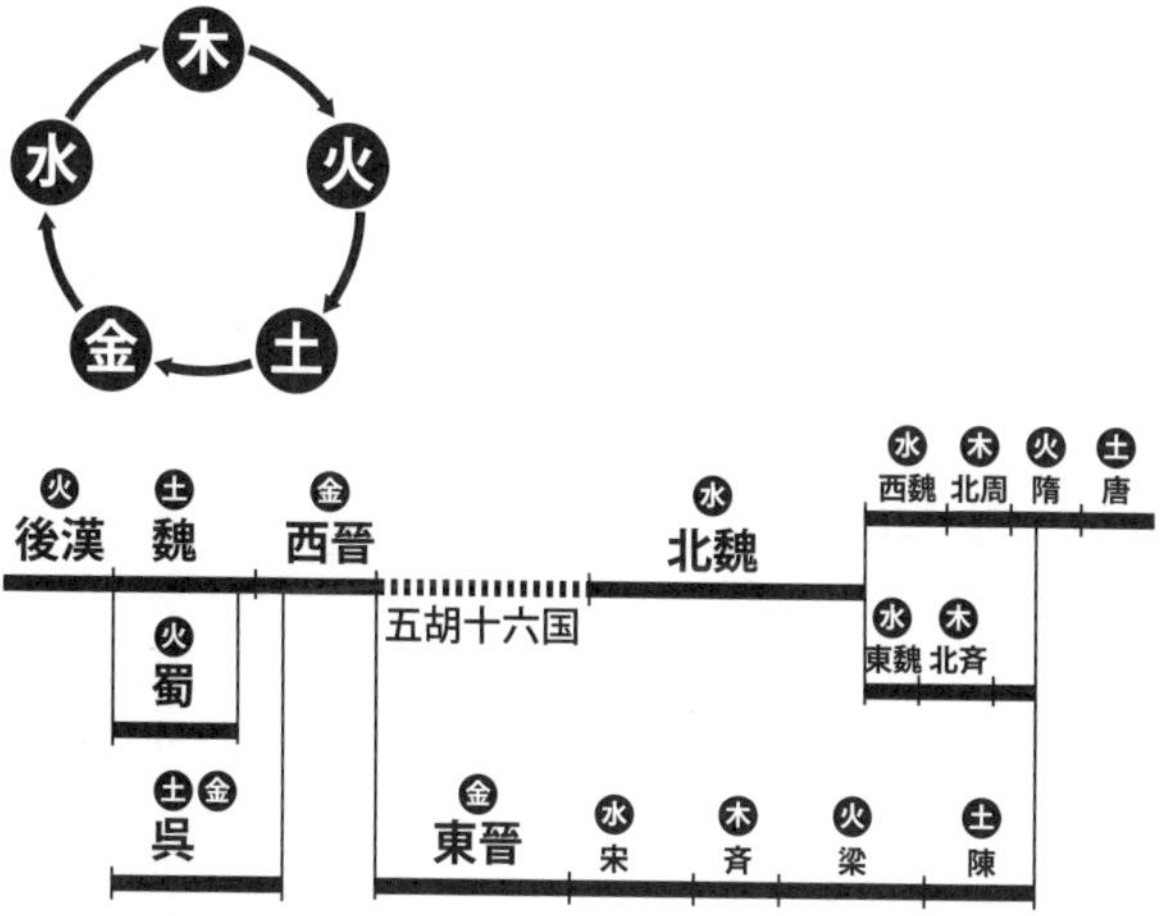

各国家と五徳（木・火・土・金・水）

ところが、黄龍《こうりゅう》元（二二九）年、孫権は天子となる。孫権は、「天子の気が東南にある」という東南の運気と、黄龍が現れたという瑞祥を拠り所に、漢の火徳に変わる土徳《どとく》であることを宣言した。侵入してきた劉備を撃退し、曹丕の侵寇を防いだ自信が江南での即位を促したのであろう。

それでも、漢の火徳を土徳として継承することは、曹魏も主張していたため、孫呉の正統性は不安定であった。そこで、後述のように、孫《そん》晧《こう》は、土徳の曹魏の滅亡を契機に、「東南」「揚州の会稽山《かいけいさん》」で崩御した金徳《きんとく》の禹《う》王〔夏王朝の建国者〕を顕彰する。これにより孫呉は、東南の運気と禹の金徳を結合する独自の正統性を持つに至るのである。

もちろん、曹魏を継承して金徳を主張することは、同じく金徳を掲げる西晋の正統性と重複する。したがって、西晋の史家である陳寿は、『三国志』に孫晧が禹を顕彰して金徳を掲げたことを記さない。したがって、孫呉の金徳が東晋にどのように受け継がれたのかを明確にすることはできないが、東晋が西晋の金徳を踏襲しながら、孫呉の金徳と東南の運気を継承する際に、その手段の一つを蔣侯神信仰に求めたことは不自然ではない。それは、江東の土地神である蔣侯神が、金徳であったことを『捜神記』が次のように伝えるためである。

蔣子文《しょうしぶん》という者は、広陵《こうりょう》郡の人である。……後漢末に秣陵県《まつりょうけん》の尉《い》となり、賊を追って鍾山《しょうざん》の麓に至ったが、賊に撃《う》たれて額に傷を負った。（それでも蔣子文は、印を吊《つ》るす）綬《じゅ》を解いて賊を捕縛したが、しばらくして死んだ。呉の先主［孫権］の初め、その吏が蔣子文を道で見かけると、**白馬に乗り、白羽扇を持って、**普段と同じようにしていた。蔣子文は、「わたしは**ここの土地神となる。**わたしのために祠《ほこら》を立てよ。そうでなければ、虫を耳の中に入れ、災《わざわい》をなすぞ」と言った。呉主はこれを妖言としたが、後に虫が人の耳に入ることがあり、みな死に、医者も治せなかった。また（蔣子文は）、「わたしを祠らなければ、大火があろう」と言った。この歳しばしば大火があった。呉主はこれを憂い、（蔣子文を）封建して都中侯《とちゅうこう》となし、印綬を加え、廟堂《びょうどう》を立てた。鍾山を改めて蔣山とし、それにより蔣子文の霊を表彰した。

『藝文類聚』巻七十九　霊異部下所引『捜神記』

この話によれば、蔣侯神を祀った時期は、孫権〔呉の先主〕の時となる。しかし、蔣子文《しょうしぶん》は、白馬に乗り、白羽扇を持つ。金徳のシンボルカラーである「白」を身につけているのである。したがって、この話は、蔣陵に葬られている孫権を大帝と仰ぎ、曹魏を継ぐ金徳を主張した孫晧の時期に行われた蔣侯神への祭祀の起源を、孫権期に求めるために創作された可能性を持つ。そして、白を身にまとう蔣侯神は、自ら江東の「土地神《とちしん》」であると宣言している。東南の運気に基づき即位した孫権は、その神威を見て「土地神」の蔣侯神を祭祀した、とされているのである。こうして、孫呉の建国者である孫権と蔣侯神は結びつけられた。ここに、孫呉が六朝の始まりと認識される契機が生まれる。

三国を統一した西晋が「八王の乱」で混乱した際、司馬睿《しばえい》を助けて東晋を建国した王導《おうどう》は、子が病気になると蔣侯神を信仰している。そうした信仰の広がりを背景に、東晋では、成帝《せいてい》期より国家として蔣侯神を祭祀した。孫呉が唱えていた東南の運気と金徳を継承し、旧孫呉領に、旧孫呉臣下の支持を受けて成立した東晋は、白を象徴とする金徳の属性を持つ蔣侯神信仰を継承することにより、江東を支配する孫呉の正統性を継承したのである。

地域を生きた孫呉

さらに、このの蔣侯神信仰の展開を検討すると、西晋では曹魏、東晋初期には三国すべての正統性を継承するとされていた東晋が、孫呉のみを継承しているように理解できる話がある。

劉赤斧《りゅうせきふ》という者は、夢で蔣侯神に召されて主簿《しゅぼ》となることになった。毎日催促されるので、そこで廟に行き事情を説明した。「母が老い子は弱く、事情が切迫しておりますので、お許しいただけないでしょうか。会稽《かいけい》の魏辺《ぎへん》は才芸が多く、よく神に仕えております。魏辺とわたくしを交代させてはいただけないでしょうか」。そう言って叩頭《こうとう》して血を流した。廟の祝《はふり》は、「ただ屈させることを思っただけである。魏辺はどこの人間でどうしてこれができると言うのか」と答えた。劉赤斧は懸命にお願いしたが許されずに死んだ。この話は志怪伝《しかいでん》を出典とする。

『法苑珠林』巻六十六　怨苦篇

この話は、明代に作られた『捜神記』の輯本《しゅうほん》〔逸文を集めた本〕に収録されているが、『法苑《ほうおん》珠林《じゅりん》』が「志怪伝を出典とする」と明記するように、東晋の孝武帝《こうぶてい》（三六二〜三九六年）の尚書左丞《しょうしょさじょう》となった祖台之《そだいし》の『志怪《しかい》』に収められた話である。

そこでは、蔣侯神は、夢で劉赤斧を主簿にしようとし、拒否した劉赤斧はやがて死去する。劉赤斧という名は、火徳で赤を象徴とする漢、孫呉と同時期のものとしては蜀漢を指す。劉赤斧は固辞し、魏辺に代わろうとするが許されない。魏辺は明代の輯本『捜神記』では「魏過《ぎか》（魏の過ち）」とされる。その方が曹魏を示す呼称としては分かりやすい。

従わない蜀漢は死去し、曹魏は相手にもされない。そうした力を持つものが、孫呉の守護神であり、東晉が祭祀をしていた蔣侯神である、と東晉末期の『志怪』は記しているのである。ここでは、三国は、もはや対等に語られてはいない。三国すべてを晉が継承したとする干宝の『捜神記』よりも、孫呉を重視する「六朝」化が進展している。

蔣侯神は、孫呉の継承者として東晉を位置づけることを正統化するために祭祀された。それを伝える『捜神記』の三国時代への歴史認識は、それでも三国鼎立を正統とする段階に止まっていた。これに対して、東晉末に成立した『志怪』では、蔣侯神は蜀漢も曹魏も正統とはせず、孫呉のみを顕彰している。ここに、六朝概念の形成の端緒を見ることができるのである。

地域を生きた孫呉のあり方が、このように孫呉を始まりとして数える「六朝」という概念を形成していく。

さて、難しい話はここまでとして、人事を中心に呉の地域との関わりについてみていこう。

2. 情義と義兄弟

はじめは武力こそが基盤

孫呉の基礎を築いた孫堅《そんけん》は、揚州《ようしゅう》呉郡《ごぐん》富春県《ふしゅんけん》の出身である。挙兵の際に、末弟の孫静《そんせい》やおいの孫賁《そんふん》も参加しているので、孫氏は一族の広がりをもつ豪族と考えてよい。しかし、呉郡を代表する四家の豪族、すなわち陸《りく》・顧《こ》・張《ちょう》・朱《しゅ》という「呉の四姓」に比べれば、弱小な豪族に過ぎない。孫堅の台頭は、ひとえにその武力に依存するもので、呉郡という地域を基盤とすることはなかった。

黄巾の乱の際には、右中郎将《ゆうちゅうろうしょう》の朱儁《しゅしゅん》に佐軍司馬《さぐんしば》〔部隊長〕に任命され、軍功により別部司馬《べつぶしば》〔別働部隊長〕に昇進する。続いて、董卓が平定に失敗した涼州《りょうしゅう》の反乱の鎮圧に向かった車騎将軍《しゃきしょうぐん》の張温《ちょうおん》に辟召されて参軍事《さんぐんじ》となった。孫堅は、張温に不遜な態度を取る董卓を斬ることを勧めるが、張温は決断できなかった。そののち、区星《おうせい》の乱に苦しむ長沙《ちょうさ》の太守に任命されると、区星を鎮圧したほか、隣郡の零陵郡《れいりょうぐん》・桂陽郡《けいようぐん》の乱も平定した。

反董卓連合軍が組織されると、孫堅は再び兵を挙げ、協力を拒否した荊州刺史《けいしゅうしし》の王叡《おうえい》を殺害して軍を進める。名士の王叡は、かねてから孫堅を軽んじていた。とはいえ、のち書家の王《おう》羲之《ぎし》などを輩出する「琅邪《ろうや》の王氏」の祖先の殺害は、集団に名士が加入することを妨げた。孫堅は、出身地域の呉郡を拠点とせず、また名士層を集団内に取り込むこともなく、武力だけを頼りに突き進む。

情義で武将と結びつく

そうした孫堅に兵卒と兵糧を提供した者が、袁術《えんじゅつ》であった。荊州の南陽を拠点にするため袁術は、王叡を除きたかった。孫堅はそれを果たした。袁術は、孫堅を行破虜将軍《こうはりょしょうぐん》・領豫州刺史《りょうよしゅうしし》とするよう上奏するが、董卓がこれを認めるはずもない。こののち孫堅は破虜将軍を名乗るが、たとえ正式任命であったとしても、破虜は雑号将軍号であり、開府する権限、すなわち臣下を辟召する権限を持たない。領豫州刺史に実質的な意味がないことは言うまでもない。孫堅は、後漢の官制に基づいて、自らの勢力を拡大することもできなかった。

盟主の袁紹をはじめ、多くの群雄が根拠地の確保に重点を置き、董卓との戦いを怠るなか、孫堅は、陽人《ようじん》の戦いで董卓の都尉《とい》［部隊長］である華雄《かゆう》を斬った。『演義』では、関羽が斬ったとされている華雄を討った者は孫堅なのである。董卓は孫堅の勇猛を憚《はばか》って和議を望み、孫堅の子弟を希望のまま州郡の長に任命することを条件とした。それでも、孫堅は耳もかさない。董卓が洛陽《らくよう》を焼き払い、後漢の皇帝陵を盗掘して長安《ちょうあん》に遷都すると、孫堅は洛陽に一番乗りをした。そして、董卓が暴《あば》いた漢帝の陵墓《りょうぼ》を修復して、漢室への忠義を示したのである。秦より漢が受け継いだ皇帝の証《あかし》と言う「伝国《でんこく》の玉璽《ぎょくじ》」［伝国璽。秦の始皇帝が李斯に命じて「受命於天、既寿永昌（命を天に受く、既《すで》に寿《いのちながく》して永《ことしへ》に昌《さか》へん）」と刻ませ、皇帝専用の璽としたもの」を入手したのは、この時のことである。

孫堅に従った臣下は、挙兵当初の同郷者数百人を除けば、出身地の呉郡や会稽郡など江東《こうとう》で集めたものではない。たとえば、黄蓋《こうがい》が貧賤のため薪取りの合間に兵法を学んだように、孫堅集団は、地域に勢力を持つ豪族を支持基盤とはしない。孫堅の臣下のうち、孫呉政権が建国される江東の出身で専伝を持つ者は、朱治《しゅち》だけである。それ以外の者たちは、孫堅が国中を転戦するなかで随従した四方の勇士であった。かれらは社会の下層部出身で、孫堅と情義によって結びついて臣従していた。

このの ち、孫堅は、袁術の命により、劉表の武将黄祖《こうそ》と戦い、矢に当たって没する。享年《きょうねん》三十七歳、動乱を駆け抜けた生涯であった。孫堅の一生は、孫策《そんさく》・孫権《そんけん》に、二つの遺産を残した。

第一は、漢への忠義である。約四百年続いた漢の権威は強く、三国政権の樹立者は、漢室復興を掲げた劉備、献帝を擁立した曹操と、漢への忠義を大義名分として掲げていた。一方、袁術・袁紹のように、漢に代わることを目指した勢力は自滅する。孫堅の漢への忠義は、やがて張紘《ちょうこう》により「漢室匡輔《かんしつきょうほ》」［漢を正し助ける］という理念に昇華されていく。

第二は、譜代の武将たちである。孫堅の死後、その集団は袁術に吸収され求心力を失った。たとえば部下の桓楷《かんかい》は、新任の長沙太守張羨《ちょうし》に曹操に与することを勧め、自らも曹操集団に参加している。しかし、程普《ていふ》・韓当《かんとう》・朱治《しゅち》・黄蓋《こうがい》といった情義で結びついた孫堅の武将たちは、集団崩壊の後にも孫氏への忠誠を貫いた。赤壁の戦いの際にも、張昭《ちょうしょう》らの降伏論が圧倒的な中で、周瑜の指揮のもと、曹操との決戦の主力となったものは、孫堅以来の臣下であった。これが、孫氏の軍事的基盤である。

呉の四姓との対立

孫堅の死後、孫策は父の旧臣呂範《りょはん》らの協力でえた数百人の兵を率いて父の後を嗣《つ》いだ。

しかし、その待遇は、袁術の私兵も同然であった。太守の地位を約束に孫策が攻略した九江《きゅうこう》郡・廬江《ろこう》郡は、いずれも袁術直属の配下に太守の地位を奪われた。しかも、廬江郡を攻撃した際、孫策は「呉の四姓」と呼ばれる、呉郡という地域に影響力を持つ人々と決定的に対立する事件を起こす。

孫策は、父の後を嗣ぐと、廬江《ろこう》太守の陸康《りくこう》を訪ねた。父が地域と共に生きずに横死《おうし》したことに鑑《かんが》み、故郷の呉郡を拠点にしようとしたのである。父の孫堅は、陸康の甥から救援を頼まれた際に、躊躇なく軍を進めていた。孫策には、陸氏に「貸し」があったのである。しかし、陸康は孫策を軽んじて自ら会おうとはせず、部下に応対させた。孫策は、この対応をつねづね遺恨に思っていた。陸康の態度に、成り上がり者への蔑視《べっし》を感じたのであろう。

その後、袁術に廬江郡の攻撃を命じられると、廬江太守であった陸康の一族百余人のうち、

呉の四姓・会稽の四姓（江東名士の出身地）

半数近くを殺害した。単に郡を攻め落としただけでなく、個人的な報復を加えたのである。これにより孫氏と、陸氏ならびに陸氏と婚姻関係を持つ「呉の四姓」・「会稽《かいけい》の四姓」との対立は決定的になった。

陸康一族の族誅により、呉郡・会稽郡という江東の中核的な地域出身の名士との関係は悪化の一途をたどる。たとえば、会稽郡の名士盛憲《せいけん》は、孔融《こうゆう》に「丈夫の雄」と評価され、呉郡太守などを歴任していたが、孫策には協力しなかった。のちに曹操に仕えようとした際、孫権に殺される（『三国志』孫韶伝注引『会稽典録《かいけいてんろく》』）。また、盛憲により孝廉に推挙された呉郡の名士高岱《こうたい》は孫策を侮辱し、多くの者の助命嘆願を嫌った孫策により殺された（『三国志』孫討逆伝注引『呉録《ごろく》』）。あるいは、会稽の名士周 方《しゅうほう》は丹陽《たんよう》太守となっていたが、孫賁《そんふん》と呉景《ごけい》に攻撃されて丹陽郡を放棄し、のち王朗《おうろう》に味方して孫策に殺されているのである。

こうした対立関係の改善への努力を孫氏が怠《おこた》ったわけではない。孫権の弟である孫翊《そんよく》は盛憲の故吏《こり》である嬀覧《ぎらん》と戴員《たいいん》に礼を尽くして重用した。しかし、孫翊はかれらに殺され、それを取り調べに行った孫河《そんか》も暗殺されかけた。

孫呉が江東における支配を確立するためには、呉郡・会稽郡の豪族・名士との和解が必要であった。しかし、陸康一族を滅ぼした孫策にそれは難しく、その解決は、孫権へと委ねられる。

義兄弟の周瑜

「呉の四姓」との対立にも拘らず、孫策が江東を支配できた理由は、周瑜《しゅうゆ》の支持にある。孫堅の武力と漢室への忠義を認めた周瑜は、自ら孫策を訪れ、父孫堅の転戦中、孫策と母を廬江に迎えた。やがて周瑜は、孫策が袁術と決別した際に合流して、孫策の江東での自立に大きな役割を果たすのである。

揚州《ようしゅう》刺史の劉繇《りゅうよう》は、本来の州都である寿春《じゅんしゅん》県が袁術に占拠されたので、曲阿《きょくあ》県を拠点に袁術と対立していた。孫策は、丹陽郡《たんようぐん》を支配する舅の呉景《ごけい》を助け、劉繇を破ることを袁術に提案し、江東の平定を目指す。興平《こうへい》二（一九五）年、劉繇《りゅうよう》と戦うため江東に派遣された孫策は、劉繇を破って丹陽郡の北部と呉郡の北部を制圧し、翌建安《けんあん》元（一九六）年に、会稽《かいけい》太守の王朗《おうろう》を降服させて呉郡の南部と会稽郡を支配下に収めた。

そして、建安二（一九七）年、袁術が帝号を僭称《せんしょう》したことを機に、袁術との関係を断ち切り、孫策は江東で自立した。その一方で、袁術は孤立し、やがて滅亡する。

袁術の敗死後、その妻子は故吏《こり》の廬江《ろこう》太守の劉勲《りゅうくん》を頼ったのち孫策に征服された。袁術の娘は孫権の後宮に入り、術の孫娘も孫権の子の孫奮《そんふん》に嫁いでいる。支配地域や戦略・人的勢力などでは、孫氏は、袁術の荊州・揚州の覇権を継承するものとも言えよう。

ただし、孫氏と袁術とは、政権存立の基盤に置く理念が異なっていた。孫策より集団の指針を求められた張紘は「漢室匡輔《かんしつきょうほ》」を勧める。

いま君（孫策）は、先侯（孫堅）の後を嗣ぎ、勇武の名声があります。もし丹楊郡に身を寄せ、兵を呉郡と会稽郡で募れば、荊州と揚州を一つにまとめ、仇敵（の劉表）に報いることができます。長江を拠り所に、武威と恩徳を盛んにし、諸悪を誅滅して、**漢室を匡輔**すれば［漢室を助け正せば］、功業は（斉《せい》の）桓公《かんこう》や（晉《しん》の）文公《ぶんこう》に等しくなり、（その地位は）単に外を守る諸侯に止まることはないでしょう。

『三国志』巻四十六　孫討逆《そんとうぎゃく》伝注引『呉歴《ごれき》』

張紘《ちょうこう》は、孫策に対して春秋時代の斉の桓公や晉の文公が周室を輔弼《ほひつ》したように漢室を匡輔することと、すなわち覇者《はしゃ》［諸侯の指導者］となることを進言したのである。これを受け入れた孫策は、自らの手による天下の統一ではなく、漢室匡輔を集団の目的として掲げた。

これに共鳴したものが揚州廬江郡舒県《ろこうぐんじょけん》の出身の周瑜《しゅうゆ》であった。「廬江の周氏」は後漢時代の揚州を代表する名門であった。祖先の周栄《しゅうえい》は、袁紹・袁術の祖先袁安《えんあん》の腹心として外戚の竇憲《とうけん》を排斥し、反外戚派として高い名声を得ていた。太尉となった従祖父の周景《しゅうけい》は、反宦官《かんがん》派の中心であり、党人《とうじん》の陳蕃《ちんばん》・李膺《りよう》・杜密《とみつ》や荀彧の父である荀緄《じゅんこん》を故吏として、名士の間で高い評価を受けていた。従父の周忠《しゅうちゅう》もまた、太尉に登り詰めている。

こうした祖先を持つ周瑜は、「『楽曲に誤りがあれば、周郎《しゅうろう》〔周家のおぼっちゃま〕が顧みる』と言われたほど音楽に精通し、背が高く壮健で美しい容貌であった」と、『三国志』周瑜伝に明記されるほど、容姿端麗な揚州屈指の名士であった。

「二世三公」の家柄である周瑜は、孫堅の漢室への忠義に共感し、また門生・故吏より黄巾の熾烈さや董卓の専横、それを破った孫堅の武勇を伝え聞いていたと考えてよい。それが孫策と結んだ理由である。揚州きっての名門が孫氏に加わることにより、孫氏は単なる軍事集団から地域を支配する政権へと質的転化を果たす。孫策はさらに、張紘・張昭《ちょうしょう》などの北来名士も優遇して、政権の安定化を図った。こうして孫氏は出身地である江東に勢力を扶植していく。

また、孫策と周瑜は、義兄弟でもあった。橋公《きょうこう》〔『演義』は喬公〕の娘姉妹である大橋《だいきょう》〔『演義』は大喬〕を孫策が、小橋《しょうきょう》〔『演義』は小喬〕を周瑜が娶ったのである。さらに、周瑜の娘が孫権の太子孫登《そんとう》に嫁ぎ、周瑜の長子周循《しゅうじゅん》が孫権の娘を娶るなど、両家は幾重にも及ぶ婚姻関係により結びつきを深めた。後のことではあるが、将軍号しか持たない孫権を臣下たちがさほど尊重しないなか、周瑜だけが率先して孫権に敬意を払ったため、君臣間の上下関係が確立していったという。

この時、孫権の位は〔討虜《とうりょ》〕将軍であった。〔そのため〕諸将や賓客は〔孫権に〕礼をなすことがなお簡略であった。それなのに**周瑜がひとりで先頭にたって敬意を尽くした**ので、

（かれらは）臣下としての礼節を守るようになった。

『三国志』巻五十四　周瑜伝

「盧江の周氏」の揚州における影響力の大きさと、孫氏の君主権力の不安定さを理解できよう。「漢室匡輔」を掲げ、漢の権威を利用した理由である。ただし、覇者を目指すということは、江東という地域と生きることではない。「呉の四姓」との対立を抱える孫策は、中原への進出を急ぐ。

建安《けんあん》五（二〇〇）年、孫策は、官渡の戦いの背後を衝いて、許《きょ》を襲い献帝を奪うことを計画する。その準備の最中、孫策は根拠地で暗殺される。江東への支配は、最後まで安定しなかったのである。孫策が死去する際の遺言には、その理由が語られている。

江東の軍勢を動員して、勝機を（敵味方の）両陣営の間に定め、天下と覇権を争うことは、卿《きみ》（孫権）はわたしに及ばない。（一方）賢人を採用し才能（のある人物）を任用して、それぞれ心を尽くさせて、**江東を保つことは、わたしは卿に及ばない**。

『三国志』巻四十六　孫討逆伝

江東を安定的に支配するためには、陸康を手にかけた自分よりも、当時幼かった孫権の方が適している――。遺言を受けた孫権は、江東名士との関係改善に全力を注いでいく。

3. 志を活かす人脈

名士の重用

孫権は後を嗣《つ》ぐと、江東名士との関係改善による支配の安定化を目指す。周瑜・張昭の両名士も、積極的に政権への参加を呼びかけた。その結果、孫策期には政権との距離を保っていた諸葛瑾《しょかつきん》や魯粛《ろしゅく》・歩騭《ほしつ》といった北来名士が政権に加入する。一方、江東名士を代表する呉郡の陸遜《りくそん》も出仕した。陸遜は、孫策に陸康が族滅された際の生き残りである。それが、孫権に出仕するだけでなく、孫策の娘を娶ったことは、孫氏と江東名士との妥協を象徴する。

こうした孫権の人材登用の結果、孫権期には、北来名士は三九名、呉郡から一五名、会稽郡からも一〇名が、政権に参加している（巻末・附表2を参照）。呉郡・会稽郡という江東からの出仕者が増加したことには注目してよい。

ただし、これによって孫氏と江東出身者との真の和解が直ちに成立したわけではない。

たとえば、陸康の子である陸績《りくせき》は、孫権に直言を疎まれて鬱林太守《うつりんたいしゅ》に左遷され、自分が死去

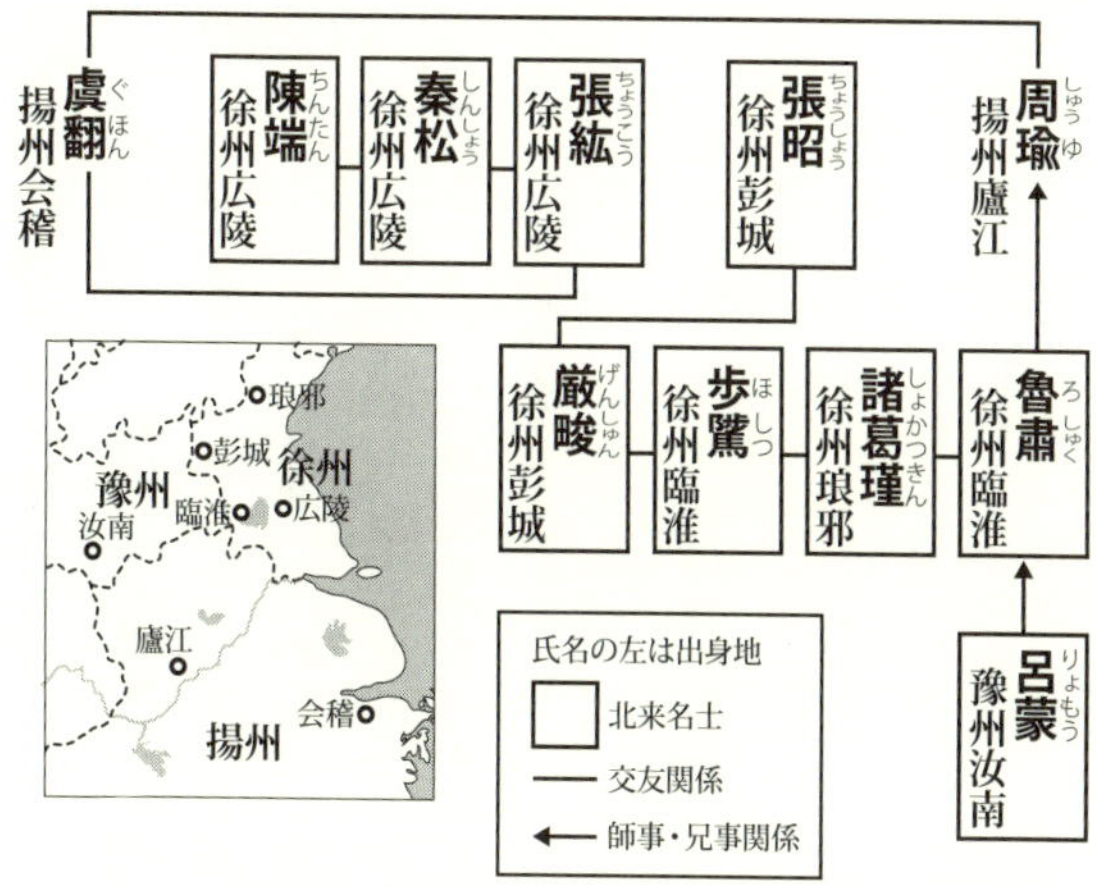

孫呉の北来名士の相関図

する日を予言して辞を作り、「有漢《ゆうかん》の志士たる陸績」と書き残した（『三国志』陸績伝）。孫呉の存在を認めず、自分はあくまでも「漢」の志士である、としたのである。したがって、孫氏と陸氏との婚姻関係による結合は、陸氏が敵対関係を取り続けられないほど、長江流域における孫氏の勢力が拡大したことの結果と考えるべきである。江東名士が孫氏に心服したことを示すものではない。また、孫氏の側も江東の支配を安定化するため、陸氏の協力を必要としていたに過ぎない。こうした両者の妥協の上に、孫呉は江東を支配していた。

　このため、華北を統一した曹操の南下は、孫呉が抱えていたこれらの矛盾を顕在化させることになる。そしてその際、独自の「天下三分の計」に基づいて、劉備との同盟を実現し、赤壁の戦いを勝利に導くことに大きな功績を挙げた者が魯粛《ろしゅく》である。

魯粛の孫呉自立策

魯粛は、徐州臨淮郡《じょしゅうりんわいぐん》の豪族である。魯粛は、周瑜に軍資の援助をして、名士となった。郷里が戦乱に巻き込まれると、周瑜を頼って江東へ赴き、一時孫策に出仕したが、重用されることはなく、祖母の帰葬のため郷里に戻った。

これを見た周瑜は、魯粛を引き止め、後を嗣いだばかりの孫権に魯粛を重用すべきことを強く勧める。孫権は魯粛に政権の方針を尋ねた。魯粛は今後、孫権が取るべき戦略として「天下三分の計」を献策する。

曹操は強く、漢は復興できないので、将軍〔孫権〕は**江東《こうとう》を拠点に天下に鼎足《ていそく》する**〔天下を三分してその一方を孫権が支配する〕状況を作り出し、皇帝を名乗って、天下の変を待つべきです。

『三国志』巻五十四　魯粛伝

諸葛亮の草廬対《そうろたい》が手段としての天下三分であることに対して、魯粛は「天下三分」を目的とする。しかし、このとき孫権は、漢室匡輔《かんしつきょうほ》を方針としていた。それと異なるだけでない。魯粛の主張は、「聖漢の大一統」を否定する点で、後漢の国教である儒教を逸脱する革新的な主張であった。

そのため、儒教を尊重する名士張昭《ちょうしょう》は、魯粛を異端視し、重用しないよう勧める。だが、孫権は魯粛を高く評価した。のちに孫権が皇帝に即位した際、「かつて魯粛は、わたしがこうなることを予言してくれた」と魯粛を追憶している。周瑜でさえ口にしなかった孫権の即位を最初に言い出した者は、魯粛なのである。

諸葛亮の草廬対があくまで「大一統」、すなわち中国全体を対象とすることに対して、魯粛の戦略は、江東という地域がいかに生き延びるのかの戦略であるところにも特徴がある。ヨーロッパ全土に匹敵する国土と人口を持つ中国の統一を保つことは難しい。かといって、華北を統一する曹操に江東だけで立ち向かうことも難しい。そこで魯粛は、天下を三分するために、第三極として劉備〔当初は劉表〕を育成するという独創的な戦略を立てた。そして、天下三分の目的を実現するため、第三極を創り出す努力を惜しまず、劉備の荊州領有を支援する。

赤壁の戦いに先立ち、使者として派遣された魯粛は、劉備と会見し、諸葛亮にも兄の諸葛瑾《しょかつきん》と友人であることを告げ、交友関係を結んだ。諸葛亮とともに孫権との連合を劉備に承諾させた魯粛は、その証《あかし》に諸葛亮を呉への使者として連れ戻る。

降伏論も唱えられるなか、魯粛は自分の戦略どおり、孫権を江東に鼎足させるため、周瑜と共に曹操を撃破していく。周瑜との人脈が、魯粛の志を実現させていくのである。

実は、周瑜の戦略は、魯粛とは異なっていた。周瑜は、曹操打倒により、漢室を匡輔しようとした。二代にわたり漢の太尉《たいい》を輩出した名門「廬江の周氏」の誇りがそこにある。

曹操は名こそ漢の丞相であるが、**その実は漢の賊である**。将軍〔孫権〕は、……天下を縦横無尽に駆けめぐり、**漢家のため**に残虐で汚穢な曹操を除き去るべきです。

『三国志』巻五十四　周瑜伝

周瑜は、漢の丞相を騙《かた》る賊の曹操を打倒して、孫権が漢を復興すべきと大義名分を主張する。これは、孫氏の理念の「漢室匡輔」である。

ただし、後漢の献帝を擁立し、華北を完全に支配する曹操の覇権への対抗策としては、具体性に欠ける。たとえば、曹操のもとに居る献帝をどのように奪い返すのか。手段すら示されてはいない。それでも、周瑜がそれを主張するのは、「漢家のため」である。

漢の呪縛から自由になれなければ、地域と生きる発想は生まれない。魯粛の戦略は、漢への拘《こだわ》りが無いだけに現実的であった。曹操に対抗するためには、曹操と戦い続け、曹操軍の情報を熟知している劉備が必要である。しかも、劉備は現在、曹操水軍の主力となっている荊州の劉表水軍の情報も持ち、その内部には劉備に心を寄せる者すらある。このため劉備の使者諸《しょ》葛亮《かつりょう》を支援して孫権を説得しようとしたのである。

降伏論と主戦論

一方、張昭《ちょうしょう》は、秦松《しんしょう》などを使って曹操に降伏すべきという輿論を高めさせていた。張昭が降伏を主張する理由は、主戦論を説く魯粛が、孫権に述べた言葉から理解できる。

いま粛《わたし》は曹操に降服できますが、将軍はできません。なぜかと申しますと、いま粛が曹操に降服すれば、**曹操は粛を郷里に託して、その名位《めいい》を品するでしょう**。（その名声に基づく品評により授けられる官は）下曹従事《かそうじゅうじ》［州郡の上級属吏］を下りません。牛車に乗り、吏卒を従え、名士の仲間社会で交友し、官を累《かさ》ねて州牧《しゅうぼく》や郡太守《ぐんたいしゅ》になれます。将軍は曹操に降服して、どこに身を落ち着かれるつもりですか。願わくは急ぎ大計を定め、（降服を説く）多くの人々の議論を用いませんように。

『三国志』巻五十四　魯粛伝

曹操が荊州を征服した際、降伏を主導した蔡瑁《さいぼう》たちは、その名声を品されて、それなりの地位に就けた。名声により官を定めることは、郡の中正官《ちゅうせいかん》に就官希望者の名声を品評させる、九品中正《きゅうひんちゅうせい》制度の起源として注目に値する。張昭らが降伏論を説いたのは、この曹操の政策による。

魯粛はそれを看破しており、自分たち名士は仲間社会で交友すれば、いずれ州郡の支配者になれると述べて、降伏論の利を明らかにした。張昭たち北来名士は、自分の持つ社会的名声に基づく地位に加え、孫呉政権を降伏させるという功績を積めば、曹操政権での厚遇を期待できたのである。

また、北来名士が降伏を唱えた理由は、名士の存立理念にもよる。名士の淵源は、後漢国家を再建しようとした党人《とうじん》である。したがって、名士は原則として「聖漢の大一統」を理想とする。献帝《けんてい》の実権を取り上げているとはいえ、曹操が漢への帰順を求めると応ぜざるを得ない、という価値基準は、依然として強力であった。むしろ、魯粛のように、漢は復興できない、と考える者が異端であった。曹操は、そのためにも荊州遠征直前に丞相《じょうしょう》の地位に就いた。曹操への降伏論は、名士の持つ儒教的価値観としては当然であり、曹魏政権のもとで漢の復興に努めることは、名士の責務ですらあった。

こうしたなか、江東名士は沈黙を貫いた。赤壁の三年ほど前には、呉郡の名士沈友《しんゆう》が、孫権はうわべとは異なり、漢室を蔑《ないがし》ろにする、と批判して殺されている（『三国志』呉主伝注引『呉録《ごろく》』）。孫権も、江東名士への武力弾圧を続けていたのである。このため、多くの江東出身者は沈黙のまま、魯粛の主戦論の方が、江東を自立させる考え方であるにも拘らず、議論の大勢であった降伏論を支持していた。

赤壁の戦いを前に政権の矛盾が顕在化した孫呉において、曹操と積極的に戦おうとした者は、孫権と魯粛・周瑜、および軍部だけであったと考えてよい。そうした逆境のなか、周瑜は衆議を主戦論へと導き、魯粛が主張する劉備との同盟を結んで曹操と戦った。実際には、周瑜の戦略に疑問を持った劉備が積極的に戦わなかったため、赤壁の戦いでは、周瑜がほぼ単独で曹操を破った。

赤壁の勝利により、孫権の君主権力が確立するとともに、孫呉は独立政権として自立できた。戦いは周瑜の主導で始まり、周瑜の指揮で勝利を収めた。まさしく、周瑜が呉を守った戦いである。

孫呉における周瑜の地位と影響力は、以前にもまして高まった。しかし、周瑜は後事を魯粛に委ね、若くして病没する。三十六年の生涯であった。

4．名士とのせめぎあい

戦略眼の違い

赤壁の戦いの際に兵力を温存した劉備は、戦後、荊州の南部を攻撃して、これを領有した。魯粛は、孫権はもとより周瑜でさえ反発した劉備の荊州支配を「天下三分」の実現のため、側面から強力に支援する。そして、劉備が他に支配地を得るまで、「荊州を劉備に貸与する」という案によって、両陣営をまとめあげた。孫権が荊州を劉備に貸与したことを聞いた曹操は、衝撃のあまり筆を落としたという。曹操の視座からは、曹操に対抗させる第三極としての劉備を創り出すという魯粛の描く基本戦略の大きさが、当事者の劉備や孫権以上に把握できたのであろう。

もちろん、孫権は、劉備が益州《えきしゅう》を領有すると、荊州の長沙《ちょうさ》・零陵《れいりょう》・桂陽《けいよう》の三郡返還を要求する。魯粛は、単独で関羽と会見し、荊州を分割した。『演義』では、単刀会で関羽が魯粛に主張させない場面である。しかし実際には、呉に渦巻く反対論を押し切って荊州を貸してくれた者が、魯粛であったことを劉備や関羽はよく理解していた。このため、話し合いにより荊州南部は折半された。

このように魯粛は、天下三分を実現するために、諸葛亮の外交を支持し、赤壁の戦いの後には荊州を劉備に貸し、呉の輿論《よろん》を納得させて、天下三分の基本を作り上げた。「三国時代」という形をつくりあげたのは、曹操でも諸葛亮でも周瑜でもない。その構想は魯粛より出で、魯粛の才により実現したのである。

しかし、周瑜と同様、魯粛は短命であった。その後継者は、魯粛に評価された呂蒙《りょもう》である。呂蒙は、魯粛が病を得て後に呉の軍権を掌握すると、曹操を撃退して揚州《ようしゅう》を守り、関羽《かんう》を殺害して荊州《けいしゅう》を奪った。しかも、呂蒙は周瑜・魯粛とは異なり、貧しい家から独力でのし上がった努力の人であった。

若いころから前線で戦っていた呂蒙には学問がない。孫権は、「将軍というものは、広く学問を修め、世の中のことや兵法にも通じていなければならない」と諭した（『三国志』呂蒙伝）。儒将《じゅしょう》になれと言うのである。ただ武力に秀でるだけでは、部隊長は務められても、方面軍司令官となり、さらに国家の主力軍を率いることはできない。孫権が呂蒙にかける期待の大きさが分かる。呂蒙は孫権の思いを受け止めた。これ以降、奮起して猛勉強を開始する。

かつて孫呉の主力軍は、周瑜が率いていた。その死後は、周瑜の遺言もあり、魯粛が引き継いだ。魯粛は、呂蒙のことを勇猛なだけの武将と軽く見ていた。ところが、あるとき呂蒙と話をして、その成長ぶりに驚き、「君はもう、呉下《ごか》の阿蒙《あもう》［呉の蒙ちゃん］ではないね」と言った。呂蒙は、「男子たるもの三日会わなければ、刮目《かつもく》して（新しい目で）見直すべきです」と答えた、という。「刮目」［目をこすってよく見ること］という故事成語の由来である。こうして呂蒙は、魯粛の評価を受け、名士となった。

魯粛は「天下三分の計」に基づいて、劉備との同盟を外交の基本路線としていた。これに対して、呂蒙は、関羽を打倒して荊州を奪回すべしと考えていた。魯粛が呂蒙を見直したのは、関羽への備えを理路整然と説いたためである。

しかし、呂蒙には、魯粛のような大局を判断する戦略はなかった。魯粛は、中国全体の中で江東という地域を考え、江東という地域を守るためには、荊州を関羽と折半することを厭《いと》わなかった。

これに対して、呂蒙には、荊州の関羽を破るための戦術しかなかった。それにより孫劉同盟が破綻し、天下三分が危うくなることを見通す力は、呂蒙にはなかったのである。曹操との挟撃により、関羽を殺して荊州を回復した呂蒙は、南郡《なんぐん》太守に任命されるが、まもなく病死する。

赤壁主戦論者たち亡きあと

孫権の君主権力は、赤壁の戦いの勝利で強化された。しかし、赤壁の戦いを支えた周瑜〔二一〇年没〕と魯粛〔二一七年没〕、およびその後継者の呂蒙〔二一九年没〕は次々と没した。あとには、赤壁の際に降伏論を唱えた張昭、それを沈黙の賛同で支えた江東名士が残るだけである。孫権は、君主権力の強化を目指し、張昭や江東名士を圧迫する。その矛先はまず、会稽郡《かいけいぐん》の名士虞翻《ぐほん》に向けられた。

虞翻は、孫策が会稽郡を支配した時から功曹史《こうそうし》として人事に関わっており、襄陽郡の龐統《ほうとう》や呉郡の陸績《りくせき》といった名士とも交友関係を結んでいた。また、五代にわたって家学として「孟氏《もうし》易《えき》」を伝え、『周易《しゅうえき》』の注釈を著して孔融《こうゆう》に送り、荀爽《じゅんそう》や鄭玄《じょうげん》・宋忠《そうちゅう》の諸説を批判するという、孫呉を代表する儒者であった。

後漢が滅亡し、曹魏が成立すると、群臣は孫権に上将軍《じょうしょうぐん》・九州伯《きゅうしゅうはく》を称することを勧めた。皇帝と称する正統性が無いなかで自立するための称号である。しかし、孫権はこれを容れず、建安《けんあん》二十六（二二一）年十一月、曹魏に臣従して呉王《ごおう》に封建され、九錫《きゅうせき》を授けられた。関羽の仇討ちを目指す蜀漢の劉備に攻め込まれていたため、曹魏には服従の姿勢をとる必要があった。このとき虞翻は、孫権の呉王就任に対し、地に伏して酒を飲まないという態度により批判した。これが孫権の逆鱗《げきりん》に触れる。

孫権は、曹操の孔融殺害を引き合いに出して、虞翻誅殺を正当化する。これに対し、北来名士の劉基《りゅうき》は、曹操の孔融殺害に非難が集まっていると述べ、虞翻を許して名士を尊重すべしと説いた。やむなく孫権は従った。

しかし、許された虞翻は、この後も君主権力の強化を図る孫権に反発を続ける。孫策に滅ぼされた「会稽の四姓」の生き残りとしての思いが、虞翻を駆り立てたのであろうか。結局、虞翻は流刑先の交州《こうしゅう》でその生涯を閉じる。孫呉を代表する儒者の不遇には、漢を尊重する儒教を価値基準の根底に置く名士層と、孫権との対峙性が象徴されている。

不遇の張昭

張昭は、徐州《じょしゅう》琅邪郡《ろうやぐん》の趙昱《ちょういく》、東海郡《とうかいぐん》の王朗《おうろう》と並び称された徐州彭城国《ほうじょうこく》の名士である。同じ州の他の郡国出身者と名を斉《ひと》しくすることは、張昭が州レベルの高い名声を持つ証《あかし》である。

孫策が卒する際には、「もし仲謀《ちゅうぼう》［孫権］が大事に相応《ふさわ》しくなければ、「君 自ら之を取れ」［（孫権に）代わって君主となれ］」（『三国志』張昭伝注引『呉歴』）との遺言により、後事を託されたという。劉備と諸葛亮の関係を彷彿《ほうふつ》とさせる記事である。しかし、諸葛亮のように、周囲からそうした遺言を受けた者として張昭が見なされておらず、諸葛亮の逸話より創作した記事と考えられる。しかも、張昭は諸葛亮のように、丞相にはなれなかった。

劉備の東征を機に、曹魏に朝貢して呉王に封建された孫権は、自らの自律性を示すため丞相《じょうしょう》を置いた。名士の輿論《よろん》は、当然のように張昭を推した。だが、孫権は、丞相職の多忙を理由に、北来名士の孫邵《そんしょう》を丞相に就ける。

孫邵が死去すると、名士層は、再び張昭を丞相の候補に挙げたが、孫権は、張昭の剛直を理由に顧雍《こよう》を丞相とした。孫権は、名士層の意志に反して張昭を丞相に任ぜず、名士の自律的な秩序に君主の人事権が掣肘《せいちゅう》されないことを見せつけ、君主権力の確立を目指したのである。

建安《けんあん》二十七（二二二）年六月、孫権は劉備を夷陵《いりょう》に撃退すると、九月、臣従する証として曹魏から求められた人質の要求を拒否する。蜀漢からの危機が去り、もう魏に従属的な態度をとる必要もなくなったからである。その後、攻め寄せた曹魏軍を撃破したのち、孫権は黄武《こうぶ》と改元した。事実上の独立政権の成立である。

そして、黄武二（二二三）年正月には、乾象暦《けんしょうれき》〔四分暦を劉洪《りゅうきょう》が改良し、鄭玄が継承した暦〕を採用し、漢の火徳を継ぐ土徳《どとく》の国家であることを鮮明にした。暦を改変することは、時空を支配する証《あかし》である。それでも孫権は、臣下の勧めを拒否して、自らの即位を否定している。後漢が滅亡し、「漢室匡輔」を果たせなかった孫権は、正統性の不在により即位の機会をつかめなかったのである。

曹魏の建国から遅れること九年、黄龍元《こうりゅう》（二二九）年四月、黄龍と鳳凰《ほうおう》が現れたとの瑞祥に基づき、孫権はようやく皇帝の位に即いた。即位を天に告げる告天文《こくてんぶん》は、孫権が即位すべき正統性として、東南《とうなん》〔江東は中国の東南〕の運気《うんき》〔皇帝が現れる気配〕が高まっていること、および瑞祥《ずいしょう》〔支配者が優れていることを天が認めた証〕が度重《たびかさ》なり現れたことを挙げている（『三国志』呉主伝注引『呉録』）。曹魏・蜀漢と比べると、孫呉の正統性の薄弱さは否めないが、「東南の運気」を挙げたことは、孫呉の地域性の重視として注目に値する。

「東南の運気」を重視することは、天子として最も重要な儀礼である天を祀る郊祀《こうし》を行えないことを意味する。郊祀を行う場所は、儒教の経義により土中《どちゅう》〔中国の中央。具体的には洛陽のこと〕と定められており、孫権もそれを理由に、郊祀を求める臣下の進言を拒否している。正統性の欠如を最も痛感していた者は、孫権であったのかもしれない。その弱みを抱えているからであろう。国内の名士を抑制するため、即位の際に、孫権は名士の代表である張昭を辱《はずかし》めている。

孫権は帝位に即くと、百官を招き宴会を催し、（帝位に即き得た）功績を周瑜に帰した。張昭は笏《こつ》〔威儀を整えるために、右手に持つ細長い板〕を挙げて（同じく周瑜の）功徳を称賛しようとした。まだ（張昭が）口を開く前に、孫権は、「**張公の（曹操に降服せよとの）計**のとおりにしていれば、今ごろは（人から）食事を恵んでもらっていたであろう」と述べた。張昭は大いに恥じ入り、地に伏して汗を流した。

『三国志』巻五十二　張昭伝注引『江表伝』

孫権は、君主権力の基盤の中で最も強力な赤壁での軍事的勝利という事実を盾に、満座のなかで張昭を辱めた。それにより、張昭の名士としての権威や名士層の張昭への支持を打ち砕こうとしたのである。

それでもなお、孫呉の名士層が張昭を支持したのは、張昭の名士としての生き方への共感を理由とする。孫権の虎狩りに諫言《かんげん》し、礼を逸脱した酒宴を中止させ、憚《はばか》りなく意見を述べて孫権の気持ちを損ね、宮中に出入り禁止となる。あるいは、曹魏の使者の無礼を圧倒し、周・漢を模範に孫呉の朝儀を整え、『春秋左氏伝解《しゅんじゅうさしでんかい》』や『論語注《ろんごちゅう》』を執筆する、張昭の名士としての儒教を中核に据えた生き方に、自分の模範を見る孫呉の名士層の憧憬《しょうけい》が張昭を支えたのである。

人事権をめぐる攻防

名士層の輿論をさしおいて、孫権から初代丞相に任命された孫邵《そんしょう》は、宗室〔孫家の者〕ではない。青州北海郡《ほっかいぐん》の出身で、同郡の孔融《こうゆう》に「廊廟《ろうびょう》の才」〔朝廷に立つべき才能〕と評され、張昭・滕胤《とういん》・鄭礼《ていれい》らと共に孫呉の儀礼を制定した北来名士である。

当然、『三国志』に専伝を持つべき名位にあるが、専伝はない。『志林《しりん》』を著した東晉の虞喜《ぐき》によれば、はじめ孫呉の史書を著していた項竣《こうしゅん》・丁孚《ていふ》たちの著書にはあった専伝を張温《ちょうおん》〔後漢の張温とは別人物〕一派の韋昭《いしょう》が『呉書』〔陳寿の『三国志』呉書の種本〕に入れず、専伝がなくなったという。張昭を頂点とする孫呉名士社会において、自律的秩序を破る形で丞相とされた孫邵は、記録から抹殺されたのである。ちなみに、陳寿の『三国志』は、張昭を臣下の伝の筆頭に掲げる。それに次ぐものが、二代目の丞相顧雍である。おそらく、韋昭の『呉書』もそうなっていたのであろう。

孫邵への攻撃は、これに止まらない。孫邵は、張温《ちょうおん》・曁豔《きえん》から弾劾を受けている。その背後にある孫呉名士社会の自分への眼差しを感じたのだろう。孫邵は丞相辞任を孫権に請うた。しかし、孫権は許さない。張昭を支持する孫呉名士社会の自律的秩序に対して、君主の人事権が優越することを示すためである。

孫邵を攻撃した張温は「呉の四姓」の出身で、父の張允《ちょういん》も孫権の東曹掾《とうそうえん》〔人事官〕となっている。張温は、出仕前から北来名士の劉基や「呉の四姓」の出身の顧雍から、「全琮《ぜんそう》の『輩』である、いや匹敵できる『輩』はいない」という高い評価を受けていた。江東出身の張温に対して、江東の顧雍だけではなく北来の劉基も人物評価を行っており、地域の枠を超えた孫呉名士社会が形成されていることが分かる。

そのなかで誰よりも、張温の将来を嘱望していた者は、張昭であった。孫呉名士社会の頂点に君臨する張昭の知遇を得た張温は、名士の自律的秩序を貫徹するために、孫卲を目の敵にした。

張温は、選曹郎《せんそうろう》［人事官］に呉郡の曁豔《きえん》・徐州広陵郡《じょしゅうこうりょうぐん》の徐彪《じょひょう》という江東・北来の名士を並用して、名士の自律的秩序に基づく人事を遂行する。なかでも、人物評価を好む曁豔は、張温の下で清議《せいぎ》［名士の価値基準に合致しているか否かを判断する人物評価］を行い、名士の価値基準にそぐわない者たちを貶めたため、降格されない者は十人に一人であったという。

孫権は、これに対して、張温を君主権力を侵害する者と厳しく批判する。

張温は、賈原《かげん》に、「卿《きみ》を薦めて御史としよう」と語り、蔣康《しょうこう》に、「卿を用いて賈原に代えよう」と語っている。（これは）みだりに**国恩**［国家の恩恵］をひけらかして売り、自分の勢力を増そうとする行為である。その姦悪な心を図るに、成さないことはない。……と言った。

『三国志』巻五十七　張温伝

孫権は、張温を幽閉する際に下した「令」により、張温の人事を「国恩」を売るものであると断罪する。張温が名士の自律的秩序に基づき人事を運用することは、君主に属すべき人事権という「国恩」を専らにする行為と孫権は受け取った。

これに対して、蜀漢では、諸葛亮により名士の自律的秩序に基づく人事が行われており、曹魏でも、九品中正制度を通じて、名士の自律的秩序は人事に反映していた。

しかし、孫権はこれを認めず、曁豔を自殺に追い込み、張温を失脚させた。孫権が君主権力の確立のため、名士を殺害してまで、人事を一元的に管理しようとしていることが理解できる。

5. 江東のために

権威と権力

諸葛亮が全権を掌握している蜀漢はともかく、曹魏が名士の自律的秩序を九品中正制度を通じて人事に反映させていたのは、名士の支持がなければ国家が存立し得なかったためである。孫権も、張昭や張温への対応のように、つねに名士と対峙的であったわけではない。中でも後継者となる太子孫登《そんとう》には、孫呉名士社会および君主権力の基盤である軍部から満遍なく人材を集め、その支持を求めた。輔弼《ほひつ》役に陸遜《りくそん》〔呉郡出身〕を置き、太子四友を諸葛恪《しょかつかく》〔諸葛瑾《しょかつきん》の子、琅邪郡〕、張休《ちょうきゅう》〔張昭の子、彭城郡《ほうじょうぐん》〕、顧譚《こたん》〔顧雍の孫、呉郡〕、陳表《ちんひょう》〔陳武《ちんぶ》の子、廬江郡《ろこうぐん》〕と選び、江東名士〔陸遜・顧譚〕・北来名士〔諸葛恪・張休〕・軍部〔陳表〕のバランスがとれた政権を将来的に形成する方向性を示した。

さらに、謝景《しゃけい》〔南陽郡〕・范慎《はんしん》〔広陵郡〕・刁玄《ちょうげん》〔丹楊郡〕・羊衜《ようどう》〔南陽郡〕といった賓客を抱えた東宮《とうぐう》〔皇太子の宮殿〕では、それぞれの名士の「目《もく》」〔人物評語〕が作成されるなど、孫呉名士社会が開花し、その自律的秩序が公開されていた。曁豔《きえん》事件の際に、張温と同じ「呉の四姓」出身の陸遜・陸瑁《りくぼう》・朱据《しゅきょ》らが、張温に同調しなかったのは、こうした君主側からの働きかけがあったことによる。孫呉の君主権力と名士層とは、協調への道を探り始めていた。

しかし、両者のせめぎあいは終わらなかった。遼東《りょうとう》の公孫淵《こうそんえん》をめぐる政策で孫権と張昭が衝突するのである。

曹魏に追い詰められた遼東の公孫淵が、孫呉に帰順を申し出ると、孫権は喜んで燕王《えんおう》に封建しようとした。だが、張昭は公孫淵を信頼せず、封建に反対する。孫権は、張昭の反対を押し切り、使者を派遣、意見を無視された張昭は怒り、病気を理由に出仕しない。それを恨んだ孫権が、張昭の家の門を土で塞ぐと、張昭は門を内側から固め、決して出仕しない態度を示した。赤壁の戦いで水軍が勝利をしたように、孫呉の活路は海にあった。孫権は、倭国を捜索するなど、東方海上への進出も試みていた。倭国が朝貢《ちょうこう》していた公孫氏は、孫呉の対外進出にとって重要な相手なのである。

ところが、公孫淵は、孫呉との結びつきを察知した曹魏の懐柔策に応じて、孫権の使者を殺害する。非を悟った孫権は張昭の家に行き、詫びようとするが張昭は応じない。業を煮やした孫権は、門に火をつけ張昭を脅す。張昭は、ますます門を閉ざす。ようやく子が張昭を抱えて出てきたので、孫権は自分の馬車に乗せて宮中に戻り、深く張昭に謝罪した。事件の最中、孫権は次のように述べている。

呉国の士人は宮中に入れば孤《わたし》を拝するが、**宮中を出れば君**〔張昭〕**を拝する**。孤が君を敬うことは、これ以上ないほどであるが、それなのに（君は）しばしば人前で孤をやり込める。孤はつねに（国家安泰の）計を失わないか恐れている。

『三国志』巻五十二　張昭伝

孫権は、君主を中心とする孫呉国家の秩序が、宮中では通用しても、名士間には尊重されないことを問題としている。孫呉の名士・豪族層は、孫権の君主権力よりも張昭の権威を尊重している、というのである。

国家の中で君主の権力と社会の権威が離れることは、西欧中世における神聖ローマ皇帝とローマ教皇の関係にも似て、君主権力を弱体化させる大きな要因となる。孫権が激しく争った理由はここにある。しかし、孫権は張昭を屈伏させられなかった。ここに、貴族の自律的秩序に基づく社会的権威に、皇帝といえども介入できなかった中国の貴族が持つ特徴の萌芽を求められよう。

したがって、孫権は、強引な君主権力の強化に努めざるを得なかった。中書郎《ちゅうしょろう》の呂壱《りょいつ》と秦《しん》博《はく》を君主の耳目の官である校事《こうじ》［スパイ］に任命し、官僚を弾劾させたのは、その典型である。弾劾は、丞相の顧雍《こよう》にまで及んだ。

しかし、校事制度は、官僚の非違を察挙して君主権力の強化を図るという当初の目的を果たさず、校事に就いた呂壱の個人的権力を伸長させたに過ぎなかった。のちに孫権は、呂壱の寵用を群臣に謝罪して、信頼関係の回復を試みている。校事の設置は、君主権力の強大化という目論見に反して、却《かえ》って名士層の反発を招き、君主への信頼感を失墜させたのであった。

後継者争いにおける失策

赤烏《せきう》四（二四一）年、皇太子の孫登が没する。孫登は、呂壱の専横を批判し、寛治を主張するなど、孫権だけではなく名士にも期待の皇太子であった。

代わって王夫人の子である孫和《そんか》が皇太子となるが、王夫人は孫権の娘の全公主《ぜんこうしゅ》と不和であった。このため、王夫人は皇后に立てなかっただけではなく、讒言《ざんげん》により憂死する。そうしたなか、孫権の皇太子孫和への寵愛も衰えていく。

これに対して、孫和の同母弟である魯王の孫覇《そんは》が、全公主の支援を受けて、皇太子の地位を狙うようになった。こうして「二宮事件《にきゅうじけん》」と呼ばれる皇太子孫和と魯王孫覇との後継者争いが始まった。

二宮事件の原因は孫権にある。孫和を太子に立てながらも、魯王の孫覇を孫和と等しく待遇

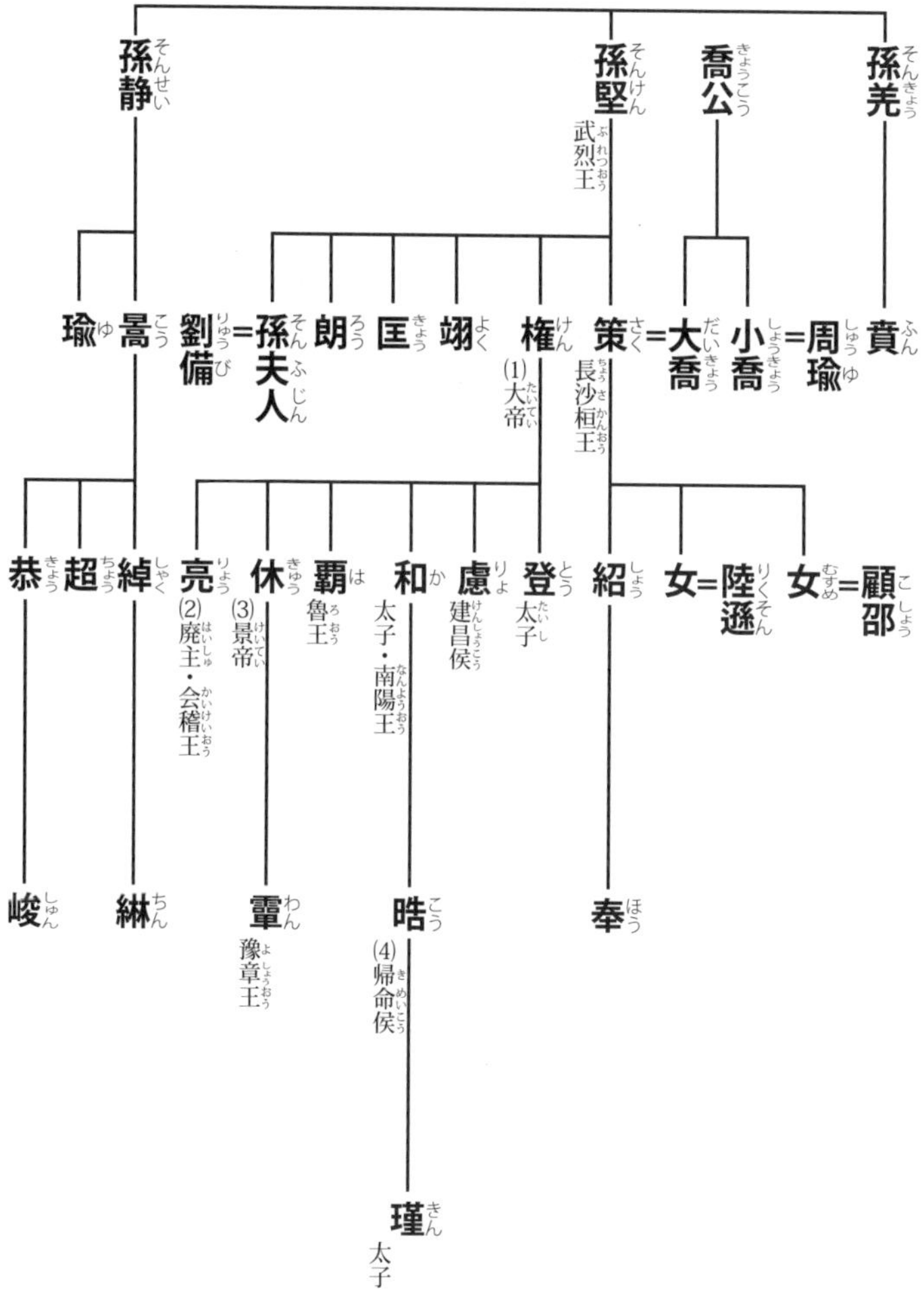
孫静《そんせい》
孫堅《そんけん》
武烈王《ぶれつおう》
喬公《きょうこう》
孫羌《そんきょう》
瑜《ゆ》
暠《こう》
劉備《りゅうび》=孫夫人《そんふじん》
朗《ろう》
匡《きょう》
翊《よく》
権《けん》
(1)大帝《たいてい》
策《さく》
長沙桓王《ちょうさかんおう》
大喬《だいきょう》
小喬《しょうきょう》=周瑜《しゅうゆ》
賁《ふん》
恭《きょう》
超《ちょう》
綽《しゃく》
亮《りょう》
(2)廃主《はいしゅ》・会稽王《かいけいおう》
休《きゅう》
(3)景帝《けいてい》
覇《は》
魯王《ろおう》
和《か》
太子・南陽王《なんようおう》
慮《りょ》
建昌侯《けんしょうこう》
登《とう》
太子《たいし》
紹《しょう》
女=陸遜《りくそん》
女《むすめ》=顧邵《こしょう》
峻《しゅん》
綝《ちん》
𩅦《わん》
豫章王《よしょうおう》
皓《こう》
(4)帰命侯《きめいこう》
奉《ほう》
瑾《きん》
太子

孫氏系図

したからである。孫権が最も愛した歩夫人と同族の歩騭《ほしつ》、孫権の信任厚い武将の呂岱《りょたい》、全公主の婿である全琮《ぜんそう》などは、孫権の待遇を見て孫覇を後継者に推した。これに対して、丞相の陸遜《りくそん》を筆頭とする皇太子派は、名士の価値基準である儒教の嫡長子相続に基づいて皇太子を守護した。すなわち、二宮事件は、儒教的な価値基準を遵守する名士を主体とする皇太子〔孫和〕派と、孫権の君主権強化の手先となった近臣の魯王〔孫覇〕派との対立と把握できるのである。

したがって、君主権力の強化のためには、孫権は皇太子派を一方的に弾圧すべきであった。それにより、名士とのせめぎあいには勝利する。しかし、名士の主力を失い、国家権力は弱体化する。そこで、孫権は、皇太子孫和を廃位すると共に、魯王孫覇にも死を賜う両成敗とし、幼少の孫亮《そんりょう》を皇太子に立てた。君主権力の強化を貫徹できなかったのである。

しかも、この間、丞相の陸遜に詰問の使者を何度も送り、陸遜を憤死させた。陸遜の存在は、「呉の四姓」との対立を潜在的に抱える孫氏にとって、君主と「呉の四姓」との和解の象徴であった。陸遜の死は、国家権力を弱体化させる。

陸遜の生涯を通じた主張は、山越《さんえつ》〔孫呉の領域に居住する非服住民〕の討伐による江東豪族の勢力拡大と、儒教の護持・商業批判と農業重視・租税の軽減といった寛治であった。江東の権益保全と総括してよい。君主権力の強化に繋がるような、曹操のような革新的政策や、諸葛亮のように、曹氏と乾坤一擲の勝負をして漢を守るといった政策を提出したことはない。つまり、陸遜は江東という地域のために生きた。孫氏のために生きる軍部が、夷陵の戦いに際して、陸遜の指揮に従おうとしなかったのは、君主のためではなく、地域のために官僚となる陸遜の生き方に反発したことにあろう。

孫権亡きあと

孫権は、二宮事件の後、陸遜の子である陸抗《りくこう》に謝罪している。「呉の四姓」の中心として、手厚い地縁・血縁と婚姻関係で支えられている陸氏を弾圧しきれなかったのである。ここに名士への弾圧が失敗に終わり、政権運営に腐心する孫権の姿をみることができよう。

二宮事件は、君主権力と名士層の双方が傷つき、孫呉の国力を消耗させただけであった。こうした国力の衰退と幼い孫亮の皇位継承に不安を懐きながら、孫権は神鳳《しんほう》元（二五二）年に薨《こう》去《きょ》する。

孫権は、後事を諸葛瑾の子諸葛恪《しょかつかく》に託した。孫権の没後、諸葛恪は、君主権力の強化に努めていた中書令《ちゅうしょれい》の孫弘《そんこう》を除き、校事を廃止し、税を減免して、恩沢を拡げる寛治を行った。諸葛恪は、名士の価値基準に依拠した政治を行ったのである。

これを支えたものは、孫呉名士社会の成熟であった。すでに述べたように、張温が全琮《ぜんそう》の「輩《はい》」〔同等の人物〕とされ、太子孫登《そんとう》の賓客の「目《もく》」〔人物評語〕が定められたように、名士の自律的秩序の可視的表現としての人物評価は、孫権期より存在していた。曹魏では、これが九《きゅう》品中正《ひんちゅうせい》制度となるが、孫呉にも太公平《たいこうへい》〔大公平〕が置かれたことが、『三国志』潘濬伝注引『襄陽記』のほか、「呉九真太守谷朗《ごきゅうしんたいしゅこくろう》」碑（『金石続編《きんせきぞくへん》』一）から確認できる。太公平は、「呉永寧《ごえいねい》侯相《こうしょう》谷府君《こくふくん》」碑（『湖南通志《こなんつうし》』金石）や『抱朴子《ほうぼくし》』自敍《じじょ》によれば、やがてその名称を大中正《だいちゅうせい》に変え、その下に中正が置かれていく。こうした官職の存在は、孫呉名士社会が、自律的秩序を国家の官制秩序へと反映させる手段を持ったことを意味し、名士社会の成熟と共に、その十全な発達を促す制度的な条件が整ってきたことを示す。

こうした名士社会からの支持がありながら、諸葛恪は失脚する。合肥新城の戦いで敗退してもなお、強引に曹魏への侵攻を続けたためである。叔父の諸葛亮には備わっていた配慮、軍部の掌握、名士層の一体化、君主との信頼関係の維持などが、恪には欠落していた。失敗を省みず、専制化する諸葛恪は、北伐への怨嗟の声のなか孫峻《そんしゅん》に殺される。

しかし、諸葛恪を打倒した孫峻、さらに孫峻に推されて政権を掌握した孫綝《そんちん》は、名士に対峙的な政策を取ったため、短期間で崩壊した。孫綝を打倒して即位した孫休《そんきゅう》は、名士政権の再建により、孫呉の安定を図ったが、永安《えいあん》六（二六三）年、同盟国の蜀漢は曹魏に滅ぼされる。そして、国際情勢が悪化する中、孫休は急死し、すべての課題は、孫晧《そんこう》に持ち越された。

地域を支える

そうした中でも陸遜の子である陸抗《りくこう》は、必死に孫呉を支え続けていた。永安二（二五九）年、鎮軍《ちんぐん》将軍になると西陵《せいりょう》から白帝城までの軍事指揮権を与えられ、建衡二（二七〇）年、朱績《しゅせき》の死去に伴い、信陵《しんりょう》・西陵・夷道《いどう》・楽郷《がくきょう》・公安《こうあん》における軍事の総指揮を委ねられる。鳳凰《ほうおう》元（二七二）年に西陵督《せいりょうとく》の歩闡《ほせん》が背き、西晉に降伏すると、吾彦《げごん》ら諸将を率いてこれを滅ぼした。しかし、軍事行動が続き、江東の人々は疲弊していた。陸抗は休息を求めて上奏する。

（いま孫呉では）武将たちが個人的な名声を挙げようとして、兵を際限なく用いて武の根本をおとしめております。その結果、巨万の費用が掛かり、士卒は疲弊し、敵からの侵攻は（武将たちの個人的な戦いによって）衰えることもなく、我が方だけが大きな損失を被っております。……どうか積極的な拡大策は止め、**士卒や民草の力を養い**、相手の短所や隙を見定めて行動されますように。そうなさらなければ、悔恨を遺すことになりましょう。

『三国志』巻五十八　陸遜伝附陸抗伝

陸抗は、江東地域の力を養い、そののちに戦うことを主張している。したがって、国境に軍を駐屯させながらも、積極的に戦いを仕掛けることはなかった。それどころか、西晉の羊祜《ようこ》と、敵でありながら厚い交わりを結んだ。あるとき、酒を羊祜に贈ると、羊祜は毒が入っていないかを懸念することなく飲んだ。一方、病気になったとき、羊祜から薬を贈られると、陸抗は心底感謝してそれを服用した。

もちろん、これを聞いた孫晧からは、詰問された。鳳凰三（二七四）年夏、陸抗は、羊祜との関係を弁明したうえで、荊州からの侵攻に備えるべく西陵郡の守備を強化すべきことを説いたが、聞き入れられなかった。同年の秋、陸抗は卒する。陸抗の予想どおり、荊州から、そして蜀からの晉軍の侵入により呉は滅亡するのである。

6. 地域への傾斜

国山碑

亡国の君主となった孫皓《そんこう》は、「暴君」と称されることが多い。だが、それに史料的な偏向が多いことは、裴松之がすでに指摘している。事実、孫皓は、即位すると賑恤《しんじゅつ》〔貧困者へ金品を賜与〕を行い、宮女を無妻者に配して「明主《めいしゅ》」と称されたほか（『三国志』孫皓伝注引『江表伝』）、国際状況の激変に対応して武昌《ぶしょう》に遷都を行い、世兵《せへい》〔孫呉の臣下が持っていた世襲的兵士〕を完全に廃止して、中央軍の強化を図るなど、着々と中央集権化のための施策を実行している。

なかでも、孫権の建国以来、支配の正統性が確立しなかったことに鑑み、西晉が曹魏を滅ぼしたことを機に、「東南の運気」と夏の禹王《うおう》を結びつけることで、新たなる正統性を定めようと試みたことは重要である（→P231）。孫呉を金徳と位置づけるその改革は、西晉と金徳が重複するため、西晉の陳寿の『三国志』に記載されなかった。しかし、現在まで残った「国《こく》山碑《ざんぴ》」に、孫皓の思いは遺されている。

　国山とは、山の名であり、国山碑はそこで孫皓が封禅を行ったことを顕彰する。孫皓は、もとの名である離里《りり》山を国山に改名すると共に、これを「中岳《ちゅうがく》」［中心にある山］と称している（『太平寰宇記《たいへいかんうき》』巻九十二　江南東南道四）。漢代では中岳とは、武帝が東岳泰山《たいざん》で封禅をする前に登った嵩山《すうざん》を指す。国山をこれになぞらえることは、自らの地域を世界の中心と観念する小中華《しょうちゅうか》の考え方である。

　小中華とは、地域が中国から自立するために唱えるものである。たとえば、日本も、天皇を頂点に統治権の及ぶ範囲を「化内」、その外部を天皇の教化の及ばない「化外」と区別するとともに、夷狄《いてき》である蝦夷《えぞ》・隼人《はやと》と共に蕃国《ばんこく》である朝鮮諸国をも化外と位置づけ、律令《りつりょう》法体系の中に華夷思想を反映させ、中華である中国に対しては東夷《とうい》でありながら、国内に対しては中華（小中華）となる、重層的な「中心と周縁」のシステムを敷いた。これと同じ発想である。

　国山碑は、孫呉の治世を顕彰し、それに天が感応したことを述べたのち、孫皓の即位により生じた二九種類の瑞祥《ずいしょう》とその発生件数が述べられる。それらのなかで金徳の象徴である白・玉・石と関係があるものは一三例に及ぶが、なかでも、「金冊青玉符《きんさくせいぎょくふ》」は禹が入手した白徳を象徴する秘書の形状と似ており、孫皓が禹の金徳を正統性としていることを端的に示す。また、建国当初より孫呉が掲げてきた東南の運気を象徴する「黄旗紫蓋《こうきしがい》」が呉・越の分野に現れたことが述べられており、建国以来の孫呉の正統性である東南の運気と禹の金徳とが結合されている。

国山碑に現れるように、建国以来、正統性の不安定さに苦しんできた孫呉は、こうして天璽《てんじ》元（二七六）年になって、東南の運気と禹の金徳を結合させる孫呉独自の正統性を創造することに成功した。しかし、時すでに遅く、天紀《てんき》四（二八〇）年、孫呉は滅亡する。

陸抗の子たちの動向は分かれた。陸晏《りくあん》・陸景《りくけい》は、国の滅亡に殉じた。一方、陸機《りくき》・陸雲《りくうん》は、太康《たいこう》年間（二八〇～二八九年）に洛陽に赴き、司空の張華《ちょうか》に高く評価された。張華は、旧蜀漢臣下の陳寿も評価していた。張華に評価された陸機・陸雲は、西晉を代表する文学者となる。二人は、旧孫呉の臣下として差別されたが、それでも江東を代表する「呉の四姓」の一員として、西晉の歴史に名を刻んだ。

『呉書』を著す

曹魏の流れを汲む西晉の貴族たちは、亡国である孫呉出身の陸機に冷たかった。張華は例外なのである。劉備の師盧植《ろしょく》の曾孫の盧志《ろし》は、衆人の前で陸機に、「陸遜・陸抗は、君とはどういう間柄か」と尋ねた。もちろん、祖父と父であることを知りながら、あえて諱《いみな》を冒《おか》し、中原から見れば、孫呉の丞相《じょうしょう》など取るに足らないとの嫌味を込めて嘲《あざけ》ったのである。陸機は、「君と盧毓《ろいく》・盧珽《ろてい》の関係と同じだよ」と、盧志の祖父と父の諱を冒して対抗する。

陸機は、孫呉の滅亡原因は愚かな君主にあり、臣下にはないことを「弁亡論《べんぼうろん》」にまとめた。

さらに、『呉書』を著して、孫呉の君主と臣下の事績を西晋に、そして後世に伝えようと志《こころざ》した。弟の陸雲《りくうん》もこれに協力して、資料の収集につとめた。

あるとき、曹操の遺物が納められた鄴城に行った陸雲は、その様子を兄に書き送っている。陸機は、著作郎《ちょさくろう》［歴史官］として曹操の遺令《いれい》を見たと称し、「弔魏武帝文（魏《ぎ》の武帝《ぶてい》〈曹操〉を弔《まつ》る文）」を著した。それは「乱世の奸雄《かんゆう》」曹操が愛した女性に遺した心配りを見た、陸機の驚きから始まる。驚きの理由は、次のとおりである。

魏の武帝が継嗣曹丕に遺言し、四人の息子たちに教えを残す様子からは、国を治める計略は遠大で、家を盛んにする教えもまた弘大であることが分かる。……（しかし）女児を抱き末っ子の曹彪《そうひょう》を指さして、四人の息子に向かって、「おまえたちに面倒をかけるが」と言って、泣いた。痛ましいことだ。過去には天下を治めることを責務としながら、今は死に臨んで人に可愛い我が子の世話を頼むのである。……しかし**閨房《けいぼう》の女性たちに女々しく心惹《ひ》かれ**、家の者たちがすべき事にまで気を配るのは、あまりにも細かすぎないだろうか。

武帝は、「わが婢妾と歌姫は、みな銅爵台《どうじゃくだい》に控えさせよ。銅爵台の上に八尺の床と細くてあらい布の帳《とばり》を用意し、朝夕乾し肉と乾燥させた飯の類を供えよ。月の一日と十五日は、いつも帳に向かって歌舞を行うように。汝《なんじ》らは時々銅爵台に登り、わたしの眠る西陵《せいりょう》の墓地を眺めよ」と言い、さらに「**余った香は夫人たちに分けてよい。仕事のない妾たちは、**

——**組紐《くみひも》の履《くつ》の作り方を学びそれを売ればよい**。……

陸機は、天下の英雄たる曹操が、死に臨んで閨房《けいぼう》の女性たちに女々しく心惹《ひ》かれ、夫人に名香《みょうごう》を分けることを言い遺し、妾たちが履《くつ》をつくることにまで気を配っていることを、あまりにも細か過ぎると思ったというのである。陸機は、それを賢人としてあるべき姿ではないと批判する。

わが身の外にあるものに心を惑わせ、閨房の女性たちに対する思いを細かく言い残すことは、**賢人としてあるべき姿ではないであろう**。わたしは大いに憤りを感じ胸の思いが溢《あふ》れんばかりになって、こうして弔いの文を書くことにしたのである。（曹操が）家族の将来に心を奪われたことが（わたしには）惜しまれ、遺言が細かくつまらぬものであったことが（わたしには）残念である。**広大な志を履の飾りに歪《ゆが》められ、清らかな精神を余った香に汚されてしまった**。

『文選』巻六十　弔文　弔魏武帝文

陸機は、曹操の「分香売履《ぶんこうばいり》」［香を分け履を売ること］について、閨房の女性たちに思いを細かく言い残し、女々しく、賢人らしからぬ行為だ、と半ば憤りを感じながら悲嘆して文章を終える。

陳寿の『三国志』に残された曹操の遺令が、帝王の遺言として堂々たるものであることに対して、陸機は、曹操の遺令を女々しいと悲憤する。もちろん、陸機のように捉えず、愛した女性たちを心配する曹操の「愛」をそこに見いだしてもよい。陸機は、意図的に曹操を貶《おとし》めているためである。

傍線部の記述は、歴史的に誤っている。曹彪は末子ではなく、曹操臨終の場に、曹丕を含めた四人の息子たち〔曹丕・曹彰《そうしょう》・曹植《そうち》・曹熊《そうゆう》〕が立ち会ったはずがないことは、『三国志』を読めば分かる。弟の陸雲は、陳寿の『三国志』を読んでおり、その「呉書」の不十分さを兄に報告している。陸機は、『三国志』を読んでいなかったのであろうか。陸機は、曹魏以来の流れを汲む中原の貴族たちへの対抗意識から、「弔魏武帝文」を虚構を含む「文学」として著したのである。

戦う「むじな」

西晋を建国した司馬炎《しばえん》は、賢弟の司馬攸《ゆう》ではなく愚息の司馬衷《ちゅう》（恵帝）を後継者に定めた。儒教は嫡長子相続である。そして、恵帝が即位すると、外戚の楊駿《ようしゅん》が実権を握った。

しかし永平《えいへい》元（二九一）年、賈充《かじゅう》の娘である賈皇后（賈南風《かなんぷう》）は、恵帝の弟の楚王司馬瑋《い》・伯父の東安王司馬繇《よう》らと結託し楊駿を殺し実権を奪う。これに対して、永康《えいこう》元（三〇〇）

年、恵帝の大叔父の趙王司馬倫《りん》は、恵帝の従弟の斉王司馬冏《けい》と協力して賈氏を打倒し、賈皇后を支える張華を殺害する。

ここから狭義の「八王《はちおう》の乱」と呼ばれる、西晉を衰退させる諸王の争いが本格化する。皇帝に即位した趙王の司馬倫に対して、斉王司馬冏・成都王司馬穎《えい》・河間王司馬顒《ぎょう》が挙兵する。いわゆる「三王起義《さんおうきぎ》」である。三王の攻撃に敗れた司馬倫は恵帝を迎え、自ら皇帝の地位を降りたが、殺された。成都王穎より輔政の座を譲られた斉王冏は、当初、顧栄《こえい》〔顧雍の孫〕など孫呉の旧臣を多く辟召《へきしょう》する政策により期待を集めたが、やがて驕慢な政治を行い、貴族は離反した。

こうしたなか、成都王穎と河間王顒は、長沙王乂《がい》を誘って斉王冏を打倒する。斉王冏は長沙王乂に殺害されたが、権力の独占を企てていた河間王顒は、成都王穎とともに、今度は長沙王乂を打倒すべく兵を起こした。河間王顒は張方《ちょうほう》を都督とし、陸機はここで司馬穎に抜擢される。これまで争いに巻き込まれず、余力のあった江東の勢力をあてにされたのである。

しかしこのとき、陸機とともに上洛していた顧栄たちは、陸機に呉に帰ることを勧める。だが、陸機は、戦いを選んだ。そのときの思いを『晉書』巻五十四　陸機伝は、「陸機はその才望を頼んで、世の難を匡すことを志《こころざ》した」と伝える。陸機は、呉で生きるよりも、中原で貴族として世の難を救うことを選んだのである。祖父の陸遜・父の陸抗が地域と共に生きようとしたことに対して、天下を救おうとしたのである。

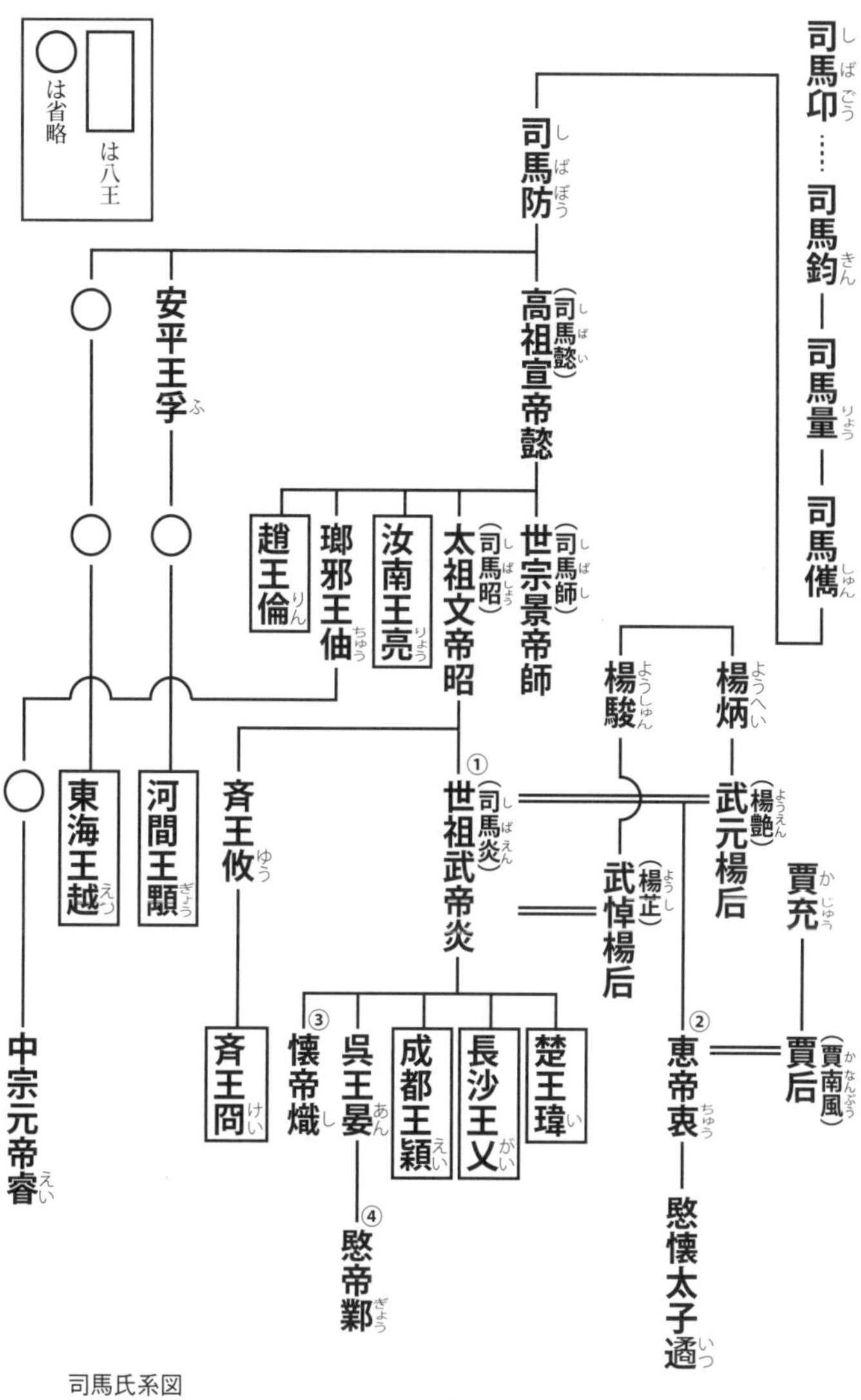
○は省略
□は八王
司馬卬《しばごう》
司馬鈞《きん》
司馬量《りょう》
司馬儁《しゅん》
司馬防《しばぼう》
高祖宣帝懿（司馬懿《しばい》）
安平王孚《ふ》
世宗景帝師（司馬師《しばし》）
太祖文帝昭（司馬昭《しばしょう》）
汝南王亮《りょう》
瑯邪王伷《ちゅう》
趙王倫《りん》
楊炳《ようへい》
楊駿《ようしゅん》
武元楊后（楊艶《ようえん》）
①世祖武帝炎（司馬炎《しばえん》）
武悼楊后（楊芷《ようし》）
斉王攸《ゆう》
河間王顒《ぎょう》
東海王越《えつ》
賈充《かじゅう》
賈后（賈南風《かなんぷう》）
②恵帝衷《ちゅう》
愍懐太子遹《いつ》
楚王瑋《い》
長沙王乂《がい》
成都王穎《えい》
呉王晏《あん》
③懐帝熾《し》
④愍帝鄴《ぎょう》
斉王冏《けい》
中宗元帝睿《えい》

司馬氏系図

覇権を握った成都王穎《えい》のために、陸機は、貴族に実封を与えることで地方統治を再建できるとする「五等諸侯論《ごとうしょこうろん》」を著し、自らの政策を世に問うていた。孫晧が行った江東を小中華にしようとする考えの影響であろうか。

折からの寒冷化と中原での戦いの継続により、人口が江東に移動し、中国における江東の実力の比重が高まっていたことは確かである。ここでの陸機は、かつて「弔魏武帝文」で中原へのコンプレックスをぶつけていたところとは見違える「才望」への自信を持っている。事実、成都王穎は、陸機の実力に自らの戦いを委ねた。

陸機は、後将軍《こうしょうぐん》・河北大都督《かほくだいととく》として成都王司馬穎より兵を委ねられた。しかし、江東出身の陸機の指揮を馬鹿にして従わない孟超《もうちょう》に、「貉奴《かくど》め、都督となることができるのか」（『晋書』陸機伝）と罵られる。「貉奴」［むじな奴隷］は、南方出身者を差別的に呼ぶ蔑称であった。しかし、陸機は、孟超の兄である宦官の孟玖《もうきゅう》が、成都王司馬穎の寵愛を得ているために、自己の指揮下にある孟超を殺すことすらできなかった。戦のさなか孟超は軽兵で進み戦死する。すると、孟玖はその死を陸機のためと逆恨みし、成都王穎に讒言した。

こうしたなか、陸機は、長沙王乂に七里澗《しちりかん》の戦いで大敗する。陸機は、成都王穎に誅殺された。君主に恵まれないための横死であった。

先に呉に帰っていた顧栄は、八王の乱に混乱する華北を無視して、東晋の元帝司馬睿《げんていしばえい》の建国に協力する。江東という地域で生きようとしたのである。しかし、東晋の実権は、王導《おうどう》ら北来貴族に掌握され、呉姓は忍従を強いられる。江東のために生きた陸遜の孫である陸機が、西晉という統一国家で、貴族制改革のために「五等諸侯論」を開陳し、中原に鹿を逐《お》い、七里澗の戦いで指揮を取ったことも、故無きことではないのである。

第六章

組織を制する――西晋

落星石（五丈原）
諸葛亮の陣に堕ちたとされる隕石。それを見て、司馬懿は追撃した。

1. 司馬氏の人脈と制度づくり

身分制の芽ばえ

『三国志演義』において、司馬懿《しばい》はしばしば計算高く狡猾な人物として描かれる。その背景には、司馬懿を含めた司馬氏の人脈の形成、およびその利用があると考えられる。

魏晉時代に端を発する中国の貴族制における特徴の一つに「身分的内婚制《みぶんてきないこんせい》」がある。内婚制では、特定の集団の成員どうしで結婚することが定められている。仁井田陞《にいだのぼる》によれば、南朝において士〔貴族〕と庶〔平民〕にはそれぞれ内婚制が存在し、敦煌《とんこう》で発見された「天《てん》下姓望氏族譜《かせいぼうしぞくふ》」に現れるように、唐代にも身分的内婚制は継承された。貴族と庶民は生まれが異なり、結婚相手も異なったのである。

人脈の作り方の中で最も強力であった婚姻関係は、貴族という身分の内側だけで婚姻関係が結ばれる、身分的内婚制という形に展開していった。そうした婚姻関係による身分の制度化は、西晉を建国する司馬氏の婚姻関係を基本とする。以後、人名の羅列ぎみになるが、貴族制を形成した司馬氏の張りめぐらされた婚姻関係を実感していただきたい。

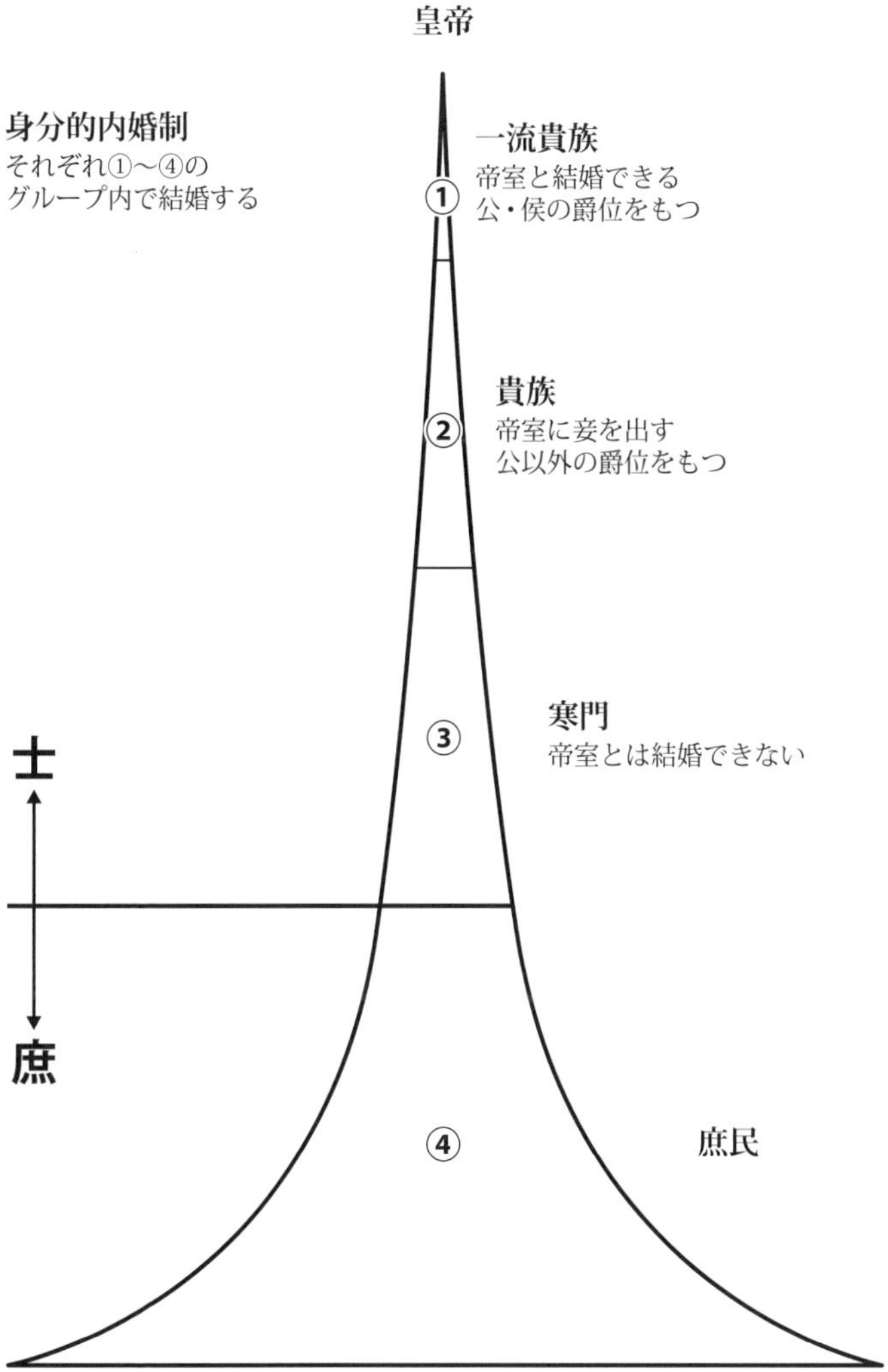
皇帝
身分的内婚制
それぞれ①〜④の
グループ内で結婚する
一流貴族
帝室と結婚できる
公・侯の爵位をもつ
①
貴族
帝室に妾を出す
公以外の爵位をもつ
②
寒門
帝室とは結婚できない
③
士
庶
④
庶民

身分的内姻制と貴族制

司馬氏の婚姻関係

西晉を建国した司馬氏の祖先は、楚《そ》の殷王司馬卬《いんおうしばごう》で、卬の八世孫が後漢の征西将軍の鈞《きん》、鈞の子が豫章《よしょう》太守の量《りょう》、量の子が潁川《えいせん》太守の儁《しゅん》、儁の子が京兆尹《けいちょういん》の防《ぼう》である（↓P279）。

西晉の基礎を築いた司馬懿《しばい》は、防の次子［次男］にあたる。司馬懿の婚姻相手は、懿と同じ河内《かだい》郡を出身地とする張春華《ちょうしゅんか》である。彼女の父の張汪《ちょうおう》は、曹魏に仕えたが粟邑《ぞくゆう》県令に至ったに過ぎない。母はのちに「竹林の七賢」の一人山濤《さんとう》を出す、同じく河内郡の山氏の出身である。山氏は山濤に至っても「小族」と戯《たわむ》れられた家であり、山濤の父の山曜《さんよう》も冤句《えんこう》県令に至ったに過ぎない。鈞以来、「世々二千石《にせんせき》」［代々郡守を出す家柄］の官僚を輩出してきた司馬氏と比べるとやや劣るが、張春華も豪族の出身と考えてよい。

司馬懿の婚姻は、後漢に多く見られる同郡の豪族同士の婚姻である。司馬懿には師《し》・昭《しょう》・幹《かん》・南陽公主《なんようこうしゅ》を生んだ嫡妻の張春華のほか、亮《りょう》・伷《ちゅう》・京《けい》・駿《しゅん》を生んだ伏太妃《ふくたいひ》、肜《ゆう》を生んだ張夫人、倫《りん》を生んだ柏夫人があったが、いずれも出自は不明である。嫡妻以外の家柄を考慮した形跡はなく、司馬懿までの司馬氏の婚姻関係には、身分的内婚制を見ることはできない。

司馬懿は、長子の司馬師には当初、夏侯尚《かこうしょう》の娘である夏侯徽《き》を娶らせていた。夏侯氏は、曹氏の準宗室と考えてよく、司馬懿が当初、曹室に接近しようとしたことが分かる。

しかし、司馬懿の地位は、やがて曹魏の臣下に止まらなくなる。諸葛亮が陣没した青龍《せいりゅう》二

（二三四）年、早くもその野望を感じ、義父の司馬懿を「魏の純臣」ではないと知った夏侯徽は、殺害された。代わって司馬懿は、文学の才能により文帝曹丕の寵臣となり、陳羣《ちんぐん》・司馬懿・朱鑠《しゅしゃく》とともに文帝の「四友」と称されていた呉質《ごしつ》の娘を司馬師に娶らせる。曹操から始まる文学の宣揚に対応して、いち早く新しい文化を身につけようとしたのである。婚姻関係は、こうした使い方をすることもできる。

司馬懿はやがて、これも退け、司馬師に泰山《たいざん》郡の羊衜《ようどう》の娘である羊徽瑜《きゆ》を娶らせた。泰山の羊氏は、「世々二千石」の家柄であり、羊徽瑜の外祖父は後漢末三大儒者の一人蔡邕《さいよう》である。儒教を中心とした文化的価値を存立基盤とする名士を結集し、玄学《げんがく》〔老荘思想を儒教の枠内で再編したもの〕を宣揚する曹爽《そうそう》政権に対抗した司馬懿の政治的立場をそのまま表現する婚姻関係である。

このように、司馬師の婚姻相手の転変には、曹魏における司馬懿の位置が反映している。はじめは曹室との関わりを求め、次いで文学への対応を考慮し、最終的には司馬氏と同じく儒教を修めた名士との結束を重視しているのである。見事な婚姻関係の展開と言えよう。

さらに司馬懿は、師の弟である司馬昭には、王粛《おうしゅく》の娘である王元姫《おうげんき》を娶らせている。王粛は、漢の鄭玄に対抗して多くの経典に注を附した経学者である。王粛は、『孔子家語《こうしけご》』により、準宗室殺害となる司馬師の夏侯玄殺害、皇帝の廃立となる司馬昭の曹芳《そうほう》廃位を正統化した。また、司馬炎が西晉を建国し、「儒教国家」の再編を試みると、王粛の礼説は具体的な政策に反映されていく。なお、昭の異母弟の彤《ゆう》には、王基《おうき》の娘である王粲《さん》を娶らせている。王基は、王肅と厳しく論争をした鄭玄学の継承者である。司馬氏は、王肅説を「儒教国家」再編の中心的な学説としながら、鄭玄説にも目配りをしている。そうした状況を理解できる婚姻関係である。

さらに、昭の弟の榦は満寵《まんちょう》の娘を娶り、異母弟の伷は諸葛誕《しょかつたん》の娘を娶っている。このように司馬氏は、司馬懿の同郡の豪族同士の婚姻から、師・昭の世代には、郡を超えた名士と婚姻関係を結ぶようになった。なかでも、王肅のような国家政策を正統化する理念を提供し得る相手と結ぶことにより、勢力拡大の手段としてはもとより、国家理念の創出にまで婚姻関係を利用しているのである。

人脈の利用

こうした傾向は、その娘の婚姻にも見ることができる。司馬懿の娘である高陽公主は杜預《どよ》に嫁いだ。杜預は『春秋左氏経伝集解《しゅんじゅうさしけいでんしっかい》』を著して、司馬昭による高貴郷公曹髦《そうぼう》殺害を正統化している。さらに杜預は、司馬師の妻である羊徽瑜の同母弟である羊祜《ようこ》の方針を継承して孫呉を征服、西晋の中国統一に大きな武功をあげた。

また、司馬懿のもう一人の娘は、荀霬《じゅんえき》に嫁いでいる。荀霬は、荀彧の子である。荀彧―陳羣〔荀彧の娘婿〕の系譜を継いで、名士の糾合を図り、曹氏に対抗した司馬懿には、大きな意味を持つ婚姻関係である。

さらに、司馬師の娘と司馬昭の娘の京兆長公主《けいちょうちょうこうしゅ》が前後して嫁いだ甄悳《けんとく》も、魏晉革命において大きな役割を果たした。司馬昭は、皇帝の曹芳を廃位した時も、続いて即位した曹髦を殺害した時にも、郭皇太后《かくこうたいごう》より詔を仰いで事態を収拾している。その際に、甄悳はもと郭氏の出身として、司馬氏と郭皇太后を結ぶ従順な架け橋となった。

また、司馬昭の娘である常山公主が嫁いだ王済《おうさい》は、名門「太原《たいげん》の王氏」の出身である。祖父の王昶《おうちょう》は曹魏の司空となり、父の王渾《おうこん》は杜預と共に孫呉の征服に活躍して、司徒・録尚書事《ろくしょうしょじ》に至っている。なお、羊祜・杜預・王渾といった孫呉征討派が、すべて司馬氏との婚姻関係を持っている点は、蜀漢を征討しながらも反乱を起こした鍾会《しょうかい》が司馬氏との婚姻関係を持たないことと対照的である。婚姻関係を持つ者は、厚い信頼で結ばれるのである。

このように司馬氏は、勢力拡大過程において積極的に婚姻関係による人脈を利用した。その結果、司馬懿の婚姻が後漢で多く見られた同郡の豪族同士の婚姻であったことに対して、司馬師・司馬昭のそれは、郡を超えた名士との婚姻となった。なかでも、王粛と杜預という二人の経学者と婚姻関係を結び、『孔子家語』・『春秋左氏経伝集解』により、司馬氏の権力を正統化させたことは、「儒教国家」の再編を目指す司馬氏の婚姻関係を特徴づける。

ただし、これらの婚姻関係は、司馬氏が君主となってから結んだものではなく、あくまでも同輩者同士の婚姻であった。これに対して、西晉を建国した司馬炎の婚姻は、どのような特徴を持つのであろうか。また、それは貴族制といかなる関係があるのだろうか。

司馬炎の後宮

王肅《おうしゅく》の娘王元姫《おうげんき》と司馬昭の子が、武帝司馬炎である。皇帝に即位すると武帝は、楊炳《ようへい》の娘である楊艶《ようえん》を皇后に立てた。その後、楊炳、楊艶の薨去後に二人目の皇后として、父方の従妹である楊芷《ようし》を迎える。その楊芷の父である楊駿《ようしゅん》は、四世三公を輩出した「弘農《こうのう》の楊氏」の本流である。後漢には、二家の「四世三公」があった。一つは、袁紹・袁術が出た「汝南《じょなん》の袁氏」、もう一つが「弘農の楊氏」である。

楊氏は、一族の宦官と協力して勢力を拡大した「汝南の袁氏」に比べて、その「清白《せいはく》」（清廉潔白）に高い評価があった。後漢末に袁氏の本流である袁術と袁紹が滅んでいた西晉において、弘農の楊氏は最も伝統ある「清」なる家であった。それを頂点の皇后に据え、武帝は、後宮にヒエラルキーを形成していった。

武帝は、皇太子司馬衷《しばちゅう》の暗愚を補うために、藩屏《はんぺい》となる王として封建する弟の増加を目指し、多くの妾を宮中に入れた。その結果、武帝は、十名前後の公主《こうしゅ》〔皇帝の娘〕のほか、二十六名の男子を生ませ、恵帝《けいてい》司馬衷〔第二代皇帝、武帝の嫡長子〕・懐帝《かいてい》司馬熾《しばし》〔第三代皇帝、武帝の二十五子〕以外に、十六名を王としている。しかし、妾とした家は、けっして高い家柄とは言えず、その一族は、武帝の抜擢により、はじめて高位に就き得ている。

皇后の下に置かれた三夫人は、胡芳《こほう》・諸葛婉《しょかつえん》・李暐《りよう》である。胡芳は、鎮軍《ちんぐん》大将軍となる胡奮《こふん》の娘であるが、胡奮の父胡遵《こじゅん》は司馬懿の遼東遠征で別働隊を指揮し、弟の胡烈《これつ》は平蜀後の鍾《しょう》会《かい》の乱の際、鍾会に従わず乱を平定している。諸葛婉は、廷尉となる諸葛沖《しょかつちゅう》の娘であるが、沖の父諸葛緒《しょかつしょ》は、蜀漢を征討中、鍾会に従わず失脚させられている。李嬅は、司徒となる李胤《りいん》の娘であるが、李胤は蜀漢の平定時に、西中郎将《にしちゅうろうしょう》・督関中諸軍事《とくかんちゅうしょぐんじ》として関中を固めていた。すなわち、皇后に次ぐ三夫人は、いずれも蜀漢の征討と鍾会の乱の平定に関わりがあった家から選ばれている。孫呉征討派が、いずれも司馬氏と婚姻関係にあったことを考えると、三夫人は、軍事的に司馬氏に忠誠を尽くした家を褒賞するために選ばれていることが分かる。

武帝は、三夫人の父兄を三公の司徒や九卿に抜擢して、軍事的に忠誠を尽くした将の家を後宮のヒエラルキーと呼応させ、官僚制度の中に位置づけた。それは、貴族の官僚としての地位の高下《こうげ》は、皇帝により編成される国家的な秩序と等しくあるべきだからである。武帝は、帝室との婚姻関係により貴族の官僚としての地位を高下しようとしたのである。では、こうした方針は、武帝の子女の婚姻関係にも見られるのであろうか。

武帝の諸子

武帝の長男である恵帝司馬衷《けいていしばちゅう》は、賈充［太尉・魯郡公《ろぐんこう》（官位と爵位、以下同）］の娘賈南風《かなんふう》を娶り、そののち羊玄之《ようげんし》［尚書右僕射《しょうしょゆうぼくや》・興晋公《こうしんこう》］の娘羊献容《ようけんよう》を娶っている。また娘たちも、滎陽長公主《けいようちょうこうしゅ》は華恒《かこう》［驃騎将軍・苑陵県公《えんりょうけんこう》］、武安《ぶあん》公主は温裕《おんゆう》［父は大陵県公《たいりょうけんこう》の温羨《おんし》］、襄城《じょうじょう》公主は王敦《おうとん》［丞相・

武昌郡公《ぶしょうぐんこう》〕、繁昌《はんしょう》公主は衛宣《えいせん》〔父は蘭陵郡公《らんりょうぐんこう》の衛瓘《えいかん》〕、滎陽《けいよう》公主は盧諶《ろじん》〔父は武強侯《ぶきょうこう》の盧志《ろし》〕にそれぞれ嫁いでいる。

　このように見てくると、三夫人の父兄の爵位が、李胤の広陵侯を最高位としていたのに対し、恵帝と公主の相手が、郡公・県公の爵位を持つ、侯よりも上位者であることが分かる。父の司馬昭が施行した五等爵《ごとうしゃく》は、後述のように、公《こう》〔郡公→県公〕・侯《こう》・伯《はく》・子《し》・男《だん》の序列を持つ。五等爵を持つものはすべて貴族であったが、司馬炎の子どもらの婚姻相手は、当時の一流貴族ばかりなのである。

　さらに、武帝の孫の司馬遹《しばいつ》〔愍懐太子《びんかいたいし》、恵帝の長子〕は、王衍《おうえん》〔太尉・武陵侯《ぶりょうこう》〕の娘の王恵風を娶り、同じく孫の司馬鄴《しばぎょう》〔愍帝《びんてい》、第四代皇帝〕は、荀輯《じゅんしゅう》〔衛尉・済北郡公《せいほくぐんこう》〕の娘を娶っている。武帝の弟である司馬攸〔斉王《せいおう》〕は、恵帝と同じく賈充〔太尉・魯郡公〕の娘である賈荃《かせん》、武帝と同世代の司馬顒《しばぎょう》〔河間王《かかんおう》〕は繆胤《びゅういん》〔太僕・？〕の妹、司馬越《しばえつ》〔東海王〕は裴盾《はいとん》〔伯父は鉅鹿郡公《きょろくぐんこう》の裴秀《はいしゅう》〕の妹、司馬荂《しばか》〔趙王倫の世子〕は劉琨《りゅうこん》〔太尉・広武侯《こうぶこう》〕の妹、司馬覲《しばきん》〔琅邪王伷の世子〕は夏侯荘《かこうそう》〔淮南太守・清明亭侯《せいめいていこう》〕の子を娶っている。このように武帝の親族にも、公主とほぼ同様の傾向を見ることができる。つまり武帝は、自分の親族の婚姻相手に、当時の一流貴族を選んでいたのである。

閉鎖的な婚姻圏の形成

さらに、司馬氏の親族相互の婚姻関係を掲げよう［なお、⑴は司馬懿・⑵は師・昭・⑶は武帝・⑷は恵帝期の親戚を示し、△は武帝の妾の家を示す］。

1．西晋時代に複数の婚姻関係を持つ家
⑵⑷太原《たいげん》の王氏　⑶⑷弘農の楊氏　⑶琅邪《ろうや》の王氏　⑶河東《かとう》の衛氏　⑶范陽《はんよう》の盧《ろ》氏　⑶中山《ちゅうざん》の劉氏　⑶河東の裴《はい》氏

2．西晋時代を含み複数の婚姻関係を持つ家
⑵⑷泰山《たいざん》の羊氏　⑵△琅邪の諸葛氏　⑶太原の温氏　⑷南陽《なんよう》の楽《がく》氏

3．複数の婚姻関係を持つ家
⑴⑷潁川《えいせん》の荀氏　⑵⑶沛国《はいこく》の夏侯氏　⑵東海の王氏

4．単数の婚姻関係しか持たない家
⑴京兆《けいちょう》の杜《と》氏　△遼東《りょうとう》の李氏　△長楽《ちょうらく》の馮《ふう》氏　△天水《てんすい》の趙《ちょう》氏　⑶平原の華氏　⑶⑷河東の賈《か》氏　⑷琅邪の孫氏　⑷北地の傅《ふ》氏

5．婚姻関係を持たない家（1～5では最下層）
⑴河内《かだい》の張氏　⑵済陰《せいいん》の呉氏　⑵中山の甄《けん》氏　⑵河内の楊《よう》氏　⑵山陽の満氏　⑵東萊《とうらい》の王氏　△安定の胡《こ》氏　△斉国《せいこく》の左氏　⑶東海の繆《びゅう》氏

このように調べていくと、司馬氏の姻戚関係には、いくつかの特徴がある。

第一に、△武帝の妾の家は、父兄の爵位が劣るだけではなく、司馬家との婚姻関係からも排除されている。唯一、複数の婚姻関係を持つ琅邪の諸葛氏は、すでに琅邪王の司馬伷《ちゅう》と婚姻関係があり、妾の家としては例外に属する。それ以外は、△遼東の李氏と△長楽の馮氏は、かれら同士の婚姻であるし、△天水の趙氏は、武元楊《ぶげんよう》皇后の母方の実家より皇后のお声掛かりで入内《にゅうだい》したもので、妾であることにより皇后家と婚姻関係を結べたわけではない。すなわち、武帝の妾は、皇后や諸王・公主の姻戚とは婚姻関係の持てない、より下層の貴族から選ばれたことが分かる。

第二に、「1．西晋時代だけで複数の婚姻関係を持つ家」には、太原の王氏・弘農の楊氏・琅邪の王氏・范陽の盧氏・河東の裴氏といった、南北朝にまで続く一流貴族が多く含まれる。かれらは太原の王氏を除きすべて⑶武帝期の姻戚である。武帝が皇后や諸王・公主の姻戚とした家は、このこのち身分的内婚制を形成していく一流貴族である。また、かれらが相互に婚姻関係を結んでいることも重要である。すでに西晋期において、その閉鎖的な婚姻圏は形成され始めており、それが武帝の婚姻政策と大きな関連性を持つことが分かるためである。

第三に、⑴司馬懿の姻戚、⑵師・昭の姻戚は、王粛の出た東海の王氏を除いて、複数の婚姻関係を持っていない。司馬懿、司馬師・司馬昭のときの婚姻が、閉鎖的な通婚圏を持つ貴族制の秩序を形成するために結ばれたものではないことを確認できよう。

名士の時代から貴族制へ

このように、司馬氏の姻戚を検討すると、大別して、①帝室を中心に閉鎖的な通婚圏を形成していこうとする一流貴族のグループ、その下に位置する②司馬昭までの姻戚や、武帝の妾を出すような少し劣る貴族のグループ、という二つのグループに分類することができる。ここにさらに、③皇帝家と婚姻関係など結べない寒門《かんもん》と称されるグループが続く。そして①から③の階層とは、「天隔《てんかく》」〔天と地との区別〕とも称されるほどの距離感を持って、「士庶区別《ししょくべつ》」により国家的な身分として士との婚姻を禁止される④「庶」が広範に存在する。西晉武帝の婚姻政策を機に、婚姻に基づく階層的秩序、すなわち身分的内婚制が形成されていったのである。

後漢から三国時代にかけて、さまざまな方法で結ばれていた人脈は、こうして婚姻関係により固定化されることになった。人脈が貴族制という制度に組織化されていくと言い換えてもよい。名士の時代であった三国時代と、貴族制の時代となった西晉時代の違いが明確に理解できよう。

司馬氏は、曹魏の時代には、数多くの同輩と並ぶ名士の一員であった。司馬懿から司馬師・司馬昭にかけての婚姻には、それが如実に表れている。しかし、武帝司馬炎は、同輩者の中の第一人者に甘んじることはなかった。積極的な婚姻政策によって、自らを頂点とする婚姻関係の国家的秩序を作りあげ、階層的な身分制度である貴族制へと反映させることを試みたのである。

中国における貴族制は、個人的な主従関係や荘園の領主的支配を指標とする西欧封建制の亜種などではない。九品中正制度および五等爵制により国制的秩序として構築された身分制度であった。婚姻関係は、そうした貴族制を形成する一助となり、貴族制の結果、固定化されていくものなのである。

2. 人事制度改革

人事をめぐる争いと司馬懿による「州大中正の制」

かつて曹操は、その人事において、名士層への対抗手段として文学を宣揚した。これは、名士たちが価値基準とする儒教を相対化するためであった（↓P127）。

しかし、曹操の死後、文帝曹丕《ぶんていそうひ》の即位の際に、陳羣《ちんぐん》の献策により制定された九品中正制度は、郡に置かれる中正官《ちゅうせいかん》が官僚就任希望者に、郷里の名声に応じて一品から九品の郷品《きょうひん》と状《じょう》［四言の人物評価］を与え、郷品から原則として四品下がった官品《かんぴん》の起家官《きかかん》に就く制度であった。したがって、名士は、曹魏においても儒教を中心とする名士の価値基準に基づく人事制度によって、支配者層に就くことができた。

これは、君主権力からみれば、人事権を掣肘《せいちゅう》されたことになる。そこで、明帝曹叡《めいていそうえい》の崩御に際して、司馬懿と並んで後事を託された曹爽《そうそう》は、何晏《かあん》に新たな価値基準として玄学《げんがく》を宣揚させ、夏侯玄《かこうげん》に九品中正制度の改革案を提出させる。

玄学とは、『老子《ろうし》』・『荘子《そうし》』・『周易《しゅうえき》』の三玄《さんげん》を尊重する哲学で、儒教の枠組みの中で老荘思想を復権させるものであった。人事の中核である吏部尚書《りぶしょうしょ》に任命された何晏は、『老子』と『周易』に注をつけた王弼《おうひつ》を高く評価するなど、新たな文化的価値である玄学を尊重する人事を行った。名士たちは、かつて何晏の養父曹操が文学を尊重した時のように、玄学を習得しようとした。

夏侯玄と何晏たちの名声は、当時に盛んであった。**司馬景王《しばけいおう》**〔司馬師〕**もかれらと交際した。**何晏はかつて、「（表面に現れない道理を見極めることが）ただ深《しん》、このため天下の志に通じることができる、夏侯泰初《たいしょ》〔夏侯玄〕がこれである。（微細の動きを察知することが）ただ幾《き》〔微妙〕である、このため天下の仕事を完成する、司馬子元《しげん》〔司馬師〕がこれである。ただ神《しん》〔神秘〕である、（そのため）疾《はや》くせずに速《すみ》やかで、行かずに至る。吾《わたし》はその語を聞くが、まだその人を見ない」と言った。おそらく神を自分に準えようとしたのであろう。

『三国志』巻九 曹真伝附曹爽伝注引『魏氏春秋』

このように、政敵司馬懿の子である司馬師もまた、何晏・夏侯玄の玄学に関与し、その評価を受けていた。夏侯玄への「深」、司馬師への「幾」、何晏自らを準えている「神」は、いずれも『周易』繫辞《けいじ》上伝《じょうでん》を典拠とする。従来の人物評価が、儒教経典の平明な語彙を使用したことに対して、何晏らの玄学の宣揚を契機に、評語は哲学的・抽象的になった。玄学は、卓越化を保証する新たな文化的価値として名士に受容され、儒教に代わる新たな名声の淵源として普及しつつあったのである。

こうして何晏は、玄学を価値基準とする人事を推進したが、その規範とする「舜《しゅん》の無爲《むい》」では、人事の中央集権化を理想とした。その具体策は、盟友である夏侯玄の中正改革に現れる。夏侯玄は、政敵司馬懿に対して、九品中正制度の問題点を次のように伝えた。

そもそも才能のある者を官僚とし人材を用いることは、国家の権限です。このため**人事権を尚書台が専有することは、上**〔国家〕**の役割です**。孝行な人材は郷里におりますので、その優劣を郷人に任せることは、下〔中正官〕の役割です。そもそも教えを清廉にし選挙を明確にしようとすれば、上と下の役割分担を明らかにし、互いに干渉しないようにしなければなりません。……州郡の中正官が、九品により官僚となるべき人才を評価してより以来、年数が経ちましたが、紛々と混乱してまだ制度が整備されたと聞かないのは、役割分担が区別されずに入り乱れ、それぞれの要《かなめ》として依拠するところを失ったためではないでしょうか。……どうして**中正官が人事権を下に求めて**、権力を持つ者が権限を委譲しながら上にあり、上下が互いに争いあい、紛糾と混乱を続けているのでしょうか。

『三国志』巻九　夏侯玄伝

九品中正制度の導入以前、人事権は「上」、すわなち皇帝の専権事項であった。ただ、実際には、皇帝に直属する尚書台が人事を管掌していた。しかし、中正官が付与する郷品が官品と連動する九品中正制度により、人事権が「下」、すなわち中正官に奪われたために、混乱が続いていると夏侯玄は分析する。そのうえで、夏侯玄は、九品中正制度により人事権が郡中正に移行したことを批判して、人事権を皇帝に直属する尚書に回収することを目指したのである。

これに対して、司馬懿は「州大中正の制」を対案として提示することで、名士の支持を集めていく。

晉の宣帝《せんてい》［司馬懿］が九品を授け、州に大中正を置くの議に、九品の状《じょう》［人物評価］を調べてみると、もろもろの**中正官は、まだ人才を計り究めることができていない**。（そこで）考えるに九品を授けるために、州に大中正を置くべきである。

『太平御覧』巻二百六十五　職官部　中正

夏侯玄は、国家が「才能」を見極めるべきで、「孝」などの人柄［性《せい》、本来的な人のあり方］を評価すべき中正が、官僚としての才能を計れていないと主張していた。そして、才を計り官僚の人事を定めるものは、国家、具体的には尚書台であるべきとしていたのである。

これに対して、司馬懿は、夏侯玄の提言のうち、中正官が才能を計れていない、という部分だけを取り出す。そして、官僚候補者の才能は、これまでの郡の中正のうえに置く、州の大中正に定めさせるべきと主張したのである。

曹魏は九州から構成されており、州ごとに置かれる州大中正は、少数の名士で占有できる。尚書台を掌握して人事を一元化しようとする曹爽派に対して、人物評価に表現される名声を存立基盤とする名士の既得権を維持しようとする司馬懿派の人事をめぐる争いが、こうして始まった。

既得権者を味方にする

名士の既得権を守る司馬懿の提案に対して、曹爽の弟である曹羲《そうぎ》は、州を単位とする大中正は、州の人士のすべては評価できず、結果として郡の見解を徴せざるを得なくなる、と州大中正の非現実性を指摘する。また、何晏は、州大中正を批判するために、司馬氏の出身州を批判する「冀州論《きしゅうろん》」を著した。曹操が州の区分を「九州」へと改変したことに伴い、司馬氏の出身地である河内郡《かだいぐん》は、当時冀州に含まれていた。何晏は、冀州を攻撃し、州を単位とする輿論《よろん》へ介入することで、州の輿論の自律性を打破するとともに、人事基準は州ではなく、尚書にあるべきことを具体的に示そうとしたのである。

これに対して、盧植の子である盧毓《ろいく》は、冀州を貶《おとし》める何晏への反論として同じく「冀州論」を書いて、冀州を高く評価して司馬懿、さらには州大中正を擁護した。かつて崔琰《さいえん》により冀《き》州主簿《しゅうしゅぼ》に推挙されていた盧毓は、司馬懿に代わって冀州を弁護するとともに、州の輿論への尚書の介入を防ごうとしたのである。

何晏は、そうした州の輿論の根強さに無頓着であった。何晏は、曹操に寵愛されて宮中で育った。そのため、郡を単位として豪族層が支持する名士、郡レベルの名士の名声で生まれる州レベルの名士、その頂点に全国的名声を持つ名士が存在する、という地縁と名声との関係を重視しなかった。貴公子の何晏は、玄学という新奇な文化的価値を武器に、当初から中央の名士と成り得たためである。

これに対して、司馬懿の州大中正は、名声の重層性を踏まえ、名士の既得権を守る案であった。大勢は決したと言ってよい。

曹爽兄弟が皇帝のお供をして高平陵《こうへいりょう》に出かけた隙に、司馬懿はクーデターを断行した。「正《せい》始《し》の政変《せいへん》」である。曹爽一派は打倒され、何晏は殺害された。何晏が玄学的価値基準に基づき人事権を行使していた吏部尚書、その後任は盧毓であった。名士層は、州郡を単位とする名声と、儒教という漢以来の文化的価値の尊重という既得権をとりあえずは保全できたのである。

司馬昭の「五等爵制」

父の司馬懿・兄の司馬師《しばし》の覇権を継承した司馬昭は、咸熙《かんき》元（二六四）年三月、蜀漢を滅ぼした功績により、魏帝国内の晋王《しんおう》となった。そして、司馬昭は、来るべき西晋「儒教国家」の礼儀・法律・官制を整えさせるとともに、「五等爵制」を施行する。

咸熙元（二六四）年秋七月、文帝〔司馬昭〕は上奏して、「司空《しくう》の荀顗《じゅんぎ》に礼儀を定めさせ、中護軍《ちゅうごぐん》の賈充《かじゅう》に法律を正させ、尚書僕射《しょうしょぼくや》の裴秀《はいしゅう》に官制を議論させ、太保の鄭沖《ていちゅう》にこれを総裁させましょう」と言った。**始めて五等爵を建てた。**

『晋書』巻二　文帝紀

「爵位」とは身分を表す称号である。「官位」が職務があり世襲できないのに対し、爵位は世襲できる。

漢の爵制は、二十等爵制《にじゅうとうしゃくせい》と呼ばれ、第二十級の徹侯《てっこう》〔後に列侯《れっこう》〕を筆頭に第九級の五大夫《ごだいふ》までが官僚に与えられる官爵《かんしゃく》、第八級の公乗《こうじょう》から第一級の公士《こうし》までが民に与えられる民爵《みんしゃく》であった。これらの上に諸侯王、そして天子が君臨する。後漢の『白虎通《びゃくこつう》』では、王はもちろん天子も爵位と規定されたので、実質的には二十二等であった。

曹魏では、建安二十（二一五）年より独自の爵制を構築し始め、黄初三《こうしょ》（二二二）年ごろに、宗室にだけ五等爵《ごとうしゃく》が施行された。その結果、曹魏の爵制は、曹魏爵と官爵と民爵の二十一等爵より構成された。曹魏爵の詳細は不明であるが、守屋美都雄によれば、九等で、公・侯・伯・子・男の五等爵、列侯を分割した県侯・郷侯・亭侯、関内侯《かんだいこう》である。官爵は名号侯・関中侯・関外侯・五大夫の四等であり、民爵は漢と同じ八等であったという。そうであれば、二十一等となる。

漢と曹魏の爵位には、いずれも経学的な典拠はない。「儒教国家」の復興を目指す司馬昭が、これらを廃止して、義父の王粛も尊重した『礼記《らいき》』王制《おうせい》を典拠とする五等爵制を採用したのは、当然とも言えよう。

司馬昭は、五等爵制の施行により、何を目指したのであろうか。

裴秀《はいしゅう》は五等爵を議論して、**騎督《きとく》より以上の六百人あまり**が、みな封建された。

『晉書』巻三十五　裴秀伝

騎督という武官が、爵位を与える際の基準とされたのは、前年に行われた蜀漢征討への論功行賞としての役割が、五等爵制に含まれていたことによる。司馬昭は、まずは武功を賞する必要があったのである。

西晉の五等爵制

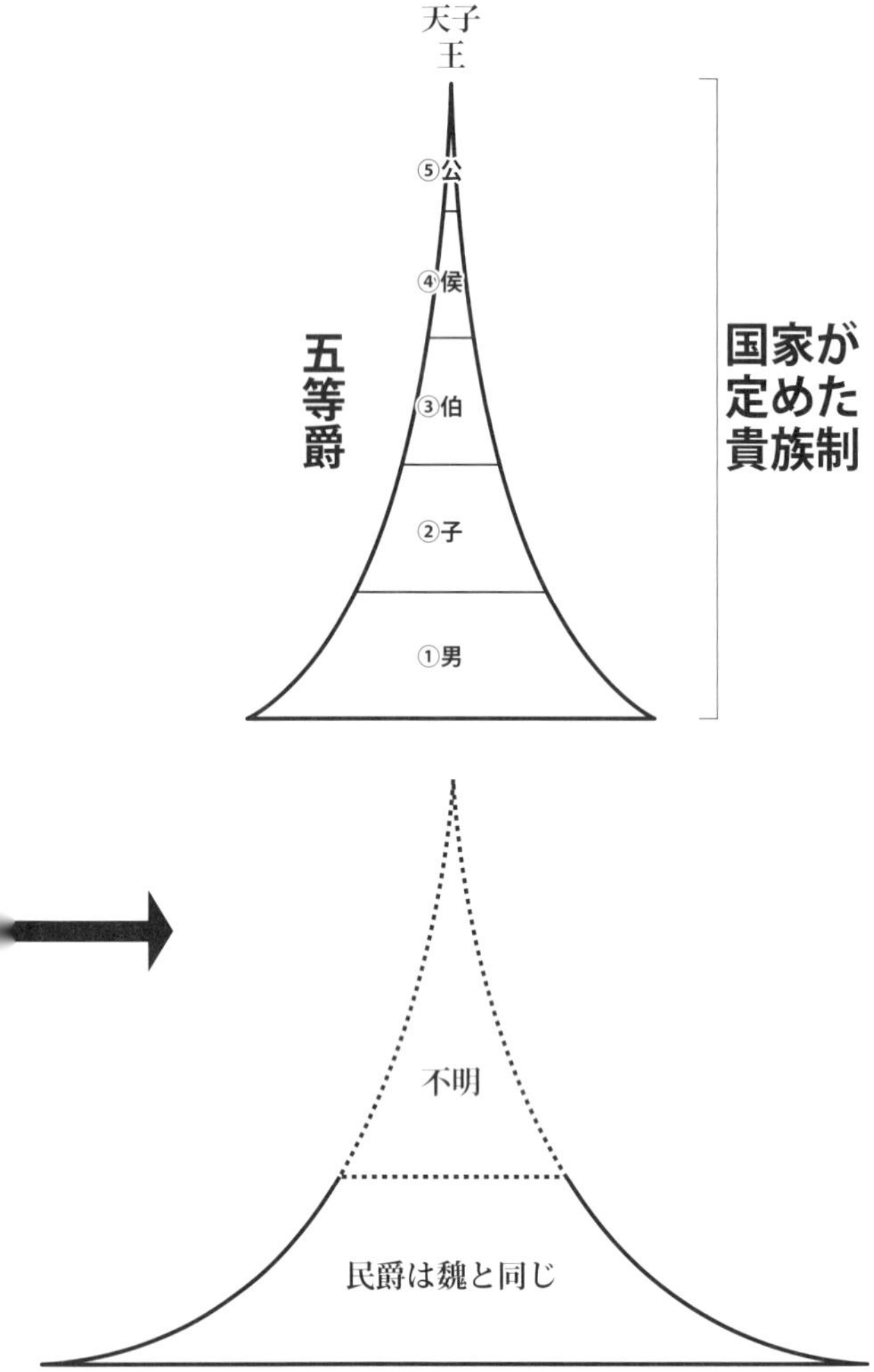

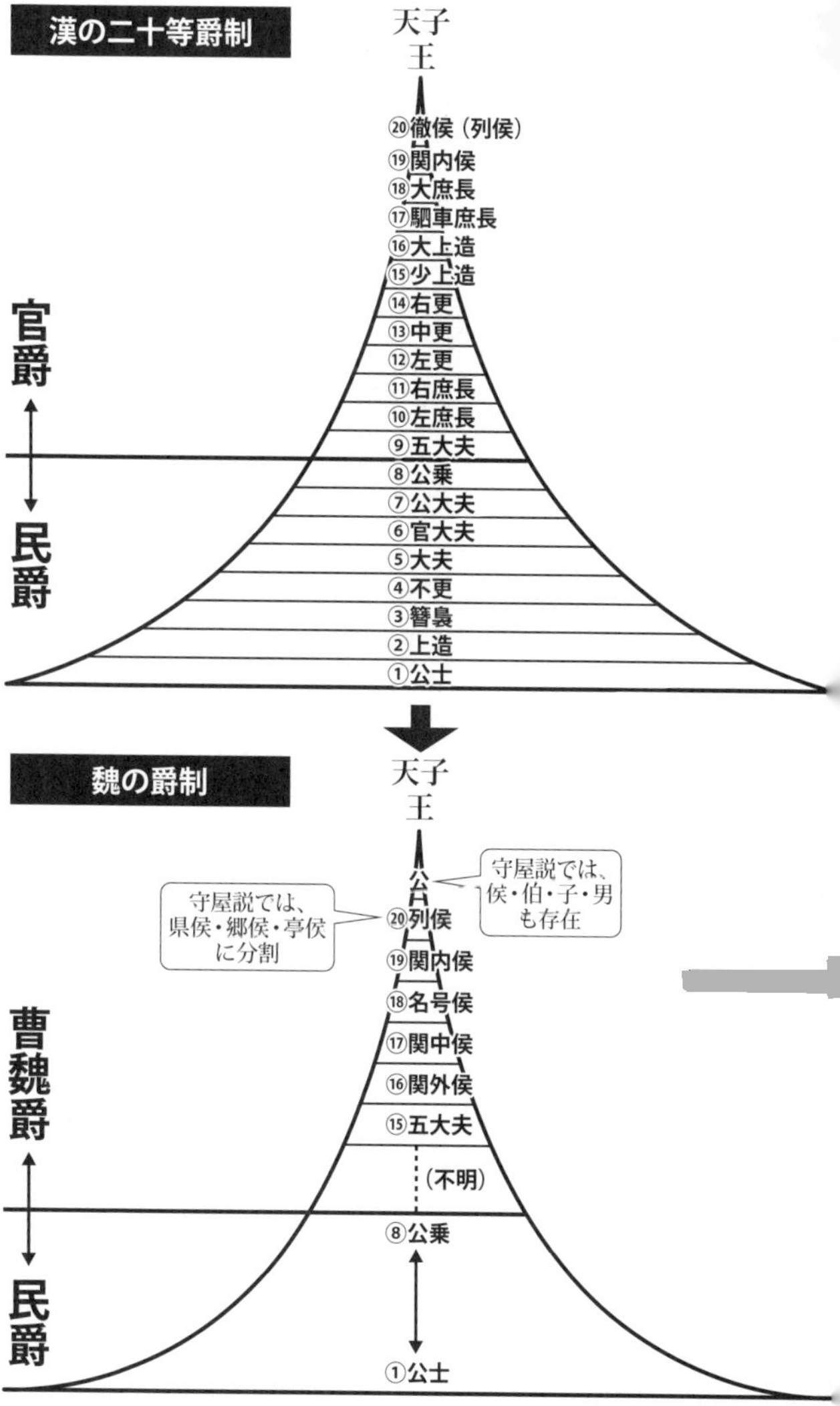

漢の二十等爵制と西晋の五等爵制

騎督は、魏晉ともに五品官であり、五品官は周制では大夫にあたる。天子の大夫は、五等爵でいうと子・男に相当する。こうした整合性を騎督は持っている。大夫はまた、礼的秩序に規定される存在であり、刑には処されない。すなわち、五等爵は、五品官以上に賜爵され、受爵者は『礼記』曲礼にいう刑の対象とならない礼的秩序に属する者と位置づけられたのである。司馬昭は、本質的には、五品官以上の者六百余人に、周の卿・大夫に準《なずら》えて五等爵を賜与することにより、新たな爵制的秩序を形成しようとしたのである。それでは、司馬昭は、五等爵の賜与により構築した公―侯―伯―子―男という階層制を持つ爵制的な秩序により、貴族制に何を表現したのであろうか。司馬昭が五等爵制を施行した咸熙元（二六四）年から西晉の武帝期までの受爵者を検討しよう。また人名の羅列となるが、ご容赦いただきたい。

西晉の「貴族制」のねらい

五等爵の最高位である郡公《ぐんこう》を受爵した楽陵《らくりょう》郡公《ぐんこう》の石苞《せきほう》と、高平《こうへい》郡公の陳騫《ちんけん》は、ともに曹魏最後の皇帝曹奐《そうかん》に、曹魏の暦数が尽き天命は晉にあることを説いて、禅譲に追い込んだ者である。また鉅鹿《きょろく》郡公の裴秀は、博陵《はくりょう》公の王沈《おうしん》・朗陵《ろうりょう》公の何曾《かそう》とともに、司馬炎を勧進して皇帝に即位させた功績を持つ。さらに、菑陽《しよう》郡公の衛瓘《えいかん》は、子の衛宣《えいせん》が武帝の娘繁昌《はんしょう》公主に尚しており、魯《ろ》郡公の賈充《かじゅう》は、娘の賈荃《かせん》を武帝の弟である斉《せい》王司馬攸《しばゆう》に、賈南風《かなんふう》を武帝の子である恵帝に嫁がせている。武帝は、恵帝には本来、衛瓘の娘を娶らせようと考えており、蜀漢征討後の鍾会《しょうかい》の乱を平定した衛瓘、大都督として孫呉を滅ぼした賈充は、武帝にとって最も信頼し得る臣下であった。そして、京陵《けいりょう》公の王渾《おうこん》は、子の王済《おうせい》が司馬昭の娘常山《じょうざん》公主を娶るとともに、孫呉の平定に大功を挙げ、寿光《じゅこう》公の鄭沖《ていちゅう》は、すでに見たように、西晋「儒教国家」の形成に向けた礼儀・法律・官制の整備を総覧している。また、広安《こうあん》公の甄悳《けんとく》と臨渭《りんい》公の郭建《かくけん》は、ともに曹魏の明帝の郭皇后の一族であり、正始の政変から始まる司馬氏の勢力拡大の正当化に力のあった郭皇太后と司馬氏を結びつけた功績がある。臨淮《りんわい》公の荀顗《じゅんぎ》も、荀彧の子で姉は陳羣に嫁いでおり、荀彧—陳羣の後継者として「名士」の支持を束ねるために司馬懿が抜擢した者であった。

続いて侯を検討すると、鉅平《きょへい》侯の羊祜《ようこ》と済北《せいほく》侯の荀勖《じゅんきょく》は、機密を掌り佐命「天命を受けた者を助ける」の勲功があった。ともに郡公を賜爵されたが、羊祜が固辞したため、荀勖もそれに従った。武帝の意向としては、郡公に位置づけるべき功績だったのであろう。その羊祜が準備した孫呉討伐を推進した者が、武帝に決断を迫った広武《こうぶ》侯の張華《ちょうか》と、軍を率いて孫呉を滅ぼした当陽《とうよう》侯の杜預《どよ》である。杜預は、『春秋左氏経伝集解』を著して、司馬氏の権力を正統化している。襄陽《じょうよう》侯の王濬《おうしゅん》・安豊《あんほう》侯の王戎《おうじゅう》・成武《せいぶ》侯の周浚《しゅうしゅん》も孫呉討伐に活躍し、広陵《こうりく》侯の李胤《りいん》は蜀漢討伐に、密陸《みつりく》侯の鄭袤《ていぼう》は毌丘倹《かんきゅうけん》の乱の平定に活躍した。また、臨晋《りんしん》侯の楊駿《ようしゅん》は、武帝の武悼《ぶとう》楊皇后の父であり、大梁《だいりょう》侯の盧欽《ろきん》の父である盧毓《ろいく》は、正始の政変で司馬懿に与《くみ》し、何晏の後任の吏部尚書となっている。

このように、公・侯の受爵者には、西晉建国の功臣や蜀漢・孫呉の平定に高い功績を挙げた臣下、そして司馬氏と婚姻関係を持つ臣下が多い。

これに対して、子《し》爵の受爵者は、曹魏の三公・九卿クラスの高官の子弟が多くを占める。しかし、子爵を受爵した曹魏の功臣の子孫は、祖先と同じように、三公・九卿に出世できたわけではない。また同じく曹魏の功臣の子孫でも、盧欽・武陔《ぶがい》・任愷《じんがい》〔以上、侯爵〕、華表《かひょう》〔伯爵〕など、司馬氏に協力した者の中には、子爵より高い爵位を受爵した者もある。

このように、西晉の五等爵は、単に曹魏での地位を世襲させる本領安堵ではなく、新たなる貴族制の秩序を構築するために与えられた。公・侯には、西晉建国の功臣や婚姻関係を持つ者が並び、子爵を受けた曹魏の功臣の子孫は、西晉の貴族制においては、比較的低位に位置づけられた。

つまり、司馬昭は、来るべき西晉の成立に向け、公—侯—伯—子—男という階層制を持つ五等爵の賜爵を通じて、爵制的な秩序により、貴族と君主権力との緊密性を表現して、貴族を国家的身分制として序列化したのである。こうして形成された国家的身分制を「貴族制《きぞくせい》」と称することにしよう。

司馬昭は貴族制の形成により、名士以来、文化の専有による名声という君主権力から自律性を持つ場にこそ存立基盤を置くと考えてきた貴族を、君主権力との距離により序列化し、その自律性を剝奪しようとしたのである。

天子の卓越化と貴族制

曹魏の九品中正制度において、皇太子や諸王が起家［ここでは、最初に官僚に就くという意］する官は、名士に比べて高いものの、その官は皇帝家以外が就けない官ではなかった。そのため、そのままでは、他の貴族同様司馬氏も士人層に含まれ、皇帝となるべき司馬氏の地位は卓越化しない。

これに対して、西晉の形成にむけて司馬昭が創造した五等爵制では、貴族が天子や王に就くことはできない。君主権力により西晉の貴族を序列化しようとした爵制的秩序は、同時に天子である司馬氏の地位を唯一無二の公権力に押しあげるものでもあった。漢代の二十等爵制と同様、西晉の爵制も天子を含めて国家的身分制を表現するものなのであった。

こうして司馬昭は、西晉成立の前年の咸熙《かんき》元（二六四）年、五品官以上の臣下に五等爵を賜爵することを通じて、爵制的秩序により貴族を序列化すると共に、天子となるべき司馬氏の貴族との差別化を行ったのである。司馬懿発案の州大中正が、郷品に呼応した官品を定める「皇帝の下での官僚任用制度」であるとすれば、五等爵の賜爵は、「天子が行う国家的身分体系の秩序形成」である。そこでは、貴族の自律性や輿論を考慮する必要はない。さらに、五等爵とは別に、西晉の建国とともに民爵も賜与された。

これにより、西晉には、二つの爵制的秩序が並立することになった。一つは、貴族が序列化される五等爵の秩序で、刑の対象とならず国子学《こくしがく》で子弟が学ぶ「士」の身分により構成される。もう一つは、刑の対象とされ、太学《たいがく》で子弟が学ぶ「庶」の身分の秩序である。そして、五等爵にも民爵にも含まれない天子・王である司馬氏は、凡百の他姓とは異なる唯一無二の公権力であることを爵制的秩序により表現し、皇帝としての地位の絶対性をここに確立したのである。

世襲制を帯びた制度

それでは、司馬昭が爵制的秩序により、貴族を序列化した五等爵制は、宮崎市定の研究により貴族制を形成する最も大きな要因とされてきた九品中正制度と、どのような関係にあったのであろうか。

晉の官品。第一品は、公、もろもろの位で公に準ずるべきもの、開国の郡公《ぐんこう》・県公《けんこう》の爵位である。第二品は、特進《とくしん》、驃騎《ひょうき》・車騎《しゃき》・衛《えい》将軍、もろもろの大将軍、もろもろの持節都《じせっと》督《とく》、開国の侯《こう》・伯《はく》・子《し》・男《だん》の爵位である。

『通典』巻三十七　職官十五

開国の五等爵は、郡公・県公は第一品、侯・伯・子・男は第二品の官品とされた。九品中正制度では、官品から原則として四等下がった郷品より起家する［官僚としてスタートする］。したがって、「晉の時代、名家で身に国封を持つ者は、起家するときに多く員外散騎侍郎《いんがいさんきじろう》［第五品］に拝命された」（『宋書』謝弘微伝）と述べられるように、五等爵を賜爵されたものは、五品起家［五品が初任官の者］であることが多かった。

咸熙元（二六四）年に、司馬昭によって五等爵を賜爵された者は、六百人余にのぼる。晉の内外文武官は、六千八百三十六人であるから（『通典』職官十八）、受爵者六百人余は約一割に及ぶ。それがこぞって、一品・二品の官品を持ち、五〜七品起家をするのであるから、まさに「上品《じょうひん》に寒門《かんもん》無」しの状況が生じよう。

しかも、官位はそのままでは世襲できないが、爵位は世襲が可能である。このため、五等爵の賜爵によって皇帝が形成した爵制的秩序に基づく国家的身分制は、州大中正の制とあいまって、世襲性を帯びた官僚制度の運用という中国貴族制の特徴の一つを生み出した。司馬氏は、五等爵制と州大中正を組み合わせることで、貴族制という自らが権力を掌握できる制度を築きあげたのである。

「九品中正制度」「五等爵制」への批判

こうして、本来は名士の自律的秩序の表現であった人物評価を「状」として、孝という儒教的価値基準を根底に置いて運営されてきたはずの九品中正制度は、大きな変容を強いられた。貴族たちが「貴族」と考える価値基準と、司馬氏が権力を掌握するために創りあげた「貴族制」の爵位の基準とは、異なるのである。

曹魏には聞かれなかった九品中正を廃止すべきとする議論が現れるのは、このためであろう。

衛瓘《えいかん》は、魏が九品中正制度を立てたのは、権宜《けんぎ》［臨時］の制であり、恒久の道ではないので、古《いにしえ》の郷挙里選《きょうきょりせん》に戻すべきであると考えた。（そこで衛瓘は）太尉の司馬亮《しばりょう》たちと共に上疏して、「……魏氏は覆《くつがえ》り傾いた天運を承け、騒乱の後に起こったので、人々は流れ移って、詳しく郷里で考えることもできないため、九品中正制度を立てました。（それは）かりそめで一時的な官僚登用の方法に過ぎないのです。（それでも）最初につくられた時には、**郷里の清議《せいぎ》は、爵位に関係なく行われ**、褒貶《ほうへん》を加える点は、勧め励ますに足りるもので、**なお郷論の余風がありました**。（しかし）次第に（悪弊に）染まり、かくて**資《し》を計って品を定め**、天下の望み観るものに、ただ位に居ることを貴とさせ、人は徳を棄てて儒教を忽《ゆるが》せにし、才能の多少を表現に争い、風俗を棄損するようになり、その弊害は小さくありません。……ことごとく九品中正制度を除き、善を挙げ才を進めることは、それぞれ郷論に依らせるべきです。そうなれば下はその上を敬い、人はその教えに安んじ、風俗は政治と共に清く、教化は法律と共になります。……」と申し上げた。

『晉書』巻三十六　衛瓘伝

この上奏文は、武帝が太康《たいこう》七（二八六）年の正月、日蝕《にっしょく》という天譴《てんけん》に対して、公卿に対策を上奏するよう詔を出したことに応えたものである。衛瓘の九品中正への批判はこうである。すなわち、制度が開始された当初は、郷里の清議は、爵位に関係なく郷論の余風があったが、それが「資」を計って「品」を定めるようになったため、ただ位に居ることを「貴」とする風潮が蔓延《まんえん》した。「資」とは、「先天的な資格」の意味で、衛瓘の上奏文では爵位を指す。すなわち衛瓘は、五等爵を得た貴族やその子弟に高官を独占されるような九品中正制度は、廃止すべきと主張しているのである。

これに対して、「上品に寒門無く、下品に勢族《せいぞく》無し」［宰相となれる二品などの上品には寒門はおらず、六品以下の下品には貴族はいない］という有名な字句の含まれる劉毅《りゅうき》の九品中正制度批判は、五等爵制には触れない。

劉毅は、⑴貴族主義の弊、⑵州大中正の弊、⑶実才無視の弊、⑷無責任の弊、⑸能力の限界を超えることの弊、⑹虚名の弊、⑺品状不当の弊、⑻実事を得ないことの弊、という「八損」を挙げて、九品中正の廃止を求めている。

宮崎市定によれば、これは劉毅が尚書《しょうしょ》左僕射《さぼくや》であった時の上奏で、中正の報告書は吏部の人事を妨害するばかりで、一向に役に立たないという苦情である、という。

劉毅には、ここまでしか言えなかったのであろう。劉毅の上奏は、武帝が孫呉を平定した太康元（二八〇）年の直後に行われており、太康七（二八六）年の衛瓘の上奏の前である。衛瓘の上奏の後であれば、尚書左僕射という官職からの苦情を超えて、五等爵制の弊害という九品中正制度にとっての根本的な障害を批判できたかもしれない。

しかも、劉毅は五等爵を受爵していない。それどころか、司馬昭の辟召に応ぜず、魏に忠であると譏言されて、あわてて応じた身分の低い出身者である。そうしたなかで、尚書左僕射まで、ようやくたどり着いた劉毅には、有力者すべてを敵にまわす危険性を持つ、五等爵制を完全に否定する上奏はできなかったと考えてよい。

もう少し下の地位であれば、失うものを恐れず、正論を述べることもできよう。議郎《ぎろう》の段《だん》灼《しゃく》は、同姓諸王の封建を支持する一方で、二度にわたって五等爵制を批判し、その廃止を主張している。一度目の上奏文を顧みられなかった段灼は、郷里に帰る覚悟を決め、二度目の上奏をした。

いま尚書台の選挙は、耳目を塗《ぬ》りつぶされ、九品中正制度で人を調べることは、ただ中正に聴くだけになっております。このため**上品にいる者は、公・侯の子孫でなければ、権力者の一族です**。……いまの国家の大計は、異姓に土地を裂いて封邑を専らにさせず、同姓にみな（帝室を）守るための土地を領有させることにあります。……大晉の（同姓の）諸王は二十人あまり、それなのに公・侯・伯・子・男は五百国あまりに及びます。その国はみな小さいとばかり言えるでしょうか。……臣《わたくし》はこのために五等爵制はよくないと言う

のです。

『晉書』巻四十八　段灼伝

劉毅の「上品に寒門無く、下品に勢族無し」という言葉を抑圧を恐れずにはっきり言えば、上品にいる者は、公・侯の子孫でなければ、権力者の一族です、となる。段灼は、五等爵を受爵した公・侯の子孫でも、賜爵されるであろう権力者でもない者を才能に応じて登用し、西晉の官僚制度を充実させるためには、五等爵制を廃止すべきである、と説く。

さらに段灼は、五等爵制の弊害は、官僚登用の問題に止まらないと指摘する。公・侯など五等爵を持つ臣下、すなわち司馬氏ではない異姓の封建は、かれらが大きい力を持つことによって皇帝にとって危険である、と主張したのである。

こうした段灼の二度目の上奏文を評価した武帝は、引退しようとしていた段灼を明威《めいい》将軍・魏興《ぎこう》太守にした。五等爵制の弊害を見極めた段灼の才能を評価したのである。段灼程度の地位の者が、正論を述べることは許された。影響が少ないからである。

一方、衛瓘は、菑陽《しよう》郡公であり、上奏の際には司空であった。言わば、五等爵制の恩恵を最も受ける立場にある。それがあえて五等爵の受爵者に有利な九品中正制度の廃止を主張したのは、ひとえに危機感の故であった。この上奏のあと、衛瓘は酔いに託して帝の牀《しよう》〔椅子〕を撫《ぶ》し、「此の座 惜しむ可し」と武帝に告げた。西晉の皇帝位が奪われる、すなわち国家が滅亡するかもしれない、と衛瓘は考えていた。武帝の後継者である恵帝司馬衷《けいていしばちゅう》の暗愚が、誰の目にも明らかになっていたのである。衛瓘の予想どおり、恵帝の不慧は八王の乱を招き、西晉は一気に衰退する。

衛瓘は、そうした未来を回避するためには、生まれながらに高い地位に貴族を就けてしまう五等爵と州大中正により変質した九品中正制度は廃止すべきである、そして古《いにしえ》の郷挙里選にはあった郷論に表れる貴族の自律性を守るとともに、官僚制度を充実させて国家を守らなければならない、と考えていた。

だが武帝は、衛瓘の九品中正廃止の上奏を良しとしながらも、それを廃止することはできなかった。暗愚の皇太子司馬衷を抱える武帝には、それはすでに不可能となっていたのである。

制度をめぐる綱引き

西晉の五等爵制は、爵制的秩序による国家的身分制を形成し、州大中正の制とあいまって、世襲性を帯びた官僚制度の運用を生み出した。官位はそのままでは世襲できないが、爵位は世襲が可能だからである。

世襲性を帯びた官僚制度の運用という中国貴族制の特徴は、西晉の皇帝権力の手により生み出されたものなのである。州大中正の制だけでは、郷品を中正官が決定でき、皇帝はそれに介入しにくいため、貴族の自律性に基づき、貴族の理想とする「貴族制」を形成されてしまう。

これに対して、賜爵は皇帝の専権事項であるため、皇帝が定めた秩序に基づいて国家的身分制として貴族制を形成できる。つまり、貴族は文化的諸価値の専有を存立基盤とする社会的身分であり、君主権力からの自律性を持つものであるが、世襲的に高官を独占するという属性に代表される貴族制は、西晉における五等爵の賜与が、州大中正の制とあいまって国家的身分制として創り出したものなのである。

しかし、それは名士以来の皇帝権力に対する自律性を持つ貴族には、あるべき「貴族制」とは、異なるものであった。もちろん、五等爵制による貴族制の成立に伴って、九品中正制度が世襲性を帯びて運用されることにより、貴族の観念に、生得的にその地位を世襲できるとの特徴が加わったことは間違いない。

ただ本来、貴族は、社会における存立基盤を儒教を中心とする文化的諸価値の専有に置いている存在であり、世襲可能な爵位によって運用される皇帝主導の国家的身分制としての貴族制に、満足した者ばかりではなかった。それが、九品中正制度に対する批判となって表れ、貴族の自律性が反映されている郷論を尊重すべきであるとの主張になっているのである。

3. 律令体制に向けて

土地制度の変化

司馬氏が凡百の上に屹立《きつりつ》する天子としての地位を確立し、貴族の自律的秩序を配して貴族制を国家的身分制とし得た背景には、司馬氏の権力基盤として個別の農民への支配を立て直す努力があった。それらは、西晉が定めた「泰始律令《たいしりつりょう》」とよばれる法体系により規定される。こうした国家体制のあり方は、やがて均田制《きんでんせい》・租庸調制《そようちょうせい》・府兵制《ふへいせい》を機軸とする農民支配を中心とする国制を律令格式《りつれいかくしき》という法体系で規定した隋唐の律令体制《りつりょうたいせい》へと継承されていく。

律令体制の根幹となった土地制度は、西晉では曹魏の「屯田制《とんでんせい》」を継承する「占田《せんでん》・課田《かでん》制」である。それ以前の曹魏の屯田制に対する司馬懿の方策を確認したのち、屯田制との違いをみていこう。

軍屯の掌握と民屯の廃止

曹魏の屯田制は、潁川《えいせん》郡・汝南《じょなん》郡の黄巾《こうきん》を討伐して得た「資業《しぎょう》」〔田土・耕牛・農具など〕をもとに、許《きょ》県の周辺から開始されたが、その租税は定額賦課ではなく、「分田《ぶんでん》の術」に拠るべきであると、提案者の棗祗《そうぎ》は主張した。「分田の術」とは、豪族がその支配下の隷属民に対して行っていた徴税方法で、収穫物の五～六割を税とするものである。漢代の田租《でんそ》が、おおむね収穫量の三〇分の一から一〇分の一税であったことに比べると、屯田民の小作料は重い負担で、官牛を借りて耕作するものは収穫の六割、私牛で耕作するものは五割を官府に納めた。その代わりに、後漢末には徴収が困難になっていた銅製の五銖銭《ごしゅせん》一二〇枚を徴収する算賦《さんぷ》は廃止された。さらに、そのほかに一般郡県民と同様の税役を負担したか否かで、学説は分かれる。西嶋定生によれば、郡県民の負担が田租・戸調《こちょう》［戸ごとに布で支払う］・徭役《ようえき》［庸に発展していく労役］・兵役であることに対して、屯田民は佃科［小作料］のほかに徭役を負担しただけであるという。

曹魏の屯田には、許・洛陽を中心に河北省の北中部南部・陝西《せんせい》省東部・山東省南部に集中する民屯田《みんとんでん》［民屯］と、①淮河《わいが》流域・②陝西省西部・③河北省北部に分散する軍屯田［軍屯］があった（→Ｐ１２１の地図を参照）。前者は、軍ではなく、一般の農民が耕作するもので、隋唐の均田制の直接的な源流であり、曹魏の大きな財政基盤となった。これに対して、後者は軍の兵士が耕しかつ守るもので、歴史上多くの時代・地域で行われたもので、呉・蜀および北方民族に対する防衛の前線基地の補給のために設置された。

これらのうち、司馬懿は、蜀漢の諸葛亮の進攻を防ぐ戦いを通じて、②陝西省西部の軍屯に大きな影響力を持った。さらに、諸葛亮の陣没後、遼東《りょうとう》の公孫《こうそん》氏との戦いを通じて、③河北省北部の軍屯に影響力を持った。曹魏の末期、曹魏の帝室と司馬氏との対立が激化すると、「淮南三反《わいなんさんはん》」と総称される反司馬氏の反乱が、王凌《おうりょう》［二五一年］、毌丘倹《かんきゅうけん》・文欽《ぶんきん》［二五五年］、諸《しょ》葛誕《かったん》〔二五七年〕と、すべて①淮河《わいが》流域で起こされたのは、司馬懿が①の軍屯に対してだけは、影響力を持つことがなかったことによる。

そして、司馬氏が「淮南三反」を平定し得たのは、曹魏の財政基盤であった民屯田を廃止し、その資材により淮南に備える屯田を司馬懿が抜擢した鄧艾《とうがい》の献策により行っていたためである。

曹魏の「屯田制」から、儒教的な「占田・課田制」へ

司馬懿が曹魏の民屯田を廃止したのは、それが儒教の理想とする土地制度である「井田《せいでん》」と異なるという理由もある。「学校《がっこう》」・「封建《ほうけん》」と共に儒教の三大政策に数えられる井田の思想は、『孟子』に見えるものが最も古い。

加藤繁によれば、『孟子』滕文公《とうぶんこう》篇に記載される井田の内容は、税法と耕地分配法の二項に集約される。とりわけ耕地分配法の中に公田《こうでん》のあることが、『孟子』の井田思想の特徴である。後漢に入ってからも、すべての民の田を等しくすべしとする井田の主張は続いた。後漢末になると、西晋の占田・課田制の先駆となる思想へとそれは成熟した。曹操のために力を尽くした荀彧の従兄にあたる荀悦《じゅんえつ》は、家口数に応じた占田を主張し、西晋の占田の先駆となった。また、荀彧が推挙した仲長統《ちゅうちょうとう》は、豪族の田土の所有を制限する一方で、未開墾地の授田を提唱し、課田の思想史的背景となっている。

ただし、これらの主張は曹魏の政策には反映しなかった。曹魏の土地政策は、屯田制であり、

「分田の術」によって、収穫の五割ないし六割が国家の収入とされていた。屯田制の経営形態は、豪族の大土地所有と大差なく、皇帝がそれに倣って国有地の大経営を行うものであった。しかも、屯田民に対する支配は、一般民に対する郡県制とは別の典農中郎将《てんのうちゅうろうしょう》などの典農官によって行われた。すべての民の田を等しくしようとする井田の理想を皇帝自らが逸脱する制度と言える。曹魏の屯田制は、井田思想では亜流に過ぎない。

曹魏政権下において、司馬氏は儒教の体現者として振る舞うことにより、儒教的価値基準を持つ名士の支持を集めようとしていた。曹魏の屯田制は、儒教の理想とする井田ではなかったため、司馬懿の兄である司馬朗《しばろう》は、井田の復活を献策しているのである。

天下崩壊の情勢は、秦が五等爵を廃止したこと、および郡国に狩猟による軍事訓練の備えがなくなったことによります。いま五等爵はまだ行えないでしょうから、州郡にそれぞれ兵を置くべきです。……また、井田制を復活すべきです。……いま大乱の後をうけて、民草が分散して、持ち主がいなくなった土地は、すべて公田として、この機会に井田制を復興すべきなのです。

『三国志』巻十五　司馬朗伝

屯田制が施行されている曹魏において、司馬朗の献策は用いられなかった。

井田（井田思想）	孟子ら儒者が理想とした土地制度 （＝すべての民の田を等しくすべし）
占田	土地を制限すること
課田	土地を与えること
均田	身分差を考慮して、土地を与えること （礼の考えにおいては身分差を考慮してこそ均等。 すべて等しくの意ではない）
屯田（軍屯・民屯）	国家が整備した土地を兵が耕すと軍屯、民が耕すと民屯
公田	国家の土地の意（↔私田）
授田	主として、公田から土地を与えること、 あるいはすでに持っている土地の所有を国家が認めること

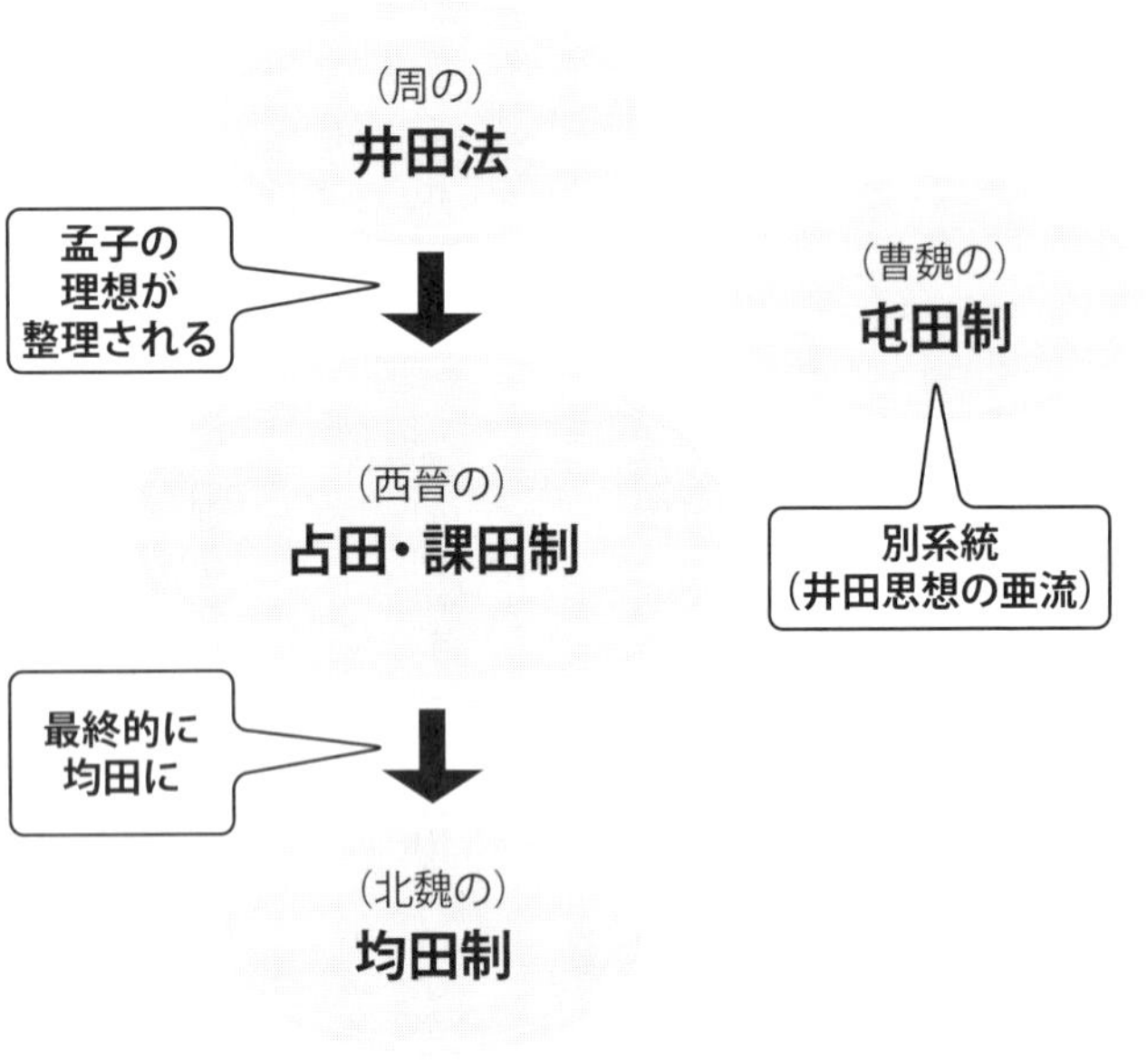

用語のまとめと井田の系譜

そこで、司馬氏は、権力の確立過程で、一族や配下を典農官《てんのうかん》に任命させ、典農部屯田《てんのうぶとんでん》〔民屯〕を支配下に置いて、自らの経済的・軍事的基盤としていった。

そして、司馬昭は、蜀漢を滅ぼし、鍾会の乱を平定して権力を確立すると、咸熙《かんき》元（二六四）年に屯田制をすべて廃止した。典農官は郡守や県令に変更され、旧屯田民は郡県民と同じ税を負担するようになった。国家が一部の民だけと特殊な関係を結ぶという、井田の系譜としては亜流に属する曹魏の屯田制は終わり、民のすべてを対象として土地制度を施行する準備が整ったのである。こののち、施行された土地制度が、占田《せんでん》・課田《かでん》制であった。

司馬朗の井田思想は、五等爵とともに井田を復興しようとする点に特徴がある。それは『礼記《らいき》』王制篇を典拠としている。王肅が重視した経典である。このため、司馬昭は、屯田制を廃止した咸熙元（二六四）年、裴秀《はいしゅう》の建議を受け入れて、五等爵を施行している。占田・課田制は、五等爵と一体化された司馬朗の、『礼記』の影響を受けた井田思想を背景としているのである。

占田は、一夫婦一〇〇畝《ほ》の保有限度を示すもので、その土地は課税対象とはならず、課田は、占田の限度内で一夫あたり五〇畝の耕作を課し、租税を収取する土地である。こうした特徴を持つ西晉の占田・課田制は、『礼記』の影響を強く受けて成立した制度であった。それは、多くの井田の系譜の中で、『礼記』にのみ井田と五等爵との一体性が表現されており、貴族制の進展に合わせ身分による土地所有の階層化を国家主導で行わんとしていた西晉の政策に、最も適した解釈が可能な経典であったためである。

儒教の限界

西晉では、国家支配のための多くの政策が、儒教の経義に典拠を持っていた。儒教に基づく国家支配の三本柱「封建《ほうけん》」・「井田《せいでん》」・「学校《がっこう》」も、それぞれに経典の典拠を持つ。「封建」は、二種に分かれる。宗室〔皇族〕を王に「封建」すべきことは、『春秋左氏伝《しゅんじゅうさしでん》』僖《き》公《こう》伝十一年に、異姓を五等爵に「封建」することは、『礼記』王制篇に、それぞれ典拠を持つ。西晉としての「井田」〔土地所有の均分〕政策である占田《せんでん》・課田《かでん》制は、『礼記』王制篇に、西晉になって始めて設置した貴族の「学校」である国子学《こくしがく》の設置は、『礼記』学記《がくき》篇に、その正統性の論拠を置いていた。多くの政策に明確な経典の典拠を持つことは、西晉「儒教国家」の特徴である。もちろん、儒教の浸透とそれへの依拠が進展した結果と考えてよい。その際、経典の解釈は、学問的に高度な鄭玄のそれではなく、王粛《おうしゅく》の学説が基準とされた。王粛は、武帝司馬炎の外祖父にあたるためである。

国家の諸政策が経義に典拠を持ち、儒教尊重策が推進されれば、国政を運用する官僚には、儒教の理解が必須となる。したがって、西晉の政権枢要官への就官者は、儒教を価値の中心におく公《こう》・侯《こう》の爵位を持つ貴族と、封建された司馬氏の諸王により構成された。同姓諸王を封建するだけではなく、国政に参与させることは、西晉の特徴であり、それは、宗室を迫害して衰退した曹魏の二の舞にならぬよう、君主権力の強化により国家権力の集権性を維持しようとしたことによる。さらに、諸王の封建による中央集権化政策の背景には、武帝を最も悩ませていた皇太子司馬衷《しばちゅう》が暗愚であるという問題があった。

話は遡る。武帝には司馬攸《しばゆう》という賢弟がおり、祖父の司馬懿に目をかけられ、男子のいない司馬師の養子とされていた。父の司馬昭《しばしょう》には、兄の司馬師《しばし》の覇権を継承したという負い目があり、自分の後は兄の後嗣である司馬攸に譲るというのが、かねてからの司馬昭の考えであったという。しかしながら、何曾《かそう》・裴秀《はいしゅう》・山濤《さんとう》・賈充《かじゅう》らの反対と説得により司馬昭が翻意し、武帝は後継者となって西晋を建国できた。ところが、武帝の後継者である皇太子司馬衷の暗愚が知れ渡ってくると、弟の司馬攸を後継者に望む声が高まってきたのである。

武帝の賢弟司馬攸を後継者に望む声の中心は羊祜《ようこ》であった。羊祜の姉は司馬師の妃である弘《こう》訓太后《くんたいこう》であり、羊祜は師の養子となった司馬攸の舅にあたる。泰始《たいし》三（二六七）年の司馬衷立太子から始まる司馬攸の後継を望む動きに対して、武帝は、泰始五（二六九）年に、羊祜を都《と》督《とく》・荊州《けいしゅう》諸軍事《しょぐんじ》として出鎮［赴任させ、そこで開府］させる。体よく洛陽から追放したのである。さらに、武帝は、泰始七（二七一）年に、娘の賈荃《かせん》を司馬攸に嫁がせていた賈充を関中《かんちゅう》に出鎮させようとする。賈充は、司馬衷に娘の賈南風《かなんぷう》を嫁がせることで出鎮を免れたが、司馬攸と司馬衷の双方に娘を嫁がせることで、司馬攸から相対的に引き離された。

一方、羊祜は、出鎮先の荊州で人心を得て、八百余頃《けい》を開墾し、赴任当初は百日分の兵糧さえ無かった襄陽に、十年分の備蓄を積み上げた。孫呉の名将陸抗と対峙しながらも尊重しあい、陸抗は、羊祜を楽毅《がくき》と諸葛亮に比して評価した。こうして羊祜は、荊州を拠点に討呉の準備を着々と進める。

泰始十（二七四）年には、好敵手の陸抗が病死し、羊祜子飼いの益州刺史《えきしゅうしし》の王濬《おうしゅん》が長江を攻め下る水軍を完成させた。孫呉を平定する準備は整った。咸寧《かんねい》四（二七八）年、羊祜は病をおして入朝し、武帝に討呉を説いた。しかし、病気が悪化し、そのまま死去した。羊祜は、自分の後任に杜預《どよ》を推挙する。杜預は、荊州に赴き、孫呉討伐の時期を探っていく。

こうしたなかで、武帝は、司馬衷の生母である楊元皇后《ようげんこうごう》［楊艶《ようえん》］に、皇太子［司馬衷］の廃嫡を打診する。しかし、楊元皇后が、『春秋公羊伝《しゅんじゅうくようでん》』隠公《いんこう》元年の「嫡子を立てる際は長幼の序により賢愚によらない」を典拠に、皇太子の廃立を拒否すると、武帝はこれを覆すことができなかった。儒教の経典からは、皇太子を廃嫡する「理」を導けないためである。また、貴族の推す司馬攸を立てないことを通じて君主権力を強化する目的もあり、武帝は、司馬衷後継に向けて突き進んだ。

咸寧《かんねい》三（二七七）年、司馬攸を含めた同族の諸王を西晉の藩屏《はんぺい》として各地に出鎮させることを開始する。やがて八王《はちおう》の乱《らん》をひきおこす宗王の出鎮である。武帝がこれを遂行したのは、この主張が経典の「理」に基づいているためである。これを提案した楊珧《ようちょう》は、『詩経《しきょう》』国風《こくふう》周南《しゅうなん》を典拠に、諸王の出鎮を主張していた。

こうした経の「理」を掲げながら、武帝は司馬衷のため、そして君主権力確立のために、貴族の支持する司馬攸を京師［洛陽］より放逐しようとした。これに対して、司馬衷の不慧《ふけい》を知る貴族の多くは、司馬攸の擁立を模索し続けた。しかし、それを根拠づける経の「理」はなかった。こうしたなか、武帝は断固として、司馬衷の後継を守った。経の指し示す「理」は、君主権力の恣意的な行使を否定することはなかったのである。このため、羊祜の願いを承けた杜預は、孫呉討伐を司馬攸に行わせて威名を高めることで、皇位継承を有利にしようと目論む。しかし、司馬炎はそれを許さず、賈充に孫呉討伐の総司令を命ずる。

太康《たいこう》三（二八二）年、司馬衷の保護者であり、かつ司馬攸の保護者でもあった賈充が病死すると、武帝は貴族の意向を無視して、いやがる司馬攸を強引に斉《せい》に帰藩させ、皇太子衷《ちゅう》の後継を確定した。孫呉はすでに平定され、武帝の君主権力は確立されていた。加えて、貴族たちが、こうした武帝の行動を認めざるを得なかったのは、経の「理」により、それが正統化されていたためなのである。

経の「理」は、こうして西晉の命運を暗愚の恵帝《けいてい》司馬衷に委ねた。

しかし、多くの貴族の予想どおり、政治は混乱して八王の乱が勃発する。乱の最中、趙王《ちょうおう》の司馬倫《しばりん》は帝室内で革命を起こし、恵帝を廃位して皇帝となった。これに対して、斉王《せいおう》の司馬《しば》冏《けい》・成都《せいと》王の司馬穎《しばえい》・河間《かかん》王の司馬顒《しばぎょう》が挙兵する。その際、成都王司馬穎の謀主となった盧《ろ》志《し》［盧植の曾孫］は、皇帝司馬倫の打倒を勧める際に、杜預の『春秋左氏伝』解釈に基づき、司馬倫がたとえ皇帝になったとしても、無道であれば、君主を弑殺しても構わない、とした。経の「理」は、君主権力の恣意的な行使だけではなく、その打倒をも正統化したのである。

西晉「儒教国家」は、泰始律令に加えて、多くの政策や国政の運用に儒教経典の根拠を有していた。そのため、たとえそれが、国家権力全体のためにならない君主権力だけの強化であるにしても、皇太子を守る経の「理」がある以上、儒教を価値基準の根底に置く貴族たちは、皇太子の廃嫡を主張し続けることはできなかった。

ここに、経の「理」に従う西晉「儒教国家」の限界を見ることができよう。

曹操が挑戦し続けた儒教の限界は、こうして露呈した。五世紀に華北を統一した北魏《ほくぎ》は道教《どうきょう》、六世紀末に中国を統一した隋《ずい》は仏教を国教化した。しかし、両国ともに滅亡は早かった。

隋に代わった唐は、一方で曹操が構想した国家支配の再建策を現実化して律令体制を構築しながら、他方で曹操が格闘した儒教を支配理念として定め直した。やがて儒教による国家の正統化が、唐においても国家支配を弛緩させ、新たなる国家が構築される際に、再び儒教が求められた。

そうした中で、南宋《なんそう》の朱熹《しゅき》が集大成した朱子学は、鄭玄《じょうげん》学に代わると共に、中国のみならず、朝鮮・日本を含めた官学として、東アジアに受容されていく。朱子学が官学とされた明清《みんしん》時代に、三国時代の物語は朱子学の義を押し広める物語、すなわち『三国志演義』としてまとめられ、東アジア全体に「三国志」を普及させることになるのである。

終章　人事・人脈からみた三国志

後漢が衰退を始める桓帝期の人口は、約五〇〇〇万人であった。

これに対し三国時代は、三国をあわせても一二〇〇万人程度であったと考えられている。単純に引き算するならば、三八〇〇万人も亡くなったことになる。だが、黄巾の乱とそれに続く混乱がいかに烈しくとも、そんなに多くの死者が出るはずはない。どういうことか。

そもそも戸籍をどれだけ把握できているかというのは、国家の力を示すものである。人数を下ひと桁まで把握できている国家は、その支配力が強い証拠である。逆に、調査できず把握していない、もしくは戸しか分からず概数しか把握できていないような国家はその支配力が弱いと言える。

先の約五〇〇〇万人、一二〇〇万人程度という数字であるが、すなわち、これは国家が把握できた人口の数なのである。単純に考えて、三国あわせた国力は、後漢の四分の一に過ぎない。三国［おそらく曹魏九、ただし後半から曹氏と司馬氏で抗争：蜀漢一：孫呉三ぐらい］で割れば、それぞれの皇帝権力が後漢と比べてどのくらい弱体であったのかを理解できよう。

このため、三国から西晉にかけて社会の指導層を形成した名士と貴族は、儒教を根底とする文化を存立基盤として、人脈を張りめぐらし、君主権力からの自律性を保つことができた。これに対して、君主権力は、たとえば曹操の文学、曹爽の玄学のように、新たな文化を宣揚して儒教の価値を相対化しようとしたり、司馬昭の五等爵制のように、国家的身分制の中に貴族を組み入れて、その自律性を奪おうとする。

その結果、西晉において、貴族と貴族制が分離していく。

本来、三国時代の名士から成長した貴族は、文化の専有を存立基盤に置き、皇帝権力に対して自律性を保持していた。これに対して皇帝権力は、自らの秩序に基づき国家的身分制としての貴族制を構築して、貴族をそのなかに位置づけることで自律性を奪おうとする。あるいは、基本的には貴族としての資質に欠ける自己の一族や姻族を貴族制に参入させることを目指していくのである。のちに北魏で行われる姓族分定《せいぞくぶんてい》［どの部族に生まれたかによって、貴族制における地位を定める制度］や唐による氏族志《しぞくし》編纂［どの家柄が貴族制のなかで上位を占めるのかを国家が編纂する書籍で示す］は、そうした試みの一つである。

司馬氏が、儒教を中心とする文化の専有による名声を存立基盤とする貴族を、司馬氏との近接性に基づく爵位によって貴族制として再編成しようとしたのは、官僚制として表現される君主と貴族との関係を縦の君臣関係に収斂しようとしたためである。すなわち、君主権力は、君主以外で臣下同士が横の繫がりを持つことを排除しようとする。簡単に言えば、臣下に派閥を造らせないようにするのである。派閥のことを中国では「党」という。

いずれも宦官によって衰退する後漢・唐・明《みん》という漢民族の建設した中国国家は、党錮《とうこ》の禁・牛李《ぎゅうり》の党争・東林党《とうりんとう》非東林党の党争という「党」派の争いにより衰退していく。官僚は、宋《そう》で完成した科挙《かきょ》によって、一人ひとり皇帝の門生として仕えるべきであって、横の繫がりの「党」を持つべきではないとされた。「党」＝派閥を作ることは、そのまま悪を意味する。一君が万民を支配する中国前近代は、派閥を一掃することを理想としてきた。

このため、近代になって、イギリスの議会制度を見学に行った清《しん》の官僚は激怒し、未開で野蛮な国だとイギリスを蔑視した。女王という君主がいるにも拘《かかわ》らず、臣下たちは「党」を公然と組織し、自分たちで政治を行っていたからである。こんな未開な国に負けたのは何かの間違いである、と。時を同じくしてイギリスの議会制度を見学していた日本人が感嘆しきりに議会を称えるのと、正反対の対応をしたのである。

それほどまでに専制に馴染《なじ》んでいる中国で、民主主義を必ずしも理想としない考え方が今なおあるのは、驚くにはあたらない。むしろ、中国では、常に強権的な専制支配に対して、いかに対応して生き抜いていくのか。その方が重要な問題である。今日でもよく使われる、「上に政策あれば、下に対策あり」という言葉は、人脈によって、国家により繰り返される強権発動に対抗する中国の智恵なのである。

そうした人脈は、「三国志」の昔から作られていた。そして、荀彧や諸葛亮が曹操や劉備と対峙する中から、君主に対して自律的な権威を持つ貴族という、長い中国の歴史の中でも珍しい支配層が形成され始めた時代、それが「三国志」の時代なのであった。

引用・参考文献

訳書

・今鷹真・井波律子・小南一郎『正史 三国志』（筑摩書房、全三巻、一九八二、八九年、ちくま学芸文庫、全八巻、一九九二〜九三年）
『三国志』の現代語訳。裴注まで訳されている。
・渡邉義浩（主編）『全譯 後漢書』（汲古書院、全十九巻、二〇〇一〜二〇一六年）
『後漢書』の全訳。本文と注の書き下し文に、補注をつけて、現代語に翻訳した。二〇一七年度 大隈記念学術褒賞を受賞。

引用書

・高村武幸『漢代の地方官吏と地域社会』（汲古書院、二〇〇八年）
漢代の地方小吏の実態を解明し、その地域を超えた交際の名士ネットワークへの発展を展望する。
・渡辺信一郎『中国古代の王権と天下秩序―日中比較史の視点から』（校倉書房、二〇〇三年）
漢代の国家制度の構造を解明し、それを支える思想にも論及する。
・石井仁『曹操 魏の武帝』（新人物往来社、二〇〇〇年、新人物文庫、二〇一〇年）
史実の曹操を独創的に描き出す名著。文庫本の表題は、『魏の武帝 曹操』。
・川勝義雄『六朝貴族制社会の研究』（岩波書店、一九八二年）

「清流豪族」論により三国時代から六朝の貴族制までを見通す。渡邉の「名士論」は、川勝説を「固有の他者」(乗り越えなければ自らが存立できないもの)として構築したもの。

・厳耕望『中国地方行政制度史』上編一・二(中央研究院歴史語言研究所、一九六一年)
秦漢時代の官僚制度について、豊富な事例を掲げながら、その詳細を明らかにする研究書。

・大庭脩『秦漢法制史の研究』(創文社、一九八二年)
漢代の功次による昇進や将軍・使持節などの諸制度を解明した研究書。

・福井重雅『漢代官吏登用制度の研究』(創文社、一九八八年)
制挙を中心としながら、郷挙里選と総称される漢代の官僚登用制度の具体像を解明した研究書。

・宮崎市定『九品官人法の研究―科挙前史』(東洋史研究会、一九五六年)
九品中正制度の郷品と官品との関連性を最初に解明すると共に、魏晋南北朝史の時代観を描く。

・仁井田陞『支那身分法史』(東方文化学院、一九四二年)
中国法の権威が、身分制としての側面から貴族制を論ずる部分がある。

・守屋美都雄『中国古代の家族と国家』(東洋史研究会、一九六八年)
曹魏の爵制についての基礎的研究を含む。

・西嶋定生『中国経済史研究』(東京大学出版会、一九六六年)
碩学による中国経済史全体の研究書であるが、その中に「魏の屯田制」という名論文が含まれる。

・加藤繁『支那古田制の研究』(京都法学会、一九一六年)
周代の税制である徹法は、収穫に対する十分の一税であるとしている。

渡邉の学説を整理した概説書は、次のとおりである。

・渡邉義浩『儒教と中国─「二千年の正統思想」の起源』（講談社選書メチエ、二〇一〇年）
　三国時代における儒教のあり方を後漢・西晋を含めて論じたもの。やや専門的。

・渡邉義浩『諸葛亮孔明 その虚像と実像』（新人物往来社、一九九八年、新人物文庫、二〇一一年）
　文庫本の表題は、『諸葛孔明伝 その虚と実』。
　諸葛亮の虚像、正史の諸葛亮像、史実の諸葛亮像という三つの諸葛亮像を示す伝記。

・渡邉義浩・仙石知子『「三国志」の女性たち』（山川出版社、二〇一〇年）
　『演義』の女性像に焦点を当て、毛宗崗本の文学性を明らかにしたもの。

・渡邉義浩『三国志 演義から正史、そして史実へ』（中公新書、二〇一一年）
　『演義』を入り口にして、正史と史実との違いを描いたもの。

・渡邉義浩『関羽 神になった「三国志」の英雄』（筑摩選書、二〇一一年）
　三国志の英雄関羽が、財神の関帝となっていく過程を描いたもの。

・渡邉義浩『「三国志」の政治と思想』（講談社選書メチエ、二〇一二年）
　研究書『三国政権の構造と「名士」』を一般向けに書き直したもの。やや専門的。

・渡邉義浩『魏志倭人伝の謎を解く』（中公新書、二〇一二年）
　邪馬台国を『三国志』の専門家として論じたもの。

・渡邉義浩『王莽 改革者の孤独』（大修館書店、二〇一二年）
　曹操より二百年前の漢の改革者。曹魏の禅譲は、王莽の禅譲の引き写しである。

・渡邉義浩『三国志 英雄たちと文学』（人文書院、二〇一五年）
　曹操の始めた建安文学について論じたもの。やや専門的。

・渡邉義浩『三国志事典』（大修館書店、二〇一七年）
陳寿の著した史書の三国志に関する事典。

研究書

本書を含め、概説のもとになっている渡邉の研究書は、次の通りである。

・渡邉義浩『後漢国家の支配と儒教』（雄山閣出版、一九九五年）
儒教を国教化した後漢時代の国家支配と儒教との関係を論じる。学位請求論文。

・渡邉義浩『三国政権の構造と「名士」』（汲古書院、二〇〇四年）
三国政権のそれぞれの構造の特徴を名士と君主のせめぎあいから分析したもの。

・渡邉義浩『後漢における「儒教国家」の成立』（汲古書院、二〇〇九年）
後漢「儒教国家」における経学の展開とそれが国制といかなる関係にあったかを論じる。

・渡邉義浩『西晉「儒教国家」と貴族制』（汲古書院、二〇一〇年）
曹操が変革した国家と儒教の関係を西晉がどのように整理しながら貴族制を形成したかを論じる。

・渡邉義浩『「古典中国」における文学と儒教』（汲古書院、二〇一五年）
建安文学から本格的に始まる中国文学が儒教の枠組みの中でどのように展開したかを論じる。

・渡邉義浩『三国志からみた邪馬台国――国際関係と文化を中心として――』（汲古書院、二〇一六年）
『三国志』巻三十 東夷伝倭国の条として国際関係や時代風潮の下で魏志倭人伝を解釈した。

・渡邉義浩『「古典中国」における小説と儒教』（汲古書院、二〇一七年）
『捜神記』『世説新語』という三国時代にも取材する「小説」と儒教との関係を論ずる。

附表1　後漢・曹魏百官表

後漢百官表

◎上公《じょうこう》（非常置）

○太傅《たいふ》　天子を善導する。非常設。皇帝が最初に即位するごとに置き、録尚書事《ろくしょうしょじ》を兼任する。

太傅府の属官

・長史《ちょうし》（千石）掾《えん》・属《ぞく》。令史《れいし》・御属《ぎょぞく》。太傅府の属官は、太尉府に準ずる。

◎三公《さんこう》（一万石）

○太尉《たいい》　軍事の最高責任者。光武帝のとき大司馬《だいしば》より改める。

太尉府の属官

・長史（千石）掾・史・属（東西曹の掾は比四百石、それ以外の掾は比三百石、属は比百石）。令史・御属（令史は百石）。

・曹（部署）ごとの役割

西曹《せいそう》　府史の事務一般を担当。

東曹《とうそう》　二千石（太守）の長吏《ちょうり》の異動や任命および軍吏《ぐんり》を担当。

戸曹《こそう》　民戸《みんこ》・祭礼・農業一般を担当。

奏曹《そうそう》　奏議を担当。

辞曹《じそう》　訴訟を担当。

法曹《ほうそう》　公文書・官公物の郵送および公務で移動する官吏の護送を担当。

尉曹《いそう》　兵卒および物資の運搬を担当。
賊曹《ぞくそう》　盗賊を担当。
決曹《けっそう》　刑事事件を担当。
金曹《きんそう》　貨幣、塩・鉄の専売を担当。
倉曹《そうそう》　穀物の貯蔵を担当。
黄閤主簿《こうこうしゅぼ》　省のすべての記録を担当。
・令史と御属の職務
閤下令史《こうかれいし》　府内の綱紀を担当。
記室令史《きしつれいし》　上章・表報・書記を担当。
門令史《もんれいし》　公府の門を担当。
その他の令史　それぞれの部署の文書を担当。
御属　三公の政務補助を担当。
○司徒《しと》　民政の最高責任者。光武帝のとき大司徒《だいしと》より改める。属官は太尉府に準ずる。
○司空《しくう》　土木の最高責任者。光武帝のとき大司空《だいしくう》より改める。属官は太尉府に準ずる。

◎比公将軍《ひこう》（将軍は非常置）
○大将軍《だいしょうぐん》（竇憲の時から、その位は太尉に次ぐ）
大将軍府の属官
・長史《ちょうし》・司馬《しば》（千石）長史は上公・三公と同様、府の属官を統括し、司馬は兵を掌る。
・従事中郎《じゅうじちゅうろう》（六百石）作戦の立案に参与。

・掾・属。令史・御属（令史は百石）。

軍の指揮官（一軍→五部→曲→屯の順に組織が編成される。校尉が率いる場合は部を省く）

・部校尉《ぶこうい》（比二千石）将軍の下に置かれる五部それぞれを率いる長。

・軍司馬《ぐんしば》（比千石）輔佐に假司馬《かしば》が置かれる。

・軍候《ぐんこう》（比六百石）曲を率いる。輔佐に假候《かこう》が置かれる。

・屯長《とんちょう》（比二百石）屯を率いる。

・別部司馬《べつぶしば》　軍の別営の指揮を担当。兵の多少はそれぞれの時宜にしたがう。

・門候《もんこう》　門の守備を担当。

軍政官

・兵曹《へいそう》の掾史《えんし》　武具・馬具・甲冑などを管理。

・稟假《りんか》の掾史　兵糧・馬糧などを管理。

・外刺《がいし》・刺姦《しかん》　軍律を執行する。

○驃騎将軍《ひょうきしょうぐん》　序列第二位の将軍。属官は大将軍府に準ずる。

○車騎将軍《しゃきしょうぐん》　序列第三位の将軍。属官は大将軍府に準ずる。

○衛将軍《えいしょうぐん》　序列第四位の将軍。属官は大将軍府に準ずる。

◎九卿（中二千石）

○太常《たいじょう》　礼儀・祭祀や天子の儀杖、博士の考課を掌る。

太常府の属官

・丞《じょう》（比千石《ひせんせき》）官署の事務を総覧。

・掾《えん》・史《し》。具体的な状況に応じて、定員を定める。以下、九卿の府はほぼ太常府に同じ。

太常の所管する官職

・太史令《たいしれい》（六百石）天文星暦と吉凶、記録を掌る。所属する属官は省略。以下同。
・博士祭酒《はくしさいしゅ》（六百石）弟子《ていし》に教授し、国に疑義があれば、諮問を受ける。
・太祝令《たいしゅくれい》（六百石）国家祭祀で祝詞を言祝ぐことを掌る。
・太宰令《たいさいれい》（六百石）国家祭祀で食器を陳《つら》ねることを掌る。
・大予楽令《だいよがくれい》（六百石）国家祭祀で音楽を演奏することを掌る。
・高廟令《こうびょうれい》（六百石）前漢の高祖劉邦の廟《びょう》を守衛する。
・世祖廟令《せいそびょうれい》（六百石）世祖光武帝劉秀の世祖廟を守衛する。

○光禄勳《こうろくくん》　宮門の宿衛や殿中侍衛士、侍従を管掌する。

光禄勳の所管する官職

・五官中郎将《ごかんちゅうろうしょう》（比二千石）使者となる。五官中郎（比六百石）・五官侍郎（比四百石）・五官郎中（比三百石）を掌る。中郎・侍郎・郎中の官秩は以下同じ。
・左中郎将《さちゅうろうしょう》（比二千石）左署郎《さしょろう》（中郎・侍郎・郎中）を掌る。
・右中郎将《ゆうちゅうろうしょう》（比二千石）右署郎《ゆうしょろう》（中郎・侍郎・郎中）を掌る。
・虎賁中郎将《こほんちゅうろうしょう》（比二千石）虎賁《こほん》（左僕射《さぼくや》・右僕射《ゆうぼくや》・左陛長《さへいちょう》・右陛長《うへいちょう》〈比六百石〉、虎賁中郎・虎賁侍郎・虎賁郎中、節従虎賁《せつじゅうこほん》〈比二百石〉）を掌る。
・羽林中郎将《うりんちゅうろうしょう》（比二千石）羽林郎《うりんろう》（比三百石）を掌る。
・羽林左監《うりんさかん》（六百石）羽林左騎《うりんさき》の統率を掌る。
・羽林右監《うりんゆうかん》（六百石）羽林右騎《うりんゆうき》の統率を掌る。

・奉車都尉《ほうしゃとい》（比二千石）天子の車馬（乗輿車《じょうよしゃ》）を掌る。
・駙馬都尉《ふばとい》（比二千石）天子の副馬（駙馬《ふば》）を掌る。加官の場合もある。
・騎都尉《きとい》（比二千石）もともとは羽林騎《うりんき》を監督していた。
・光禄大夫《こうろくたいふ》（比二千石）顧問応対を掌る。常務はない。使者となる。
・太中大夫《たいちゅうたいふ》（千石）顧問応対を掌る。常務はない。
・中散大夫《ちゅうさんたいふ》（千石）顧問応対を掌る。常務はない。
・諫議大夫《かんぎたいふ》（千石）顧問応対を掌る。常務はない。
・議郎《ぎろう》（六百石）顧問応対を掌る。常務はない。
・謁者僕射《えっしゃぼくや》（比千石）謁者台の長。車駕の先導。高官の任命、百官の序列を掌る。
・常侍謁者《じょうじえっしゃ》（比百石）百官の序列を掌る。
・給事謁者《きゅうじえっしゃ》（四百石）賓客の補助。このうち、灌謁者郎中《かんえっしゃろうちゅう》は、比三百石。

○衛尉《えいい》 宮門警衛、宮中巡邏を掌る。皇太后宮にも置かれた。

衛尉の所管する官職
・公車司馬令《こうしゃしばれい》（六百石）宮城の南闕門《なんけつもん》、夷狄の朝貢・天子から徴召され公車に到る者を掌る。
・南宮衛士令《なんきゅうえいしれい》（六百石）南宮《なんきゅう》の守衛にあたる衛士の統制を掌る。
・北宮衛士令《ほくきゅうえいしれい》（六百石）北宮《ほくきゅう》の守衛にあたる衛士の統制を掌る。
・左都候《さとこう》・右都候《ゆうとこう》（六百石）宮城を巡察、および詔囚逮捕を掌る。
・南宮南屯司馬《なんきゅうなんとんしば》（比千石）南宮の平城門《へいじょうもん》を掌る。
・宮門蒼龍司馬《きゅうもんそうりゅうしば》（比千石）南宮の東門《とうもん》を掌る。
・玄武司馬《げんぶしば》（比千石）宮城の玄武門《げんぶもん》を掌る。

・北屯司馬《ほくとんしば》（比千石）宮城の北門《ほくもん》を掌る。
・北宮朱爵司馬《ほくきゅうしゅしゃくしば》（比千石）北宮の南掖《なんえき》を掌る。
・東明司馬《とうめいしば》（比千石）宮城の東門《とうもん》を掌る。
・朔平司馬《さくへいしば》（比千石）宮城の北門《ほくもん》を掌る。
○太僕《たいぼく》　天子の車馬・行幸を掌る。太僕は、皇太后宮にも置かれた。
太僕の所管する官職
・考工令《こうこうれい》（六百石）武器や宮中の調度の作成を掌る。
・車府令《しゃふれい》（六百石）天子の車駕と様々な車の管理を掌る。
・未央厩令《びおうきゅうれい》（六百石）乗輿ならびに厩《きゅう》で飼育している様々な馬の管理を掌る。
○廷尉《ていい》　裁判・刑獄を掌る。
廷尉の所管する官職
・正監《せいかん》（不明）詔獄を掌る。
・左監《さかん》（不明）詔獄を掌る。
・左平《さへい》（六百石）詔獄を掌る。
○大鴻臚《だいこうろ》　諸侯および帰服した夷狄を掌る。
大鴻臚の所管する官職
・大行令《だいこうれい》（六百石）治礼郎《ちれいろう》たちの統率を掌る。
○宗正《そうせい》　皇族のことを掌る。
宗正の所管する官職
・公主家令《こうしゅかれい》（六百石）公主ごとに配される。

○大司農《だいしのう》　国家財政と貨幣を掌る。
・太倉令《たいそうれい》（六百石）諸郡より輸送された穀物の受納を掌る。
・平準令《へいじゅんれい》（六百石）物価の把握と絹の染色を掌る。
・導官令《どうかんれい》（六百石）皇帝の食事に用いる米を臼づくことを掌る。
○少府《しょうふ》　帝室財政、および宮中の服飾や膳を掌る。少府は、皇太后宮にも置かれた。
・太医令《たいいれい》（六百石）諸医を掌る。
・太官令《たいかんれい》（六百石）皇帝の飲食を掌る。
・守宮令《しゅきゅうれい》（六百石）皇帝の紙・筆・墨、ならびに尚書の財物および封泥《ふうでい》を掌る。
・上林苑令《じょうりんえんれい》（六百石）苑内の禽獣の管理を掌る。
・侍中《じちゅう》（比二千石）皇帝の左右に近侍し、顧問応対《こもんおうたい》を掌る。皇帝出御《しゅつぎょ》の際、馬に乗り乗輿車《じょうよしゃ》の後ろに従う。
・中常侍《ちゅうじょうじ》（千石、のち比二千石）宦官が就官。皇帝の左右に近侍し、顧問応対《こもんおうたい》を掌る。
・黄門侍郎《こうもんじろう》（六百石）皇帝の左右に近侍し、禁中の外と文書を授受することを掌る。
・小黄門《しょうこうもん》（六百石）宦官が就官。皇帝の左右に近侍し、皇帝の決裁を尚書曹に通達することを掌る。
・黄門令《こうもんれい》（六百石）宦官が就官。禁中に出入りする宦官たちの統率を掌る。
・黄門署長《こうもんしょちょう》・画室署長《がしつしょちょう》・玉堂署長《ぎょくどうしょちょう》（四百石）宦官が就官。それぞれ中宮（皇后の居所たる長秋宮）に設けられた別の場所を掌る。
・中黄門冗従僕射《ちゅうこうもんじょうじゅうぼくや》（六百石）宦官が就官。中黄門冗従の統率を掌る。
・中黄門《ちゅうこうもん》（百石→比三百石）宦官が就官。禁中の職務に従事することを掌る。
・掖庭令《えきていれい》（六百石）宦官が就官。後宮《こうきゅう》に住まう貴人《きじん》と采女《さいじょ》に関する事柄を掌る。

・永巷令《えいこうれい》（六百石）宦官が就官。官奴婢《かんぬひ》と侍使《じし》を掌る。
・御府令《ぎょふれい》（六百石）宮中の衣服の補修洗濯を掌る。
・祠祀令《ししれい》（六百石）禁中における様々な小規模な祭祀を掌る。
・鉤盾令《こうじゅんれい》（六百石）遊苑所の管理を掌る。
・中蔵府令《ちゅうぞうふれい》（六百石）宮中の幣帛金銀諸貨物を掌る。
・内者令《ないしゃれい》（六百石）宮中の布・帳、様々な日用品を掌る。
・尚方令《しょうほうれい》（六百石）天子の御物の製作を掌る。
・尚書令《しょうしょれい》（千石）官吏の選任ならびに尚書曹《しょうしょそう》の起草した文書（詔）や様々な事柄に関する命令を官民に伝達することを掌る。
・尚書僕射《しょうしょぼくや》（六百石）詔などを伝達する際にその文書に検署《けんしょ》して宛名書きすることを掌る。
・常侍曹尚書《じょうじそうしょうしょ》（六百石）公卿《こうけい》（三公・九卿に関係する文書）に関する事柄を掌る。
・二千石曹尚書《にせんせきそうしょうしょ》（六百石）郡国の二千石《にせんせき》（郡太守と国相に関係する文書）に関する事柄を掌る。のち、南主客曹《なんしゅきゃくそう》と北主客曹《ほくしゅきゃくそう》に分かれる。
・民曹尚書《みんそうしょうしょ》（六百石）官吏の上書《じょうしょ》（した文書）に関する事柄を掌る。
・客曹尚書《きゃくそうしょうしょ》（六百石）外国《がいこく》と夷狄《いてき》（に関係する文書）に関する事柄を掌る。
・尚書侍郎《しょうしょじろう》（四百石）曹ごとに文書を作成し起草することを掌る。
・尚書令史《しょうしょれいし》（三百石）曹ごとに文書を作成し起草することを掌る。
・符節令《ふせつれい》（六百石）符《ふ》・節《せつ》に関する事柄を掌る。
・御史中丞《ぎょしちゅうじょう》（千石）官吏の監察・弾劾を掌る。
・治書侍御史《ちしょじぎょし》（六百石）法律に明るい者を選んで官吏に任用することを掌る。

・侍御史《じぎょし》（六百石）不法行為を察知して摘発することを掌る。
・蘭台令史《らんだいれいし》（六百石）上奏文《じょうそうぶん》（の管理）ならびに文書を封印して作成することを掌る。

◎その他の中央官

○執金吾《しっきんご》（中二千石）宮城の外で巡回と非常事態と水害・火災のことを掌る。
・武庫令《ぶこれい》（六百石）武器を掌る。
○太子太傅《たいしたいふ》（中二千石）皇太子の輔導を掌る。
・太子少傅《たいししょうふ》（二千石）皇太子の輔導を掌る。
・太子率更令《たいしそつこうれい》（千石）庶子・舎人を統禦する。
・太子家令《たいしかれい》（千石）財政・服膳を管理する。
・太子僕《たいしぼく》（千石）車馬を掌る。天子の太僕にあたる。
・太子倉令《たいしそうれい》（六百石）穀倉に保管してある穀物を掌る。
・太子食官令《たいししょくかんれい》（六百石）飲食を掌る。
・太子門大夫《たいしもんたいふ》（六百石）天子の郎将にあたる。
・太子中庶子《たいしちゅうしょし》（六百石）天子の侍中にあたる。
・太子洗馬《たいしせんば》（比六百石）太子外出時の先導をつとめる。
・太子庶子《たいししょし》（四百石）宿衛官。天子の三署郎にあたる。
・太子中盾《たいしちゅうじゅん》（四百石）皇太子の居所を巡回して守衛し巡察することを掌る。
・太子衛率《たいしえいそつ》（四百石）宮門の衛士を掌る。
・太子廐長《たいしきゅうちょう》（四百石）太子の車馬を掌る。

・太子舎人《たいししゃじん》（二百石）当直・宿営を掌る。
○大長秋《だいちょうしゅう》（二千石）宦官が就官。皇后の宣示を奉じ、下賜・謁見を掌る。
・中宮僕《ちゅうきゅうぼく》（千石）宦官が就官。車を御することを掌る。
・中宮謁者令《ちゅうきゅうえっしゃれい》（六百石）宦官が就官。皇帝の決裁を禁中《きんちゅう》に通達することを掌る。
・中宮尚書《ちゅうきゅうしょうしょ》（六百石）宦官が就官。禁中の文書を掌る。
・中宮私府令《ちゅうきゅうしふれい》（六百石）宦官が就官。禁中に所蔵する貨幣・絹と様々な物品を掌る。
・中宮永巷令《ちゅうきゅうえいこうれい》（六百石）宦官が就官。宮女の統率を掌る。
・中宮黄門冗従僕射《ちゅうきゅうこうもんじょうじゅうぼくや》（六百石）宦官が就官。中宮黄門冗従（の統率）を掌る。
・中宮署令《ちゅうきゅうしょれい》（六百石）宦官が就官。天子《てんし》の年齢を記録することを掌る。
・中宮薬長《ちゅうきゅうやくちょう》（四百石）宦官が就官。医薬を掌る。
○将作大匠《しょうさくだいしょう》（二千石）器物製作・建築を掌る。
・左校令《さこうれい》（七品）木工を掌る。
・右校令《ゆうこうれい》（七品）石工・土工を掌る。
○城門校尉《じょうもんこうい》（比二千石）洛陽の城門十二門を掌る。
○北軍中候《ほくぐんちゅうこう》（六百石）五営《ごえい》（屯騎校尉・越騎校尉・歩兵校尉・長水校尉・射声校尉）の監督。
・屯騎校尉《とんきこうい》（比二千石）宿衛の騎兵を指揮。
・越騎校尉《えっきこうい》（比二千石）越騎を指揮。
・歩兵校尉《ほへいこうい》（比二千石）上林苑の屯兵を指揮。
・長水校尉《ちょうすいこうい》（比二千石）長水・宣曲の胡騎を指揮。
・射声校尉《せきせいこうい》（比二千石）宿衛の弓兵を指揮。

◎将軍

○前将軍《ぜんしょうぐん》　比卿将軍。比公四将軍に次ぐ将軍号。開府の権限を持つ。

○後将軍《こうしょうぐん》　比卿将軍。比公四将軍に次ぐ将軍号。開府の権限を持つ。

○左将軍《さしょうぐん》　比卿将軍。比公四将軍に次ぐ将軍号。開府の権限を持つ。

○右将軍《ゆうしょうぐん》　比卿将軍。比公四将軍に次ぐ将軍号。開府の権限を持つ。

○度遼将軍《どりょうしょうぐん》（二千石）異民族との戦いを統括する。

・使匈奴中郎将《しきょうどちゅうろうしょう》（比二千石）南単于《みなみぜんう》（南匈奴の単于）の監視を掌る。

・護烏桓校尉《ごうがんこうい》（比二千石）烏桓《うがん》の監視を掌る。

・護羌校尉《ごきょうこうい》（比二千石）羌の監視を掌る。

○雑号将軍（比公・比卿以外の将軍、無定員）。目的に応じて名称をつける。部と曲、その長である司馬と軍候が置かれる。

◎地方官

○州

・司隷校尉《しれいこうい》（比二千石）司隷の行政統治。百官の弾劾。

司隷校尉の属吏

都官従事《とかんじゅうじ》（百官の摘発）、功曹従事《こうそうじゅうじ》（州府の人事）、別駕従事《べつがじゅうじ》（車駕の先導）、簿曹従事《ぼそうじゅうじ》（金銭と穀物の出納）、兵曹従事《へいそうじゅうじ》（軍事）以上は百石。選任は司隷校尉が辟召。

仮佐《かさ》（帳簿）、門功曹書佐《もんこうそうしょさ》（属吏の選任）、孝経師《こうきょうし》（試経《しけい》）、月令師《がつりょうし》（気候・祭祀）、律令師《りつれいし》（法律）、簿曹書佐《ぼそうしょさ》（出納）、都官書佐《とかんしょさ》（文書）、典郡書佐《てんぐんしょさ》（文書）。以上は郡吏《ぐんり》を補任。

・牧《ぼく》（州牧、二千石）行政権と兵権を兼ね、州を軍政支配する。

・刺史《しし》（州刺史、六百石）州の監察官。前漢では、八月に管轄する郡国を巡行して、囚人（の数）を記録し、（地方長官の勤務評定の）殿《でん》と最《さい》を判定した。

・州の属吏

都官従事は置かれず、功曹従事が治中従事《じちゅうじゅうじ》と呼ばれるほかは、司隷と同じ。

○郡・国

・河南尹《かなんいん》（二千石）尹は、国都（雒陽）を含む郡の長官。朝廷の執り行う儀礼への参加を特別に許可される。

・三輔《さんぽ》（京兆尹《けいちょういん》・左馮翊《さひょうよく》・右扶風《ゆうふふう》、二千石）前漢では長安が首都で、三郡の長官は中二千石。

後漢では、右扶風都尉《ゆうふふうとい》と京兆虎牙都尉《けいちょうこがとい》が陵園《りょうえん》の守備のため置かれる。

・尹《いん》（二千石）国都を含む郡の長官。

・相《しょう》（国相、二千石）国の行政・治安・官吏推挙などを掌る。

・太守《たいしゅ》（二千石）郡の行政・治安・官吏推挙などを掌る。

・属国都尉《ぞっこくとい》（比二千石）漢に降伏した夷狄への軍政統治を掌る。

・丞《じょう》（次官）、長史《ちょうし》（辺境防衛の郡は丞を長史とする）。以上は中央から叙任。

・郡の属吏

功曹史《こうそうし》（人事）、五官掾《ごかんえん》（曹の事務）、五部督郵《ごぶとくゆう》（所属の県を監察）、亭長《ていちょう》（正門を担当）、主記室史《しゅきしつし》（文書を記録）、書佐《しょさ》（記録）。以上は郡で地元採用される。

○県・郷

・令《れい》（県令、千石）大県の行政・治安を掌る。
・令《れい》（県長、四百石）中県の行政・治安を掌る。
・長《ちょう》（県長、三百石）小県の行政・治安を掌る。
・相《しょう》（侯相、三百石）侯国の長。職務は県長と同じ。
・丞（次官、四百～二百石）、尉《い》（盗賊の取り締まり。四百～二百石）。
・県の属吏
　五官掾（郷の監督）。障塞尉《しょうさいい》（辺境の県）。塩官《えんかん》（塩を産出する郡と県）。鉄官《てつかん》（鉄を産出する所）。

　工官《こうかん》（工房の税）・水官《すいかん》（水の供給を公平にし漁税《ぎょぜい》を徴収）。
・郷の属吏
　有秩《ゆうちつ》（百石）、三老《さんろう》、游徼《ゆうきょう》、嗇夫《しょくふ》、郷佐《きょうさ》。
○亭・里
・亭長《ていちょう》（盗賊を防止）、里魁《りかい》（什《じゅう》・伍《ご》を設け善悪を報告）。

◎爵位

○王　皇子《おうじ》が封建される。郡《ぐん》を王国《おうこく》とする。
・傅《ふ》（二千石）善導を掌る。
・相（国相、二千石）行政。属官に長史（郡の丞と同じ）を置く。
・中尉《ちゅうい》（比二千石）郡都尉《ぐんとい》と同じように盗賊を掌る。
・郎中令《ろうちゅうれい》（千石）王の大夫・郎中による宿衛を掌る。皇帝の光禄動・少府と同じ。
・僕《ぼく》（千石）車を掌る。皇帝の太僕と同じ。

・治書《ちしょ》（比六百石）尚書と同じ。
・大夫（比六百石）顧問応対。使者となる。
・謁者《えっしゃ》（四百石）使者となる。
・礼楽長《れいがくちょう》・衛士長《えいしちょう》・医工長《いこうちょう》・永巷長《えいこうちょう》・祠祀長《ししちょう》（比四百石）。郎中《ろうちゅう》（二百石）。

○公　二王の後（国家の二代前までの君主の子孫）として尊重する。
・衛公《えいこう》　周の後裔。
・宋公《そうこう》　殷の後裔。

○二十等爵
・列侯《れっこう》（爵二十等）食邑《しょくゆう》とされた県《けん》を侯国《こうこく》（列侯国）とする。功績の小さい者は郷《きょう》や亭《てい》を食邑とする。
　相《しょう》・家丞《かじょう》・庶子《しょし》を持つ。
・関内侯《かんだいこう》（爵十九等）封地は無く、居住する県《けん》で生活し、租税《そぜい》の多寡は、食邑の戸数に応じる。
・官爵（爵十八等～爵九等）官に就いた者にのみ与えられる。
　大庶長《だいしょちょう》（十八）・駟車庶長《ししゃしょちょう》（十七）・大上造《だいじょうぞう》（十六）・少上造《しょうじょうぞう》（十五）・右更《ゆうこう》（十四）・中更《ちゅうこう》（十三）・左更《さこう》（十二）・右庶長《ゆうしょちょう》（十一）・左庶長（十）・五大夫《ごたいふ》（九）。
・民爵（爵一等～爵八等）皇帝の慶事に賜爵される。
　公乗《こうじょう》（八）・公大夫《こうたいふ》（七）・官大夫《かんたいふ》（六）・大夫《たいふ》（五）・不更《ふこう》（四）・簪裊《しんじょう》（三）・上造《じょうぞう》（二）・公士《こうし》（一）。

（西晉）司馬彪『続漢書』百官志に基づく。

曹魏百官表

◎上公（非常置・一品）

○相国《しょうこく》　天子を輔弼して万機を総覧する最高官。非常設。

相国府の属官

・中衛《ちゅうえい》将軍・驍騎《ぎょうき》将軍（相国府に属する将軍）。

・軍師祭酒《ぐんしさいしゅ》・中軍師《ちゅうぐんし》・前軍師・後軍師・左軍師・右軍師・軍師・司直《しちょく》（軍師祭酒を頂点に、参謀本部のようなものを形成。司直は監察官）。

・左右長史・留府《りゅうふ》長史・行軍長史・左右司馬・従事中郎・主簿祭酒《しゅぼさいしゅ》・主簿・参軍《さんぐん》祭酒・参軍・参戦・東《とう》曹掾《そうえん》・西曹属《せいそうぞく》（長史は属官の長。従事中郎は賓客。主簿は庶務。東曹・西曹は人事官）。

・戸曹掾《こそうえん》・金曹掾・賊曹掾・兵曹掾・騎兵掾・車曹掾・鎧曹掾《がいそうえん》・水曹掾・集曹掾・法曹掾・奏曹掾・倉曹掾・戎曹掾《じゅうそうえん》・馬曹掾・媒曹掾《ばいそうえん》・散属・記室《きしつ》・門下督・舎人《しゃじん》（具体的な政務を担当。担当部署は、「曹掾」の上に付く漢字から類推する）。

○太保《たいほ》　皇帝を教育輔導する。非常設。属官は相国府より少ない。

○太傅　皇帝を教育輔導する。非常設。属官は相国府より少ない。

○大司馬《だいしば》　軍事の最高職。大将軍より格上。属官は大将軍府並み。

○大将軍　軍事の最高職。反逆者の討伐にあたる。

大将軍府の属官

・軍師・長史・司馬・従事中郎・主簿・参軍・記室・西曹掾・東曹掾・戸曹掾・倉曹掾・賊曹掾・金曹

掾・水曹掾・兵曹掾・騎兵掾・鎧曹掾・営軍都督《えいぐんととく》・刺姦《しかん》都督・帳下《ちょうか》都督・舎人。

◎三公（一品）

○太尉　軍事の最高責任者。

太尉府の属官

・軍師・長史・司馬・従事中郎・主簿・参軍・諸曹掾属・営軍都督・刺姦都督・帳下都督・舎人。

○司徒　政治・人事の最高責任者。属官は太尉府に準ずる。

○司空　土木・監察の最高責任者。属官は太尉府に準ずる。

○儀同三司《ぎどうさんし》　加官（本官の上に附加する官）。三公と同じ格式を与えられ、開府を許される。

○特進《とくしん》　加官。功労・徳行ある諸侯に与えられる。位は三公の下。

○光禄大夫　本官だと三品官。加官の場合も多い。位は三公の次。

◎九卿（三品）

○太常（奉常《ほうじょう》）礼儀・祭祀や天子の儀杖、博士の考課を掌る。

・丞・主簿を属官に持つほか、以下の官を所管する（以下同）。

・博士（六品）天子の車を先導し、王公以下の諡号《しごう》（おくりな）を議定。

・協律都尉《きょうりつとい》（六品）音律を司り、楽人を監督。

・太学博士祭酒《たいがくはくしさいしゅ》（五品）太学博士中から選ばれる長。

・太学博士（五品）五経を教授する。

・太史令（六品）天文星暦と吉凶、記録を掌る。

・太廟令（七品）廟の祭祀を掌る。
・太祝令（七品）国家祭祀で祝詞を掌る。
・太楽令（七品）国家祭祀・大宴で奏楽を掌る。
・園邑令《えんゆうれい》（七品）園邑を守り、巡察清掃を掌る。
○光禄勳（郎中令《ろうちゅうれい》）宮門の宿衛や殿中侍衛士、侍従を管掌する。
・五官中郎将（四品）使者となる。五官中郎・五官侍郎・五官郎中を掌る。
・左中郎将（四品）中郎・侍郎・郎中を掌る。
・右中郎将（四品）中郎・侍郎・郎中を掌る。
・南中郎将（四品）中郎・侍郎・郎中を掌る。
・北中郎将（四品）中郎・侍郎・郎中を掌る。
・虎賁中郎将（五品）虎賁（近衛・儀杖兵）を掌る。
・羽林中郎将（五品）羽林郎を掌る。
・奉車都尉（六品）天子の車馬を掌る。加官の場合もある。
・駙馬都尉（六品）天子の副馬を掌る。加官の場合もある。
・太中大夫（七品）顧問応対を掌る。常務はない。
・中散大夫（七品）顧問応対を掌る。常務はない。
・議郎（七品）顧問応対を掌る。常務はない。
・諫議大夫（七品）顧問応対を掌る。常務はない。
・謁者僕射（五品）高官の任命、百官の序列を掌る。
・守宮令《しゅきゅうれい》（七品）文房具類や封泥を掌る。

・黄門《こうもん》令（七品）宦官の統制を掌る。
・掖庭《えきてい》令・清商《せいしょう》令（七品）後宮の貴人・女官を掌る。
・暴室《ぼうしつ》令（七品）宮女の疾病者や妃嬪の罪人を掌る。
・華林園《かりんえん》令（七品）華林園の管理を掌る。
○衛尉　宮門警衛、宮中巡邏を掌る。長楽・甘泉・永寧などの皇太后宮にも置かれた。
・公車司馬令（六品）宮殿の南門、天子の招聘者を掌る。
・衛士令（七品）衛士の統制。
・左右都候（七品）巡察および詔囚逮捕。
・司馬（七品）宮掖各門の守護。
○太僕　天子の車馬・行幸を掌る。長楽・甘泉・永寧などの皇太后宮にも置かれた。
・典虞《てんぐ》都尉《とい》（六品）狩猟を掌る。
・左右中牧官都尉（六品）辺郡の御苑の馬を掌る。
・考工令（七品）武器や宮中の調度の作成を掌る。
・車府令（七品）天子の車駕の管理を掌る。
・典牧令（七品）牧馬を掌る。
・重黄廏令《じゅうこうきゅうれい》・驊騮《かりゅう》廏令（七品）天子の車および馬を掌る。
○廷尉（大理《だいり》）裁判・刑獄を掌る。
・廷尉正（六官）詔獄を掌る。
・廷尉監（六官）詔獄を掌る。
・廷尉平（六官）詔獄を掌る。

・律博士《りつはくし》（六品）刑律を掌る。
○大鴻臚（典客《てんきゃく》）諸侯および帰服した夷狄を掌る。
・客館令《きゃくかんれい》（七品）都の諸侯の邸を掌る。
○宗正（宗伯）皇族のことを掌る。
・公主家令（八品）公主ごとに配される。
○大司農（治粟内史《ちぞくだいし》・大農令）国家財政と貨幣を掌る。
・典農中郎将《てんのうちゅうろうしょう》（六品）大郡の民屯を掌る。
・典農校尉（六品）小郡の民屯を掌る。
・典農都尉（七品）県の民屯を掌る。
・度支《たくし》中郎将（六品）大郡の軍屯を掌る。
・度支校尉（六品）小郡の軍屯を掌る。
・度支都尉（七品）県の軍屯を掌る。
・大倉令《たいそうれい》（七品）諸郡より輸送された穀物の受納を掌る。
・均輸令《きんゆれい》（七品）専売を掌る。
○少府　帝室財政、および宮中の服飾や膳を掌る。少府は、皇太后宮にも置かれた。
・材官校尉《ざいかんこうい》（六品）天下の木材を掌る。
・太医令（七品）諸医を掌る。
・太官令（七品）天子の飲食を掌る。
・上林苑令（七品）苑内の禽獣の管理を掌る。
・御府令（七品）宮中の衣服の補修洗濯を掌る。

・鉤盾令（七品）遊苑所の管理を掌る。
・中蔵府令（七品）宮中の幣帛金銀諸貨物を掌る。
・中左右尚方令（七品）天子の御物の製作を掌る。
・平準令（七品）物価統制と織物の染色を掌る。

◎執金吾府

○執金吾（三品）初め中尉という。宮中の警備を掌る。
・武庫令（七品）武器を掌る。

◎将作大匠府

○将作大匠（三品）器物製作・建築を掌る。
・左校令（七品）木工を掌る。
・右校令（七品）石工・土工を掌る。

◎城門校尉府

・城門校尉（四品）洛陽の城門十二門を掌る。

◎皇后府

○大長秋（三品）皇后の宣示を奉じ、下賜・謁見を掌る。

◎皇太子府

○太子太傅（三品）皇太子の輔導を掌る。
・太子少傅（三品）皇太子の輔導を掌る。
・太子詹事《たいしせんじ》（三品）皇太子府の長官。
・太子家令（五品）財政・服膳を管理する。
・太子率吏令（五品）庶子・舎人を統禦する。
・太子僕（五品）車馬を掌る。天子の太僕にあたる。
・太子中庶子（五品）天子の侍中にあたる。
・太子庶子（五品）宿衛官。天子の三署郎にあたる。
・太子衛率（五品）宮門の衛士を掌る。
・太子侍講《たいしじこう》（六品）諸皇子の教育を担当。
・太子門大夫（六品）天子の郎将にあたる。
・太子洗馬（七品）太子外出時の先導をつとめる。
・太子廄長（七品）太子の車馬を掌る。
・太子舎人（七品）当直・宿営を掌る。

◎侍中府

○侍中（三品）天子の側近顧問。加官のときは定員外。
・散騎常侍《さんきじょうじ》（三品）天子の側近顧問、加官のときは定員外で、員外散騎常侍と呼ばれた。

・中常侍（三品）内宮の庶事を統括し、顧問・応対をも掌る。
・給事中《きゅうじちゅう》（五品）顧問・応対を掌る。正員と加官がある。
・給事黄門侍郎（五品）中宮と外廷の連絡を担当し、近侍して尚書の事務を掌る。
・散騎侍郎《さんきじろう》（五品）侍中・黄門侍郎と共に尚書奏事を処理。
・黄門冗従僕射（六品）宿衛・門戸の守備、行幸の護衛。
・小黄門（七品）中外の連絡や中宮の庶事を掌る。
・中黄門（七品）禁中に給仕する。

◎**尚書省**　魏では少府より独立し、行政執行機関となった。
○録尚書事《ろくしょうしょじ》　国政の最高担当者が兼務し、万機を統括する。
○尚書令（三品）尚書台の長官。官吏の考課、奏事を掌る。
・尚書僕射（三品）左右二員。文書の開封、官吏の考課任免、銭穀の受納などを掌る。
・尚書（三品）吏部・左氏・客曹・五兵・度支の五曹に置き、行政の実務を指揮。
・尚書左丞（六品）宗廟・祠祀・朝儀の礼制などを掌る。
・尚書右丞（六品）倉庫の器物、刑獄の武器などを掌る。
・郎中（六品）詔書の起草を掌る。二十五曹よりなる。

◎**中書省**　魏では秘書令を中書令と改称し、中書省を設置。
○中書令《ちゅうしょれい》（三品）詔勅政令を管《つかさど》り、政務の枢機にも参与した。
・中書監《ちゅうしょかん》（三品）秘書令を中書令にしたとき設置。

・中書侍郎《ちゅうしょじろう》（五品）詔勅を掌る。
・中書通事《ちゅうしょつうじ》（七品）上奏を掌る。
・著作郎《ちょさくろう》（六品）国史を掌る。呉では国史という。

◎秘書省

・秘書監《ひしょかん》（三品）宮中の図書・秘記を掌る。
・秘書郎《ひしょろう》（六品）三閣所蔵の経書を補修校勘した。

◎御史台

○御史中丞（四品）官吏の監察・弾劾。
・持書執法《じしょしっぽう》（六品）上奏弾劾を掌る。
・持書侍御史《じしょじぎょし》（六品）律令を掌る。
・侍御史（七品）監察・弾劾、上奏文の遺失を弾劾。
・殿中侍御史《でんちゅうじぎょし》（七品）殿中で儀式の非違不法を監察する。

◎都水台

○都水使者（四品）水沢・灌潜・河水運河の保守を掌る。
・水衡都尉（六品）水軍の舟船・器物を掌る。

◎符節台

○符節令（五品）節、銅虎符・竹使符などを掌る。
・符璽郎《ふじろう》（七品）璽を掌り、虎符・竹符の一方を保管する。

◎比公将軍　属官は大将軍府に準じ、やや少ない。

○驃騎将軍（二品）都督、開府。常設将軍の最高位。格式は三公に比す。本来は、騎兵師団長。
○車騎将軍（二品）都督、開府。格式は驃騎将軍に亜《つ》ぐ。本来は、車騎兵団長。
○衛将軍（二品）都督、開府。格式は車騎将軍に亜ぐ。本来は北軍（京師禁軍）の総司令官。
・中軍《ちゅうぐん》大将軍（二品）非常置。
・上軍《じょうぐん》大将軍（二品）非常置。
・鎮軍《ちんぐん》大将軍（二品）非常置。皇帝親征の際の幕僚総管。
・撫軍《ぶぐん》大将軍（二品）魏では、司馬氏が就いた。
・輔国《ほこく》大将軍（二品）非常置。
・南中《なんちゅう》大将軍（二品）非常置。呉将の来降者のために新設。

◎北軍五営　衛将軍・大将軍に直属。

・屯騎校尉（四品）宿衛の騎兵を指揮。
・歩兵校尉（四品）上林苑の屯兵を指揮。
・越騎校尉（四品）越騎を指揮。
・長水校尉（四品）長水・宣曲の胡騎を指揮。
・射声校尉（四品）宿衛の弓兵を指揮。

◎中軍

○中領軍（三品）領軍将軍。中軍を統督。

・中護軍（四品）中軍を指揮。

・武衛将軍（四品）皇帝の親衛兵を統率。

・中塁将軍（四品）宿衛兵を掌る。

・驍騎将軍（四品）城内の治安維持を担当。

・游撃将軍（四品）城内の治安維持を担当。

◎外軍　四征・四鎮・四安・四平将軍（広義の四征将軍）は、都督となり、幕府を開き得る。

○征東将軍（二品）寿春に駐することが多い。

○征南将軍（二品）新野に駐することが多い。

○征西将軍（二品）長安に駐することが多い。

○征北将軍（二品）薊に駐することが多い。

・四鎮将軍（二品）鎮東・鎮西・鎮南・鎮北将軍。

・四安将軍（三品）安東・安西・安南・安北将軍。

・四平将軍（三品）平東・平西・平南・平北将軍。

・前後左右の四将軍（三品）前・後・左・右将軍。

・度遼将軍（三品）後漢では異民族との戦いを総括。

・三品将軍

征虜・平難・鎮軍・平寇・輔国・都護・虎牙・冠軍など。
・四品将軍
強弩・寧朔・積弩。建振奮揚広の五威将軍と五武将軍など。
・五品将軍
鷹揚・折衝・伏波・盪寇・討逆・破虜・楼船将軍など。
牙門・偏・裨将軍は無定員。
・四品中郎将・校尉
護匈奴中郎将・護羌校尉・護烏桓校尉・護鮮卑校尉。
それぞれ異民族を統禦し、多くは刺史を兼ねた。

◎都督

○大都督（一品）非常置。仮黄鉞を常態とし、中外軍を総督。
・監軍（四品）。

◎地方官

○州
・司隷校尉（三品）首都を含む数郡の監察・治安維持。
・州牧（四品）行政権と兵権を兼ね、州を軍政支配する。
・州刺史（五品）州の行政長官。
・州の属吏　州で地元採用される。

別駕従事史（属吏筆頭）・治中従事史（州府の人事を担当）・部郡国従事（州内の一郡国を監察）・主簿・書佐など。

○郡・国

・河南尹（三品）尹は、国都を含む郡の長官。
・国相（五品）国の行政・治安・官吏推挙などを掌る。
・太守（五品）郡の行政・治安・官吏推挙などを掌る。
・都尉（五品）属国や郡部の治安維持。
・中正（八品）任官希望者に郷品を与える。
・長史・司馬（八品）中央から叙任され長吏と称される。
・郡の属吏　郡で地元採用される。
　功曹（人事を担当）・上計吏（京師へ会計報告）・督郵（複数の県を監察）・主簿（文書を担当）など。

○県・侯国

・県令（六品）大県の行政・治安を掌る。
・県令（七品）中県の行政・治安を掌る。
・県長（八品）小県の行政・治安を掌る。
・侯相（八品）侯国の長。職務は県長と同じ。

（清）洪飴孫『三国職官表』を参照し、魏の官職を主とした。

附表2　三國政権の人的構成

〔凡例〕

・表二「蜀漢政権の人的構成」および表三「孫呉政権の人的構成」は、可能な限り多くの構成員を掲げることに努めた。これに対して、表一「曹魏政権の人的構成」は、ことに初期において後漢政権の構成員と重複する場合が多く、判断の難しい者も多いため、専伝か附伝を有している者に限定した。

・表の各項目の記号は、以下のとおりの内容を表す。

「族」の項

○：族的勢力あるいは経済力の有る者。

×：族的勢力あるいは経済力の無い者。

「祖」の項

◎：二代以上三公を輩出した家、およびそれに準ずる家出身の者。

○：父もしくは祖父が三公、あるいは二代以上九卿・二千石を輩出した家、およびそれに準ずる家出身の者。

●：父・祖父が共に官に就いていた家、およびそれに準ずる家出身の者。

△：父あるいは祖父が官に就いていた家、およびそれに準ずる家出身の者。

▲：祖父以前に官に就いたことのある家、およびそれに準ずる家出身の者。

×：祖先が官に就いたと考えられない家出身の者。

「名」の項

○：名声を有し「名士」と考え得る者。○の場合には「名士」と考えられる名声の具体相を備考に（　）で掲げ、それが人物評価の場合には誰の評価を受けたかを備考に（←　）で補い、斉名（名を斉《ひと》しくする、人として同じ高さの名声を持つことの意）の場合には誰と名声を等しくしたのか、その相手を（　）により補った。

×：名声を有さない者。

「典拠」の項

『三國志』を三、『後漢書』を後、『華陽國志』を華、『晉書』を晉、専伝を持つ者を伝、巻数は算用数字により表記した。

表一の「彧」、表二の「亮」の項

○：表一は荀彧の推挙を受けた者、表二は諸葛亮と友好関係に有る者。

×：表一は荀彧、表二は諸葛亮と友好関係に無い者。

空白：表一は荀彧、表二は諸葛亮との接触が考えられない者。

△（表一のみ）：荀彧の評価を受けた者・交友関係のある者、◎は荀彧の一族・親族。

なお、すべての項目について史料が存在しながら記載無きものを－、史料が存在せず不明なものを？により表し、地名は『三國志』の記述を規準とした。なお子孫は、専伝が立てられている者以外は掲載しなかった。項目は年長者に代表させ、原則として子弟を別項目とはしなかった。ただ、専伝を有している者はこの限りではない。

表一　曹魏政権の人的構成

期	氏名	本貫	初従年	族	祖	名	備考	彧	典拠
曹操Ⅰ	任峻	司隷河南中牟	一八九	○	－	－		－	三16に伝
	曹仁	豫州沛國譙	一八九	○	○	－	曹操の従弟。	－	三9に伝
	曹洪	豫州沛國譙	一八九	○	○	－	曹操の従弟。	－	三9に伝
	曹休	豫州沛國譙	一八九	○	○	－	曹操の族子。	－	三9に伝
	曹眞	豫州沛國譙	一八九	○	○	－	曹操の族子。	－	三9に伝
	夏侯惇	豫州沛國譙	一八九	○	△	－		－	三9に伝
	夏侯淵	豫州沛國譙	一八九	○	△	－		－	三9に伝
	史渙	豫州沛國	一八九	？	？	？		？	三9
	衛臻	兗州陳留襄邑	一八九	○	○	○	曹操の挙兵に金を出した衛茲の子。	－	三22に伝
	張邈	兗州東平壽張	一八九	○	－	○	曹操の友人。		三7に伝
	鮑信	兗州泰山平陽	一八九	○	○	○	寛厚愛人。弟の鮑韜と共に曹操の挙兵に呼応。		三12
	樂進	兗州陽平衛國	一八九	－	－	－		－	三17に伝
	韓浩	司隷河内	一八九？	？	？	○	屯田を建議。	？	三9
	棗祗	豫州潁川	一八九？	？	？	？	屯田を建議。	？	三16
	典韋	兗州陳留己吾	一九〇	－	－	－		－	三18に伝
	荀彧	豫州潁川潁陰	一九一	○	◎	○	人物評価（王佐の才↑何顒）。		三10に伝
	荀攸	豫州潁川潁陰	一九一	○	◎	○	人物評価（↑荀彧）。	◎	三10に伝
	李典	兗州山陽鉅野	一九一？	○	－	－		－	三18に伝

曹操Ⅰ	程昱	兗州東郡東阿	一九二	−	−	○	人物評価（荀彧と並称）。	△	三14に伝
	陳宮	兗州東郡	一九二	?	?	○	徐州大虐殺に反発して呂布を引き込む。	?	三1
	畢諶	兗州東平	一九二	?	?	?		?	三1
	呂虔	兗州任城	一九二	−	−	−		−	三18に伝
	于禁	兗州泰山鉅平	一九二	−	−	−	鮑信の部下。	−	三17に伝
	毛玠	兗州陳留平丘	一九二？	−	−	○	東曹掾として清なる人事。	−	三12に伝
	周宣	青州樂安	一九二〜？	−	−	−	夢占い。	−	三29に伝
	戯志才	豫州潁川	一九二〜？	?	?	○		○	三10
	徐晃	司隷河東楊	一九三？	−	−	−	楊奉の部下。	−	三17に伝
	婁圭	荊州南陽	一九三？	?	?	○			三11
	朱霊	冀州清河	一九四	−	−	−	袁紹が曹操の援助のために派遣した武将。	?	三17
	郭嘉	豫州潁川陽翟	一九四？	−	−	○	陳羣に品行の悪さを批判される。	○	三14に伝
	薛悌	兗州東郡	一九四？	○	?	?		?	三22
	許褚	豫州沛國譙	一九五	○	−	−	自立勢力。	−	三18に伝
	滿寵	兗州山陽昌邑	一九五	−	−	−		−	三25に伝
曹操Ⅱ	張既	司隷馮翊高陵	一九六	×	×	○	人物評価（←游殷）。	−	三15に伝
	楊沛	司隷馮翊	一九六	?	?	?		?	三15
	杜襲	豫州潁川定陵	一九六	○	○	○	人物評価（駿馬←曹操）。	○	三23に伝
	李通	荊州江夏平春	一九六	○	−	−	自立勢力。	−	三18に伝
	孫資	幷州太原	一九六	?	?	○	人物評価（←王允）。	△	三14
	衛覬	司隷河東安邑	一九六？	−	−	○		−	三20に伝

期	氏名	本貫	初従年	族	祖	名	備考	彧	典拠
曹操Ⅱ	鍾繇	豫州潁川長社	一九六？	○	○	○	人物評価（←荀彧）。	○	三13に伝
曹操Ⅱ	劉馥	豫州沛國譙	一九六？	–	–	–		–	三15に伝
曹操Ⅱ	梁習	豫州陳郡柘	一九六？	–	–	–		–	三15に伝
曹操Ⅱ	涼茂	兗州山陽昌邑	一九六？	–	–	○	文帝八友の一人。	–	三11に伝
曹操Ⅱ	董昭	兗州濟陰定陶	一九六？	–	–	–		–	三14に伝
曹操Ⅱ	徐奕	徐州琅邪東莞	一九六？	–	–	–		–	三12に伝
曹操Ⅱ	國淵	青州樂安蓋	一九六？	–	–	○	交友（邴原・管寧）。鄭玄に師事。	–	三11に伝
曹操Ⅱ	慍恢	并州太原祁	一九六～？	○	○	○		–	三15に伝
曹操Ⅱ	嚴象	司隷京兆	一九七	？	？	○		△	三10
曹操Ⅱ	趙儼	豫州潁川陽翟	一九七	–	–	○	斉名（辛毗・陳羣・杜襲）。	○	三23に伝
曹操Ⅱ	賈詡	涼州武威姑臧	一九七	–	–	○	人物評価（←閻忠）。	–	三10に伝
曹操Ⅱ	張繡	涼州武威祖厲	一九七	○	○	–	反乱を起こし、一時は曹操を破る。	–	三8に伝
曹操Ⅱ	陳羣	豫州潁川許昌	一九八	○	○	○	人物評価（←陳寔・孔融）。	◎	三22に伝
曹操Ⅱ	何夔	豫州陳郡陽夏	一九八	–	–	○		–	三12に伝
曹操Ⅱ	袁渙	豫州陳郡扶樂	一九八	○	◎	○	呂布の敗北とともに降伏。	△	三11に伝
曹操Ⅱ	臧霸	兗州泰山華	一九八	–	–	–	呂布の部下。	–	三18に伝
曹操Ⅱ	孫觀	兗州泰山	一九八	？	？	？	臧霸とともに挙兵。	？	三18
曹操Ⅱ	王朗	徐州東海郯	一九八	–	–	○	経書に通じる。	○	三13に伝
曹操Ⅱ	張遼	并州雁門馬邑	一九八	–	–	–	呂布の部下。	–	三17に伝
曹操Ⅱ	鄭渾	司隷河南開封	一九八？	○	○	○	儒教を家学。	–	三16に伝

曹操Ⅱ	華佗	豫州沛國譙	一九八?	−	−	−	名医。	−	三29に伝
	武周	豫州沛國	一九八?	?	?	?	張遼の護軍。	?	三27
	王忠	司隷扶風	一九九	?	?	?		?	三1
	劉岱	豫州沛國	一九九	?	?	?		?	三1
	劉曄	揚州淮南成悳	一九九	○	○	○	人物評価（↑許劭）。	−	三14に伝
	蔣濟	揚州楚國平阿	一九九	−	−	○	斉名（胡質・朱績）。	−	三14に伝
	胡質	揚州楚國壽春	一九九	−	△	○	斉名（蔣濟・朱績）。	−	三27に伝
	倉慈	揚州淮南	一九九	−	−	−		−	三16に伝
	田豫	幽州漁陽雍奴	一九九	−	−	○	人物評価（↑劉備）。公孫瓚の配下。	−	三26に伝
曹操Ⅲ	張郃	冀州河間鄚	二〇〇	−	−	−	袁紹の部下。	−	三17に伝
	華歆	青州平原高唐	二〇〇	−	−	○	北海の邴原・管寧と遊学。	○	三13に伝
	許攸	荊州南陽	二〇〇	?	?	○	何顒グループ。	△	三1
	賈逵	司隷河東襄陵	二〇〇?	○	○	○	賈充の父。	−	三15に伝
	杜畿	司隷京兆杜陵	二〇〇?	○	−	○	寛治。	△	三16に伝
	蘇則	司隷扶風武功	二〇〇?	○	○	○		−	三16に伝
	劉劭	冀州廣平邯鄲	二〇〇?	−	−	○	新律十八篇の編纂に参加。	△	三20に伝
	徐宣	徐州廣陵海西	二〇〇?	−	−	○	斉名（陳矯）。	−	三22に伝
	陳矯	徐州廣陵東陽	二〇〇?	−	−	○	人物評価（↑陳登）。	−	三22に伝
	閻柔	幽州廣陽	二〇〇?	?	?	?	鮮卑を引き連れて降伏。	?	三7
	鮮于輔	幽州漁陽	二〇〇?	○	−	−	軍勢を率いて降伏。	?	三7
	劉廙	荊州南陽安衆	二〇〇〜?	−	−	○	人物評価（↑司馬徽）。	−	三20に伝

期	氏名	本貫	初従年	族	祖	名	備考	彧	典拠
曹操Ⅲ	司馬朗	司隷河内温	二〇二	○	○	−	司馬懿の兄。	−	三15に伝
	張範	司隷河内脩武	二〇四	○	◎	○		−	三11に伝
	李孚	冀州鉅鹿	二〇四	?	?	?		?	三15
	邢顒	冀州河間鄚	二〇四	−	−	○		−	三12に伝
	崔琰	冀州清河東武城	二〇四	○	○	○	鄭玄に師事。	−	三12に伝
	崔林	冀州清河東武城	二〇四	○	−	○	人物評価（↑崔琰）。	−	三24に伝
	令狐邵	幷州太原	二〇四	?	○	?		?	三16
	王國	兗州東平	二〇四？	?	?	?		?	三22
	応瑒	豫州汝南	二〇四～？	○	○	○		?	三21
	阮瑀	兗州陳留	二〇四～？	?	?	○	蔡邕より学問を受ける。	?	三21
	路粋	兗州陳留	二〇四～？	?	?	○	蔡邕より学問を受ける。	?	三21
	劉楨	兗州東平	二〇四～？	?	?	○		?	三21
	陳琳	徐州廣陵	二〇四～？	?	?	○		?	三21
	徐幹	青州北海	二〇四～？	?	?	○		?	三21
	張燕	冀州常山眞定	二〇五	○	×	×	黒山の賊。	−	三8に伝
	劉放	幽州涿郡	二〇五	○	−	−	孫資とともに秘書郎・中書を歴任。	−	三14に伝
	夏侯尚	豫州沛國譙	二〇七	○	○	−	夏侯淵の従子。	?	三9
	牽招	冀州安平観津	二〇七	−	−	○	樂隠に師事。	−	三26に伝
	高柔	兗州陳留圉	二〇七	○	○	○		−	三24に伝
	孫禮	幽州涿郡容城	二〇七	−	−	−		−	三24に伝

曹操Ⅲ	田疇	幽州右北平無終	二〇七	○	－	○	徐無山中に集団移住。	－	三11に伝
	徐邈	幽州燕國薊	二〇七	－	－	－		－	三27に伝
	常林	司隷河内温	二〇七？	×	×	○		－	三23に伝
	楊俊	司隷河内獲嘉	二〇七？	－	－	○	邊讓に師事、司馬懿を評価。	－	三23に伝
	楊脩	司隷弘農華陰	二〇七？	○	◎	○	楊彪の子。	？	三19
	辛毗	豫州潁川陽翟	二〇七？	－	－	○	諫言を繰り返す。	○	三25に伝
	沐並	冀州河間	二〇七？	？	？	？		？	三23
	王脩	青州北海營陵	二〇七？	－	－	○	人物評価（↑孔融）。高柔・王基を評価。	－	三11に伝
	邴原	青州北海朱虚	二〇七？	○	－	○	交友（韓卓・陳寔・范滂・張範）。	△	三11に伝
	王淩	并州太原祁	二〇七？	○	○	○	王允の甥。	－	三28に伝
	王觀	兗州東郡廩丘	二〇七～？	×	－	－		－	三24に伝
	郭淮	并州太原陽曲	二〇七～？	－	－	－		－	三26に伝
曹操Ⅳ	杜夔	司隷河南	二〇八	－	－	－	音楽家。	－	三29に伝
	司馬芝	司隷河内温	二〇八	－	－	○	交友（裴潛・王粲）。	－	三12に伝
	裴潛	司隷河東聞喜	二〇八	○	○	○	交友（王粲・司馬芝）。	－	三23に伝
	趙戩	司隷京兆長陵	二〇八	？	？	○		？	三32
	隗禧	司隷京兆	二〇八	×	？	○		？	三13
	徐庶	豫州潁川	二〇八	×	×	○	交友（諸葛亮・石韜・孟建・崔州平）。	？	三35
	邯鄲淳	豫州潁川	二〇八	？	？	○		？	三21
	繁欽	豫州潁川	二〇八	？	？	○		？	三21
	和洽	豫州汝南西平	二〇八	－	－	○		－	三23に伝

期	氏名	本貫	初従年	族	祖	名	備考	彧	典拠
曹操Ⅳ	孟建	豫州汝南	二〇八	?	?	○	交友（諸葛亮・石韜・徐庶・崔州平）。	?	三15
	崔州平	冀州博陵	二〇八	○	◎	○	交友（諸葛亮・石韜・徐庶・孟建）。	?	三35
	王粲	兗州山陽高平	二〇八	○	◎	○	蔡邕の学問の後継者。	△	三20に伝
	文聘	荊州南陽宛	二〇八	–	–	–	劉表の武将。	–	三18に伝
	韓曁	荊州南陽堵陽	二〇八	○	–	○		–	三24に伝
	蒯越	荊州南郡中盧	二〇八	○	△	○		?	三6
	桓階	荊州長沙臨湘	二〇八	○	○	○		–	三22に伝
	韓嵩	荊州義陽	二〇八	?	?	○		?	三6
	鄧艾	荊州義陽棘陽	二〇八	×	–	○	人物評価（↑司馬懿）。	–	三28に伝
	鄧義	荊州章陵	二〇八	?	?	○		?	三6
	劉先	荊州零陵	二〇八	?	?	○	老荘を好む。	?	三6
	傅玄	涼州北地泥陽	二〇八	○	△	○	人物評価。	?	三6
	韓宣	冀州勃海	二〇八〜?	?	?	?		?	三23
	閻温	涼州天水西城	二一〇?	–	–	–		–	三18に伝
	楊阜	涼州天水冀	二一一	–	–	○		–	三25に伝
	成公英	涼州金城	二一一	?	?	?		?	三15
	閻行	涼州金城	二一一	?	?	?		?	三15
	盧毓	幽州涿郡涿	二一一	–	○	○	盧植の子。崔琰の推挙。	–	三22に伝
	王象	司隷河内獲嘉	二一一〜?	?	?	○		?	三23
	丁儀	豫州沛國譙	二一一〜?	○	△	○		?	三19

曹操IV	呉質	兗州濟陰	二二一～?	×	×	○		?	三21
	蘇林	兗州陳留	二二一～?	?	?	○		?	三21
	鮑勛	兗州泰山平陽	二二二	○	◎	○	鮑信の子。		三12に伝
	龐淯	涼州酒泉表氏	二二二	−	−	−			三18に伝
	朱建平	豫州沛國	二二三	−	−	−			三29に伝
	高堂隆	兗州泰山平陽	二二三	−	−	○			三25に伝
	嚴幹	司隷馮翊東	二二三?	×	×	?			三23
	李義	司隷馮翊東	二二三?	×	×	?			三23
	張魯	豫州沛國豐	二一五	○	○	−	五斗米道の指導者。		三8に伝
	郭憲	豫州西平	二一五	○	?	?			三11
	閻圃	益州巴西	二一五	−	−	−	張魯の配下。		三8
	龐悳	益州南安狟道	二一五	−	−	−	張魯の配下。		三18に伝
	王昶	并州太原晉陽	二一七	○	○	○	斉名（王淩）。		三27に伝
	應余	荊州南陽	二一八	?	?	?			三4
曹操期	董遇	司隷弘農	武帝期	×	?	?		?	三13
	韋康	司隷京兆	武帝期	○	?	○	人物評価（↑孔融）。	△	三10
	賈洪	司隷京兆新豐	武帝期	?	?	?		?	三13
	馬鈞	司隷扶風	武帝期	?	?	?		?	三29
	吉茂	司隷馮翊池陽	武帝期	○	?	○		?	三23
	夏侯楙	豫州沛國譙	武帝期	○	○	−		?	三9
	文課	豫州沛國譙	武帝期	?	?	?		?	三28

期	氏名	本貫	初従年	族	祖	名	備考	彧	典拠
曹操期	魏諷	豫州沛國	武帝期	?	?	○		?	三 1
	張泰	冀州鉅鹿	武帝期	?	?	○		?	三 11
	顔斐	冀州濟北	武帝期	?	?	○		?	三 16
	卞秉	徐州琅邪開陽	武帝期	×	−	−	卞皇后（文帝の生母）の弟。	?	三 5
	任嘏	青州樂安博昌	武帝期	○	△	○		?	三 27
	孔桂	涼州天水	武帝期	?	?	?	後継者争いで曹植を支持。	?	三 3
	薛夏	涼州天水	武帝期	×	×	○		?	三 13
	秦朗	幷州新興	武帝期	?	?	?	曹操の側女である杜氏の連れ子。明帝と親交。	?	三 3
	桓範	豫州沛國	武帝期	○	○	○		?	三 9
文帝	孟達	司隷扶風	二二〇	−	△	?	蜀漢より降伏。のち諸葛亮に呼応して叛乱。		三 2
	夏侯霸	豫州沛國譙	二二〇？	○	○	−			三 9
	鄭小同	青州北海高密	二二〇？	○	○	○	鄭玄の孫。		三 4
	脂習	司隷京兆	二二〇？	?	?	○	交友（孔融）。		三 11
	毌丘儉	司隷河東聞喜	二二一～？	○	△	−			三 28に伝
	諸葛誕	徐州琅邪陽都	二二一～？	○	○	○	四聰。		三 28に伝
	王基	青州東萊曲城	二二一～？	○	−	○	鄭玄の説で王肅に対抗。		三 27に伝
	管寧	青州北海朱虚	二二三	×	−	○	斉名（邴原・華歆）。		三 11に伝
	傅嘏	涼州北地泥陽	二二三？	○	○	○	官吏の勤務評定の制度を策定。		三 20に伝
	杜摯	司隷河東聞喜	二二一～？	?	?	?			三 21
	樂詳	司隷河東	文帝期	?	?	○	儒者（左伝）。		三 16

文帝	黄朗	豫州沛國	文帝期	×	×	○			三 23
	郭表	冀州安平廣宗	文帝期	?	△	?	文帝郭皇后の従兄。		三 5
	孟康	冀州安平	文帝期	?	?	?			三 16
	王祥	徐州琅邪	文帝期	○	○	○			三 18
	繆襲	徐州東海	文帝期	?	−	?			三 21
	李勝	荊州南陽	文帝期	?	△	○			三 9
	楊阿若	涼州酒泉	文帝期	?	?	?			三 18
	張恭	涼州敦煌	文帝期	?	?	○			三 18
明帝	曹爽	豫州沛國譙	二二六	○	◎	○			三 9
	畢軌	兗州東平	二二六	?	?	○			三 9
	何晏	荊州南陽	二二六	○	○	○	何進の孫。司馬師らと交際。		三 9
	鄧颺	荊州南陽	二二六?	○	?	○			三 9
	毛嘉	司隷河内	二二七	?	?	?	明帝毛皇后の父。		三 5
	甄像	冀州中山無極	二二七	○	○	?	甄皇后（明帝の生母）の甥。		三 5
	鍾會	豫州潁川長社	二四〇〜?	○	◎	○	鍾繇の末子。		三 28に伝
	管輅	青州平原	二四〇〜?	−	−	−	占い師。		三 29に伝
	楊偉	司隷馮翊	明帝期	?	?	?			三 9
	夏侯玄	豫州沛國譙	明帝期	○	○	○			三 9
	丁謐	豫州沛國譙	明帝期	?	?	○			三 9
	許允	冀州河間高陽	明帝期	?	?	○	冀州の名士。		三 9
	王經	冀州清河	明帝期	○	?	○	冀州の名士。		三 9

期	氏名	本貫	初従年	族	祖	名	備考	彧	典拠
明帝	庾嶷	豫州潁川	明帝期？	？	？	○			三11
	張閣	兗州東郡	明帝期？	？	？	○			三11
	何楨	揚州廬江	明帝期？	？	？	○			三11
	張特	幽州涿郡	明帝期？	？	？	？			三4
齊王	王弼	兗州山陽	二四〇？	○	○	○			三28
	単固	兗州山陽	二四九	？	？	？			三28

表二　蜀漢政権の人的構成

期	氏名	本貫	初従年	族	祖	名	備考	亮	典拠
I期	關羽	司隷河東解	一八四	×	×	×		×	三36に伝
	張飛	幽州涿郡	一八四	×	×	×		×	三36に伝
	簡雍	幽州涿郡	一八四	×	×	×		×	三38に伝
	趙雲	冀州常山眞定	一九一	×	×	×		○	三36に伝
	劉琰	豫州魯國	一九四	×	×	－		×	三40に伝
	陳到	豫州汝南	一九四	？	？	×		？	三45
	陳羣	豫州潁川許昌	一九四	○	○	○	人物評価（←孔融）。劉備に随従せず。		三22に伝
	許耽	揚州丹楊	一九四	？	？	？			三7
	麋竺	徐州東海朐	一九四	○	×	×		－	三38に伝

期	姓名	本籍	年				備考		出典
Ⅰ期	陳登	徐州下邳	一九四	○	△	○	名重天下。劉備に随従せず。		三7
	孫乾	青州北海	一九四	×	×	×		–	三38に伝
Ⅱ期	徐庶	豫州潁川	二〇七	×	×	○	交友（石韜・崔州平・孟建・諸葛亮）。	○	三35
	諸葛亮	徐州琅邪陽都	二〇七	○	△	○	人物評価（臥龍↑龐徳公）。		三35に伝
	龐統	荊州襄陽襄陽	二〇八	○	×	○	人物評価（鳳雛↑龐徳公）。	○	三37に伝
	向朗	荊州襄陽宜城	二〇八	○	×	○	交友（徐庶・韓嵩・龐統）。	○	三41に伝
	習禎	荊州襄陽	二〇八	?	?	○	人物評価（名亜龐統、馬良之右）。	○	三45
	輔匡	荊州襄陽	二〇八	?	?	?		?	三45
	劉邕	荊州義陽	二〇八	?	?	?		?	三45
	霍峻	荊州南郡枝江	二〇八	○	×	×		–	三41に伝
	伊籍	兗州山陽	二〇八	×	×	×		–	三38に伝
	馬良	荊州襄陽宜城	二〇九	○	×	○	人物評価（馬氏五常、白眉最良）。	○	三39に伝
	陳震	荊州南陽	二〇九	–	×	○	人物評価（↑諸葛亮）。	○	三39に伝
	黄忠	荊州南陽	二〇九	×	×	×		–	三36に伝
	廖立	荊州武陵臨沅	二〇九	–	×	○	人物評価（↑諸葛亮）。	○	三40に伝
	潘濬	荊州武陵漢壽	二〇九	–	×	○	人物評価（↑王粲）。のち孫呉に仕える。	○	三61に伝
	張存	荊州南陽	二〇九頃	?	?	?		?	三45
	蔣琬	荊州零陵湘郷	二〇九頃	○	×	○	弱冠知名。	○	三44に伝
	劉敏	荊州零陵泉陵	二〇九頃	○	×	○	斉名（蔣琬）。	?	三44
	董恢	荊州襄陽	二〇九？	?	?	○	人物評価（↑諸葛亮）。	○	三39
	廖化	荊州襄陽	二〇九？	×	×	×		?	三45

期		氏名	本貫	初従年	族	祖	名	備考	亮	典拠
Ⅱ期		傅彤	荊州義陽	二〇九?	?	?	?		?	三45
		魏延	荊州義陽	二〇九?	×	×	×		×	三40に伝
		郝普	荊州義陽	二〇九?	?	?	?		?	三45
		鄧方	荊州南郡	二〇九?	?	?	?		?	三45
		馮習	荊州南郡	二〇九?	?	?	?		?	三45
		高翔	荊州南郡	二〇九?	?	?	?		?	華7
		宗預	荊州南陽	二〇九?	–	×	×		○	三45に伝
		郭攸之	荊州南陽	二〇九?	?	?	○	以器業、知名於時。	○	三39
		宗瑋	荊州南陽	二〇九?	?	?	?		?	華6
Ⅲ期	内通	法正	司隷扶風	二一一	–	△	×		×	三37に伝
		孟達	司隷扶風	二一一	–	△	?		–	三3
		郤揖	司隷河南偃師	二一一	–	△	?		?	三42
		張松	益州蜀郡成都	二一一	○	×	○	人物評価（←楊脩）。	–	三32
		彭羕	益州廣漢	二一三	○	×	○	人物評価（←龐統）。	×	三40に伝
		李恢	益州建寧俞元	二一三	○	×	×		–	三43に伝
	旧劉璋家臣	許靖	豫州汝南平輿	二一四	○	◎	○	交友（袁渙・華歆・王朗）。	○	三38に伝
		呉懿	兗州陳留	二一三	○	△	?		–	三34
		龐羲	司隷河南	二一四	○	?	○	好士。	?	三31
		射堅	司隷扶風	二一四	○	×	○	少有美名。	–	三32
		李嚴	荊州南陽	二一三	–	×	○	以才幹称。	○	三40に伝

Ⅲ期									
旧劉璋家臣	王連	荊州南陽	二一四	−	×	−		○	三41に伝
	董和	荊州南郡枝江	二一四	○	×	○	人物評価（↑諸葛亮）。	○	三39に伝
	費觀	荊州江夏鄳	二一三	○	×	○	交友（李嚴）。	?	三45
	張裔	益州蜀郡成都	二一四	○	×	○	人物評価（↑許靖）。	○	三41に伝
	杜瓊	益州蜀郡成都	二一四	○	×	○	人物評価（↑蔣琬・費禕）。	○	三42に伝
	張裕	益州蜀郡	二一四	○	×	×	劉備に反感、誅殺される。	○	三42
	何宗	益州蜀郡	二一四	○	×	○	儒者としての名声は杜瓊の上。	?	三45
	嚴顏	益州巴郡臨江	二一三	○	?	?		?	華12
	楊洪	益州犍爲武陽	二一四	○	×	○	人物評価（↑諸葛亮）。	○	三41に伝
	費詩	益州犍爲南安	二一三	○	×	−		−	三41に伝
	王謀	益州漢嘉	二一四	○	×	○	人物評価（↑蔣琬）。	?	三45
	李邈	益州廣漢郪	二一四	○	×	?		?	華10中伝
	王甫	益州廣漢郪	二一四	○	×	○	人流美称。	?	華10中伝
	黃權	益州巴西閬中	二一四	○	×	○	人物評価（↑司馬懿）。	○	三43に伝
	周羣	益州巴西閬中	二一四	○	×	○	儒者。	−	三42に伝
	程畿	益州巴西閬中	二一四	?	?	?		?	三45
	馬勳	益州巴西閬中	二一四	○	?	?		?	三45
平定後出仕	孟光	司隸河南洛陽	二一四	○	○	○	儒者。	−	三42に伝
	裴儁	司隸河東	?	○	?	○	知名。	?	三42
	胡潛	冀州魏郡	二一四	×	×	○	儒者。	−	三42
	袁綝	豫州潁川	?	?	?	?		?	華7

期	氏名	本貫	初従年	族	祖	名	備考	亮	典拠
Ⅲ期 平定後出仕	羅蒙	荊州襄陽	？	？	？	？		？	三41
	來敏	荊州義陽新野	二一四	○	◎	○	儒者。荊楚名族。	○	三42に伝
	鄧芝	荊州義陽新野	二一四	○	▲	○	人物評価（↑劉備、諸葛亮）。	○	三45に伝
	許慈	荊州南陽	二一四	？	？	？	儒者。	？	三42に伝
	呂乂	荊州南陽	二二一頃	−	△	○	交友（杜祺・劉幹）。	○	三39に伝
	杜祺	荊州南陽	二二一頃	？	？	○	交友（呂乂・劉幹）。	？	三39
	黄柱	荊州南陽	二一九	？	？	？		？	三45
	劉幹	荊州南郷	二二一頃	？	？	○	交友（杜祺・呂乂）。	？	三39
	費禕	荊州江夏鄳	二一九	○	×	○	斉名（許叔龍・董允）。	○	三44に伝
	劉巴	荊州零陵烝陽	二一四	○	○	○	少知名。	○	三39に伝
	頼恭	荊州零陵	二一九	？	？	？		？	三45
	張翼	益州犍為武陽	二一四	○	▲	○	人物評価（↑諸葛亮）。	○	三45に伝
	王士	益州廣漢郪	二一四	○	×	？		？	三45
	秦宓	益州廣漢綿竹	二一四？	−	×	○	人物評価（↑夏侯纂）。	○	三38に伝
	王沖	益州廣漢	？	？	？	？		？	三41
	尹黙	益州梓潼涪	二一四	−	×	○	儒者（司馬徽・宋忠に師事）。	○	三42に伝
	李福	益州梓潼涪	二一四	○	？	○	精知果鋭。	−	三45
	李譔	益州梓潼涪	二三〇？	−	×	○	儒者（荊州学系）。	−	三42に伝
	張嶷	益州巴郡南充國	二一四？	×	×	○		−	三43に伝
	馬齊	益州巴西閬中	二一四？	−	×	−		−	三45

Ⅲ期									
平定後出仕	馬忠	益州巴西閬中	二一四?	○	×	○	人物評価（↑劉備）。	○	三43に伝
平定後出仕	姚伷	益州巴西閬中	二一四	－	×	○	人物評価（↑諸葛亮）。	○	三45
平定後出仕	龔祿	益州巴西安漢	二一四	－	△	?		?	三45
平定後出仕	句扶	益州巴西漢昌	?	?	?	?		?	三43
平定後出仕	趙莋	益州巴西	二一四	?	?	?		?	三32
平定後出仕	朱褒	益州朱提	?	?	?	?		×	三33
降伏	馬超	司隷扶風茂陵	二一四	○	●	×		－	三36に伝
降伏	楊儀	荊州襄陽襄陽	二一四?	○	×	○	人物評価（↑劉備）。	○	三40に伝
降伏	王平	益州巴西宕渠	二一九	○	×	×		○	三43に伝
劉禅期	姜維	涼州天水冀	二二八	×	△	○	人物評価（↑諸葛亮）。	○	三44に伝
劉禅期	梁虔	涼州天水	二二八	?	?	?		?	三44
劉禅期	梁緒	涼州天水	二二八	?	?	?		?	三44
劉禅期	尹賞	涼州天水	二二八	?	?	?		?	三44
劉禅期	郭脩	涼州西平	二五一	?	?	○	著名西州。		三4
劉禅期	夏侯覇	豫州沛國譙	二四九	○	△	－			三9
劉禅期	陳祗	豫州汝南	?	○	▲	○	人物評価（↑費禕）。	－	三39
劉禅期	張通	豫州汝南	?	?	?	?		?	三42
劉禅期	董厥	荊州義陽	二二三?	?	?	○	人物評価（↑諸葛亮）。	○	三35
劉禅期	胡濟	荊州義陽	二二三?	?	?	○	人物評価（↑諸葛亮）。	○	三39
劉禅期	樊建	荊州義陽	～二五一	?	?	○	斉名（劉武）。	－	三35
劉禅期	閻宇	荊州義陽	～二五三	?	?	?		?	三43

期	氏名	本貫	初従年	族	祖	名	備考	亮	典拠
Ⅲ期 劉禅期	王伉	益州蜀郡成都	?	?	?	?		?	三43
	柳隱	益州蜀郡成都	二一三?	○	×	○	斉名（杜禎・柳伸）。	?	華11に伝
	柳伸	益州蜀郡成都	二一三?	○	×	○	斉名（杜禎・柳隱）。	○	華11
	杜禎	益州蜀郡成都	二一三?	○	×	○	斉名（柳伸・柳隱）。	○	華11
	張峻	益州蜀郡成都	?	?	?	?		?	華11
	杜軫	益州蜀郡成都	?	?	△	○		?	晋90に伝
	壽良	益州蜀郡成都	?	?	○	?		?	華11に伝
	高玩	益州蜀郡江原	?	?	?	○	斉名（李密）。	?	華11
	常忌	益州蜀郡江原	?	?	?	○	斉名（常勗）。	?	華11
	常播	益州蜀郡江原	〜二三七	?	×	?		?	三45
	常竺	益州蜀郡江原	二四六	○	?	?			華4
	常勗	益州蜀郡江原	?	○	●	○	斉名（常忌）。		華11に伝
	何隨	益州蜀郡郫	二五一	○	○	○	世有名徳。	?	華11に伝
	何祗	益州蜀郡郫	二二三?	○	×	○	人物評価（←諸葛亮）。	○	三41
	李密	益州犍爲武陽	二三四?	−	△	○	以孝聞。	?	晋88に伝
	楊戲	益州犍爲武陽	二二三?	−	×	○	人物評価（←諸葛亮）。	○	三45に伝
	五梁	益州犍爲南安	二二四?	?	?	○	儒者。	○	三42
	王嗣	益州犍爲資中	二四七?	−	×	○	以功徳顕著。		三45
	程瓊	益州犍爲	?	?	?	?		?	華11
	張休	益州漢嘉	二二三	?	?	?		?	華12

Ⅲ期								
劉禪期								
衛繼	益州漢嘉嚴道	?	−	△	−		?	三45
司馬勝之	益州廣漢綿竹	?	−	×	○	儒者。	?	華11に伝
鐔承	益州廣漢郪	?	?	?	?		?	華10中
王化	益州廣漢郪	二二四?	○	○	○	兄弟四人、少有令望。	?	華11に伝
王離	益州廣漢	?	?	?	?		?	三41
譙周	益州巴西西充國	二二四?	×	△	○	儒者。	○	三42に伝
陳壽	益州巴西安漢	?	○	△	○	譙周に師事。	?	晉82に伝
李虎	益州巴西宕渠	?	?	?	?		?	華9
令狐衷	益州巴西	〜二五八	?	?	?			華4
楊宗	益州巴郡臨江	?	?	?	?			華1
文立	益州巴郡	二四四	?	×	○	譙周に師事。		晉91に伝
孟獲	益州建寧	二二五	○	×	×		○	華4
爨習	益州建寧	二二五	○	?	?		?	華4
杜微	益州梓潼涪	二二四	○	×	○	人物評価（←諸葛亮等）。	○	三42に伝
焦璜	益州梓潼	二三四	?	?	?		?	華3
文恭	益州梓潼	二二三?	?	?	○	才幹。	?	華10下
孟琰	益州朱提	二二五	?	?	?		?	華4
呂凱	益州永昌不韋	二二三	−	×	○	人物評価（←諸葛亮）。	○	三43に伝
陳術	益州漢中	?	?	?	?		?	華10下

表三　孫呉政権の人的構成

期	氏名	本貫	初従年	族	祖	名	備考	典拠
孫堅	呂範	豫州汝南細陽	一八四？	○	―	―	孫河とともに孫策の股肱。	三56に伝
	黄蓋	荊州零陵泉陵	一八四	×	×	―	赤壁の戦いで火攻めを実行。	三55に伝
	朱治	揚州丹楊故鄣	一八四	○	―	―	孫権を孝廉に推挙。	三56に伝
	芮祉	揚州丹楊	孫堅期	？	？	？		三61
	孫河	揚州呉郡呉	孫堅期	○	？	？	旧姓愈氏。孫堅の族子。	三51
	徐琨	揚州呉郡富春	孫堅期	？	―	？	父の徐眞は孫堅と交友。	三50
	呉景	揚州呉郡	孫堅期	○	？	？	孫堅の呉夫人の弟。	三50
	程普	幽州右北平土垠	一八四	―	―	―	「程公」と称される軍部の中心。	三55に伝
	韓當	幽州遼西令史	一八四	―	―	―		三55に伝
孫策	呂蒙	豫州汝南富波	一九六？	×	×	―	のち学問に励む。	三54に伝
	胡綜	豫州汝南固始	一九六	―	―	○	文学で著名。孫権と一緒に学ぶ。	三62に伝
	潘璋	兗州東郡發干	一九六	×	×	―		三55に伝
	張昭	徐州彭城	一九五	―	―	○	斉名（琅邪の趙昱・東海の王朗）。	三52に伝
	張紘	徐州廣陵	一九三	―	―	○	儒教に加え、文学・書をよくする。	三53に伝
	衛旌	徐州廣陵	孫策期	？	？	○	斉名（歩騭）。	三52
	秦松	徐州廣陵	孫策期	？	？	○	孫策の参謀、赤壁時、降服論を唱える。	三53
	陳端	徐州廣陵	孫策期	？	？	○	孫策の参謀、早く卒す。	三53
	劉惇	青州平原	一九六？	―	―	○	天文、占数に優れる。	三63に伝

孫策	太史慈	青州東萊黄	一九四	－	－	○	人物評価（←孔融）。	三49に伝
孫策	蔣欽	揚州九江壽春	一九四	－	－	－		三55に伝
孫策	周泰	揚州九江下蔡	一九四	－	－	－		三55に伝
孫策	祖郎	揚州丹楊陵陽	孫策期	？	？	？	宗族を率いて孫策に抵抗。	三51
孫策	周瑜	揚州廬江舒	一九四	○	◎	○	「周郎」。音楽を嗜む。	三54に伝
孫策	陳武	揚州廬江松滋	一九四	－	－	－		三55に伝
孫策	賀齊	揚州會稽山陰	一九六	○	○	－		三60に伝
孫策	董襲	揚州會稽餘姚	一九六	－	－	－		三55に伝
孫策	虞翻	揚州會稽餘姚	一九六	○	○	○	人物評価（←孔融・張紘）。	三57に伝
孫策	魏滕	揚州會稽	孫策期	？	？	○	孫策に迫害される。	三50
孫策	陸績	揚州呉郡呉	一九四	○	○	○	交友（虞翻・龐統）。	三57に伝
孫策	顧雍	揚州呉郡呉	一九六？	○	－	○	蔡邕から書と琴を学ぶ。	三52に伝
孫策	吾粲	揚州呉郡烏程	一九六〜？	×	×	○	人物評価（←顧雍）。斉名（陸遜・卜静）。	三57に伝
孫策	凌操	揚州呉郡餘杭	一九四	－	－	－	凌統の父。	三55
孫策	全柔	揚州呉郡錢唐	孫策期	○	？	？	全琮の父。	三60
孫權	趙達	司隸河南	二〇〇？	－	－	○	九宮一算の術（占い）。	三63に伝
孫權	徵崇	司隸河南	孫權期	？	？	○	易・春秋左氏伝を修める。	三53
孫權	張梁	司隸河南	孫權期	？	？	？		三51
孫權	馮熙	豫州潁川	孫權期	○	？	？	蜀漢・曹魏に使者となる。	三47
孫權	程秉	豫州汝南南頓	二〇〇〜？	－	－	○	鄭玄に師事。五経に通じる。	三53に伝
孫權	陳化	豫州汝南	孫權期	？	？	○	曹魏に使者。	三47

期	氏名	本貫	初従年	族	祖	名	備考	典拠
孫権	何定	豫州汝南	孫権期	×	−	−	孫晧に重用される。	三48
	薛綜	豫州沛郡竹邑	二一〇	○	○	○	儒教に加え文学を得意とする。	三53に伝
	蔣纂	豫州沛郡	孫権期	×	×	○		三57
	鄭札	豫州沛郡	孫権期	?	?	○	張昭・孫邵とともに朝廷の儀礼を定める。	三47
	鄭泉	豫州陳郡	孫権期	?	?	○		三47
	濮陽興	兗州陳留	二二一〜?	○	△	○		三64に伝
	舒燮	兗州陳留	孫権期	?	○	?		三51
	諸葛瑾	徐州琅邪陽都	二〇〇	○	○	○	孫権の姉の婿弘咨が推挙。	三52に伝
	諸葛恪	徐州琅邪陽都	二二九	○	◎	○	諸葛瑾の子。	三64に伝
	徐盛	徐州琅邪莒	二〇〇	−	−	−		三55に伝
	嚴畯	徐州彭城	二〇〇	○	−	○	詩経・書経・三礼・説文解字に通じる。	三53に伝
	蔡款	徐州彭城	孫権期	?	?	○	人物評価（↑張承）。	三52
	謝慈	徐州彭城	孫権期	?	?	○	『喪服図』『変除』を著す。	三59
	呂岱	徐州廣陵海陵	二〇〇?	−	−	−		三60に伝
	華融	徐州廣陵江都	孫権期	?	?	?		三64
	袁迪	徐州廣陵	孫権期	○	○	○		三57
	徐彪	徐州廣陵	孫権期	?	?	○		三57
	范愼	徐州廣陵	孫権期	?	?	○		三59
	裴玄	徐州下邳	孫権期	?	?	○		三53
	歩騭	徐州臨淮淮陰	二〇〇	○	−	○	斉名（諸葛瑾・嚴畯）。	三52に伝

孫權							
魯肅	徐州臨淮東城	二〇〇	○	－	○	人物評価（↑周瑜）。	三54に伝
滕胄	青州北海劇	孫權期	○	○	○	滕胤の父。	三64
是儀	青州北海營陵	二〇〇	－	－	○	呂壱に抵抗。	三62に伝
孫邵	青州北海	孫權期	?	?	○	人物評価（廊廟の才↑孔融）。	三47
劉基	青州東萊牟平	孫權期	○	◎	○	人物評価（↑孫權）。劉繇の子。	三49
謝景	荊州南陽宛	孫權期	?	?	○	人物評価（↑張承）。	三59
趙咨	荊州南陽	孫權期	?	?	○	曹魏に使者となり名声。	三47
羊衜	荊州南陽	孫權期	?	?	○		三59
李衡	荊州襄陽	孫權期	×	×	○	人物評価（↑羊衜）。呂壹を追い詰める。	三48
閻學	荊州江夏	孫權期	?	?	?		三51
李允	荊州江夏	孫權期	?	?	?		三51
孟仁	荊州江夏	孫權期	?	?	○	南陽の李肅に師事。	三48
潘濬	荊州武陵漢壽	二一九	－	－	○	人物評価（↑王粲）。宋忠に師事。	三61に伝
朱然	揚州丹楊故鄣	二〇〇	－	－	－	朱治の姉の子。孫權と一緒に学ぶ。	三56に伝
何遂	揚州丹楊句容	孫權期	?	?	?	娘が孫和の姫となり、孫晧を生む。	三50
唐固	揚州丹楊	孫權期	?	?	○	『國語』『公羊傳』『穀梁傳』に注。	三53
丁奉	揚州廬江安豊	二一〇～?	－	－	－		三55に伝
闞澤	揚州會稽山陰	二〇〇～?	×	×	○	人物評価（↑虞翻）。儒教・暦学をよくする。	三53に伝
鍾離牧	揚州會稽山陰	二一〇～?	－	△	○	開墾した土地を譲る。	三60に伝
謝承	揚州會稽山陰	孫權期	○	○	○	『後漢書』を著す。	三50
丁固	揚州會稽山陰	孫權期	×	×	○	虞翻が評価した丁覧の子。	三57

期	氏名	本貫	初従年	族	祖	名	備考	典拠
孫權	駱統	揚州會稽烏傷	二〇〇	○	○	○		三57に伝
	徐陵	揚州會稽太末	孫權期	—	—	○	人物評価（←虞翻）。	三57
	呉範	揚州會稽上虞	二〇〇	—	—	○	暦法、風気をよくする。	三63に伝
	魏滕	揚州會稽上虞	孫權期	○	○	○	党錮の際の「八俊」魏朗の子。	三63
	留贊	揚州會稽長山	孫權期	?	?	?	人物評価（←龐統）。	三64
	孫弘	揚州會稽	孫權期	?	?	?	孫權の恩倖を受け、中書令。	三52
	朱桓	揚州呉郡呉	二〇〇	○	—	—		三56に伝
	陸遜	揚州呉郡呉	二〇〇	○	○	○	孫策の娘を娶る。	三58に伝
	張允	揚州呉郡呉	孫權期	○	△	○	人物評価（←顧雍・張昭）。張温の父。	三57に伝
	朱據	揚州呉郡呉	二二二	○	—	○		三57に伝
	陸凱	揚州呉郡呉	二二二	○	◎	○	陸遜の族子。	三61に伝
	陸瑁	揚州呉郡呉	二二二	○	○	○	陸遜の弟。	三57に伝
	徐詳	揚州呉郡烏程	孫權期	?	?	?		三62
	弘咨	揚州呉郡曲阿	孫權期	○	?	○	孫權の姉婿。	三52
	周魴	揚州呉郡陽羨	二一〇〜?	—	—	—		三60に伝
	韋曜	揚州呉郡雲陽	二四二	—	—	—		三65に伝
	殷禮	揚州呉郡雲陽	孫權期	?	?	○	顧邵が抜擢。	三52
	暨豔	揚州呉郡	孫權期	?	?	○	人物評価（←張温）。	三57
	張敦	揚州呉郡	孫權期	?	?	○	斉名（陸遜）。子の張純は孫和の侍従。	三52
	卜静	揚州呉郡	孫權期	?	?	○	斉名（陸遜）。	三52

孫權	徐原	揚州呉郡	孫權期	？	？	？	交友（呂岱）。	三60
	聶友	揚州豫章	孫權期	？	？	○	人物評価（←虞翻・諸葛恪）。	三64
	甘寧	益州巴郡臨江	二〇三？	○	－	－		三55に伝
	士燮	交州蒼梧廣信	二一〇	○	●	○	『春秋左氏傳』に秀でる。	三49に伝
孫亮	王蕃	揚州廬江	二五三～？	－	－	－		三65に伝
	朱育	揚州會稽山陰	孫亮期	？	？	○	會稽人士の歴史を列挙。	三57
孫休	樓玄	豫州沛郡蘄	二五八	－	－	○		三65に伝
	周昭	豫州潁川	孫休期	？	？	？	『呉書』を著す。	三52
	石偉	荊州南郡	二五八	？	？	○	孫休が特に召し出す。晉爵を受けず。	三48
	張悌	荊州襄陽	孫休期	？	？	○		三48
	賀邵	揚州會稽山陰	二五八	○	○	－		三65に伝
	華覈	揚州呉郡武進	二五八～？	－	－	－	文章に優れる。『呉書』を著す。	三65に伝
孫晧	邵疇	揚州會稽	孫晧期	○	？	？		三48
	張儼	揚州呉郡呉	孫晧期	○	？	○	晉への使者となる。	三48

渡邉義浩（わたなべ・よしひろ）

1962年、東京都生まれ。

筑波大学大学院博士課程歴史・人類学研究科修了。文学博士。大東文化大学文学部教授を経て、早稲田大学理事・文学学術院教授。学校法人大隈記念早稲田佐賀学園理事長。専門は「古典中国」学。三国志学会事務局長。

国家と儒教の関わりや『後漢書』の翻訳などに取り組む一方、「三国志」についての入門書の解説や監修も幅広く行う。

著書に『三国政権の構造と「名士」』（汲古書院）、『「三国志」の政治と思想』（講談社選書）、『「三国志」の女性たち』（共著、山川出版社）、『関羽 神になった「三国志」の英雄』（筑摩選書）、『三国志 演義から正史、そして史実へ』（中公新書）、『三国志 英雄たちと文学』（人文書院）、『三国志事典』（大修館書店）、『100分de名著 陳寿『三国志』』（NHK出版）など多数。訳書の『全譯 後漢書』（全19巻、汲古書院）で、大隈記念学術褒賞を受賞。

朝日選書 984

人事の三国志
変革期の人脈・人材登用・立身出世

2019年6月25日　第1刷発行

著者　渡邉義浩

発行者　三宮博信

発行所　朝日新聞出版
〒104-8011　東京都中央区築地5-3-2
電話　03-5541-8832（編集）
03-5540-7793（販売）

印刷所　大日本印刷株式会社

ISBN978-4-02-263084-1
定価はカバーに表示してあります。

落丁・乱丁の場合は弊社業務部（電話 03-5540-7800）へご連絡ください。

送料弊社負担にてお取り替えいたします。

人口減少社会という希望
コミュニティ経済の生成と地球倫理
広井良典
人口減少問題は悲観すべき事態ではなく希望ある転換点

生きる力 森田正馬の15の提言
帚木蓬生《ははきぎほうせい》
西のフロイト、東の森田正馬。「森田療法」を読み解く

COSMOS 上・下
カール・セーガン／木村繁訳
宇宙の起源から生命の進化まで網羅した名著を復刊

「老年症候群」の診察室
超高齢社会を生きる
大蔵暢《おおくらとおる》
高齢者に特有の身体的特徴＝老年症候群を解説

long seller

『枕草子』の歴史学
春は曙の謎を解く
五味文彦
なぜ「春は曙」で始まる？ 新たに見える古典の意外な事実

平安人の心で「源氏物語」を読む
山本淳子
平安ウワサ社会を知れば、物語がとびきり面白くなる！

アサーションの心
自分も相手も大切にするコミュニケーション
平木典子
アサーションを日本に広めた著者が語るその歴史と精神

易
本田濟《わたる》
古来中国人が未来を占い、処世を得た書を平易に解説

改訂完全版　アウシュヴィッツは終わらない
これが人間か
プリーモ・レーヴィ／竹山博英訳
強制収容所の生還者が極限状態を描いた名著の改訂版

佐藤栄作
最長不倒政権への道
服部龍二
新公開の資料などをもとに全生涯と自民党政治を描く

米国アウトサイダー大統領
世界を揺さぶる「異端」の政治家たち
山本章子
アイゼンハワーやトランプなど6人からアメリカを読む

96歳　元海軍兵の「遺言」
瀧本邦慶／聞き手・下地毅
一兵士が地獄を生き残るには、三度も奇跡が必要だった

asahi sensho

文豪の朗読
朝日新聞社編
文豪のべ50名の自作朗読を現代の作家が手ほどきする

こどもを育む環境　蝕む環境
仙田満
環境建築家が半世紀考え抜いた最高の「成育環境」とは

海賊の文化史
海野弘
博覧強記の著者による、中世から現代までの海賊全史

アメリカの原爆神話と情報操作
「広島」を歪めたNYタイムズ記者とハーヴァード学長
井上泰浩
政府・軍・大学・新聞は、どう事実をねじ曲げたのか